한일관계의 흐름 2017-2018

한일관계의 흐름 2017-2018

일본의 역사와 문화에 관한 재조명

최영호 지음

한일관계의 흐름 2017-2018
일본의 역사와 문화에 관한 재조명

초판 1쇄 인쇄 2019년 4월 20일
초판 1쇄 발행 2019년 4월 30일

지은이 최영호
펴낸곳 논형
펴낸이 소재두
등록번호 제2003-000019호
등록일자 2003년 3월 5일
주소 서울시 영등포구 양산로 19길 15 원일빌딩 204호
전화 02-887-3561
팩스 02-887-6690
ISBN 978-89-6357-429-5 94340
값 18,000원

이 도서의 국립중앙도서관 출판예정도서목록(CIP)은 서지정보유통지원시스템 홈페이지
(http://seoji.nl.go.kr)와 국가자료공동목록시스템(http://www.nl.go.kr/kolisnet)에서
이용하실 수 있습니다. (CIP제어번호: CIP2019010752)

책을 펴내며

　이 책은 2017년 1월부터 2018년 12월까지 2년 동안에 걸쳐 필자가 목격하거나 관여한 한일관계 사건을 정리하는 가운데, 일본의 「역사와 문화」를 재고하는 형태로 한일관계를 편집한 것이다. 어느덧 한일관계 시리즈의 집필을 시작한지 15년이 지났으며 필자의 교수 정년도 1년밖에 남겨놓지 않고 있다. 이 저서의 집필 작업은 노무현 정부로부터 시작하여 그 내용과 형식에서 숱한 문제점이 있었음에도 불구하고 이명박, 박근혜 정부를 지나 문재인 정부로 이어지게 되었다. 지난 2004년부터 대체로 2년간의 각종 사건들을 병렬적으로 나열하며 한일관계의 흐름을 정리해 왔는데, 이번에도 2017년과 2018년을 엮어낼 수 있게 된 것이 다행이라는 생각을 하게 된다.

　과거와 같이 본문 내용을 집필하는 데에는 가능한 인터넷신문이나 인터넷자료를 많이 참고했다. 주로 2017년부터 2018년에 걸쳐 인터넷 카페에 올려놓았던 사건을 중심으로 하고 이 사건이 최근에까지 어떻게 변화해 오고 있는지 확인했다. 인터넷 기사를 참고하다보니 대부분의 신문이 조간과 석간이 발간되고 있음에도 불구하고 이에 관한 구분을 하지 않고 있다. 필자는 개인적으로 2017년과 2018년에도 다망한 나날을 보내는 가운데 여러 기관에서 요청받은 한일관계나 재일한인에 관한 발표를 소화해야 했다. 따라서 이 책에는 이

시기에 최근 발표한 자료와 필자의 연구논문을 재구성하거나 요약하여 싣기도 했다.

이 책을 정리하면서 필자는 역사와 문화를 과거의 현상이 아닌 현재의 것으로 이해하고 싶었다. 최근에 일어나고 있는 과거사에 대한 근본적인 입장 차이를 문화라고 하는 코드로 정리해 낼 수 있지 않을까 하는 것이었다. 따라서 본서에서 다루는 문제는 2017년과 2018년에 언론에 나타난 주요 사건들을 대상으로 하며, 「역사와 문화」라고 할 때에도 한국과 일본 사이에 벌어진 과거 전쟁과 식민지 지배를 둘러싼 갈등과 교류의 현상을 대상으로 한다. 과거사 책임을 애매하게 하려는 일본문화의 특성과, 일본을 속성을 이해하기보다는 식민지 조선인의 피해에만 집중하여 일본에 대한 비판의 끈을 놓으려고 하지 않는 한국인의 특성을 함께 이해하며, 결과적으로 최근에 전개되고 있는 양국관계의 사례들을 소개하고자 한다.

한국과 일본은 오늘날 국제관계의 객관적인 사실로서, 긍정적이든 부정적이든 한국과 일본은 국제사회의 일원으로서 「역사와 문화」를 공유해 오고 있다. 근대와 현대 시기에 있어서 국가 형태와 통치 방법을 둘러싸고 각종 기록이 전수되고 있는 가운데, 한국과 일본이 서로 다른 시각에서 지난날을 재해석하고 앞으로의 미래를 설정하면서 서로 다른 견해가 양국의 외교적인 갈등과 대화를 이어오고 있는 것이 아닌가 생각한다. 그리고 동아시아 지역에 속한 한일 양국은 공통적인 국가 과제를 안고 있을 뿐 아니라 양국 사이의 지역을 넘나드는 교류와 상생의 현실이 재생산되고 있다는 사실도 결코 잊어서는 안 된다.

이렇게 볼 때 이 책에서 논하고자 하는 「역사와 문화」는 자연스럽게 주체적인 인식, 관계적인 인식, 비교적인 인식의 대상이 될 수밖에 없다. 한국과 일본이 각자 나름대로 「역사와 문화」를 생성해 오고 있는 것으로 볼 수도 있지만, 적어도 이 책에서는 상호 영향 하에서 「역사와 문화」가 만들어져 오고 있다고 하는 측면을 강조하지 않을 수 없다. 국민국가로서 상반된 입장을 견지하면서도 부단한 민간 교류의 현실을 강조하고 싶은 것이다. 특히 한국의 현대사는 일본의 「역사와 문화」를 주체적으로 재해석하고 현실에 적용해 온 과정이라고 말할 수 있다. 사유의 실체는 복합적인 성격을 띠고 있지만 이를 관찰하는 자는 자신의 시각과 관점을 통해 대상을 바라볼 수밖에 없다. 다만 시각이 지나치게 협소하거나 편견에 가득 차 있을 때 이것을 주체적인 시각이라고 말하기 어렵다.

따라서 주체적인 인식을 갖기 위해서는 어떤 현상에 대한 관계적인 인식과 비교적인 인식이 동반되어야 한다. 일본의 「역사와 문화」를 이해하고자 할 때 절대적으로 필요한 인식 방법이라고 말할 수 있다. 한국과 일본 간의 고대사를 이해하는 데에 있어서도 관계적인 인식과 비교적인 인식이 필요할진데 하물며 근현대사를 이해하고자 하는 자는 고립적인 사고의 틀에서 벗어나 넓은 시각을 가지고 현상을 바라보아야 한다. 경우에 따라서는 관계적인 인식과 비교적인 인식이 단기적으로 자존심을 그르치기 쉽고 단도직입적인 명쾌한 설명을 어렵게 할 수도 있다. 그러나 이러한 복합적인 사고야말로 장기적으로 이성적인 판단과 합리적인 결정을 내리게 하는데 틀림없이 도움이 될 것이다. 독자들이 앞으로의 한일관계에 대한 전망이나 주체적인 판단을 해 나가는데 이 책이 다소 도움이 되기를 바란다.

2017년 한일관계

2017년에는 한국에서 「촛불혁명」을 통해 새로운 대통령이 탄생했다. 따라서 2017년은 새로운 정부가 박근혜 정부 때 맺은 일본군 「위안부 합의」에 재검토를 요구하면서 진행된 「변혁」의 한 해였다고 생각한다. 이러한 변혁은 2017년 12월 27일 외교부 소속 「한일 일본군 위안부 피해자 문제 합의 검토 TF」가 다섯 달 동안의 활동 결과를 공개하면서 양국정부의 「이면합의」가 존재했다는 것을 밝히면서 본격화 되었다. 그 다음날 청와대 대변인은 문재인 대통령이 이 합의로 「위안부」 문제가 해결되었다고 보기 어렵다는 원론적인 입장을 밝혔다고 발표했다. 이로써 한일 양국 사이에서 외교적으로 관리되는 것처럼 보이던 「일본군 위안부」 문제가 2년 만에 원점으로 되돌아가는 모습을 보이고 있고 2018년 벽두부터 한일 양국은 새로운 외교관계의 틀 짜기를 모색해야 하는 과제를 안게 되었다.

2015년 연말 서울에서 전격적으로 외교적 합의에 관한 공동 발표가 있었을 때, 필자를 포함한 많은 사람들은 이면합의는커녕 공표된 합의에 대해서도 「피해자의 설득 노력이 없는 외교적 봉합」이라고 강렬하게 비판했다. 그때 필자는 이 합의가 피해자의 의견이 무시된 것으로 보상금으로 외교적 합의를 이끌어 낸 1965년 「청구권 협정」과 흡사하다는 평가를 내린 바 있다.[1] 다만 과거 「청구권 협정」에 대해서는 당시 군사독재의 탄압으로 굴욕협정에 대한 반대 여론을 억누를 수 있었지만, 오늘날 민주화 된 사회에서는 그럴 수는 없고 피해자와 피해자 단

---

1) 최영호, 『한일관계의 흐름 2015-2016: 일본의 역사와 문화에 관한 재조명』, 논형, 2017년, pp. 48-49.

체를 설득하는 노력 이외에는 외교적 합의를 실현할 방법이 없다. 그렇다고 이제 와서 지난 정권이 맺은 외교적 합의를 부도덕하다는 이유로 손쉽게 파기하고 일본과 새로운 협정을 맺을 수 있는 것도 아니다. 이 합의를 권유했던 미국을 비롯하여 「일본군 위안부」 문제 이외에도 수많은 문제들이 한국과 일본 사이에 산재해 있기 때문이다.

그런데 일본군 성노예 문제와 관련하여 2017년에 들어 신문보도에서 눈에 띄는 것 두 가지를 상기하고 싶다. 첫째는 2017년 12월 16일 재일동포 할머니 송신도 씨의 사망에서 보이는 것처럼, 피해 당사자 생존자들이 점차 사라져 가고 있다는 소식이다. 『나의 마음은 지지 않았다』로 유명해진 송신도 할머니는 1930년대 말 중국에 강제 연행되어 치욕을 겪은 분으로, 1993년부터 10년간 일본정부에게 사죄와 배상을 꾸준히 요구하며 법적 투쟁을 계속해 왔다. 하지만 과거 한국과 일본이 국교정상화 과정에서 맺은 「청구권 협정」을 이유로 결국 패소를 당하고 말았다. 모두가 알고 있듯이, 사회적 편견이나 행정적 무관심 등으로 한국정부에 등록하지 않거나 자신을 드러내지 않는 피해자가 이보다 훨씬 더 많고 이들이 이제는 연로하여 사라지고 있는 것이다.

둘째는 2017년 12월 28일 MBC-TV가 한국 국민의 37%가 가난을, 24%가 전쟁을, 그리고 19%가 차별을 두려워하고 있다고 보도한 내용이다.[2] 물론 전쟁을 경험하지 못한 세대에서 전쟁에 대한 두려움이 보다 약한 것으로 나타났지만, 그럼에도 불구하고 일본의 침략전쟁이나 한반도 민족상잔의 고통이 얼마나 큰 것인지를 망각하고 있

---

2) MBC는 이 여론조사가 MBC와 국회의장실이 공동으로 갤럽에 의뢰하여 전국의 성인 남녀 1,031명을 대상으로 실시했다고 발표했다.

다는 것을 잘 나타내는 여론조사 결과라고 생각된다. 일본정부는 과거 침략전쟁의 와중에서 비인도주의적인 성노예 문제를 야기했음은 재론할 필요가 없다. 이성이 마비되고 삶과 죽음의 선택만을 강요하는 전쟁이야말로 우리가 가장 두려워해야 하는 최대의 적이다. 이러한 입장에 서서 연구와 강의를 통해 누누이 「평화」를 주장해 오고 있는 필자로서는 전쟁을 가난보다 두려워하지 않는다고 한 이번 여론조사 결과에 대해서 아연할 수밖에 없다. 이러한 결과를 가지고 어떻게 오늘날 한국사회의 좌우 이념대립이나 일본정부나 일본 젊은이들의 전쟁책임 회피 상황을 비판할 수 있겠는가.

지난 2015년 12월 「일본군 위안부」 문제에 관한 한국의 졸속 외교 가운데서 가장 괄목할 것은 이 문제에 관한 일본정부의 법적 책임이 분명히 제시되지 않았다는 점이다. 「최종적」 그리고 「돌이킬 수 없는」이라는 문구가 일본정부에게는 10억 엔의 부담금 이외에는 아무런 구속을 하지 않고, 피해 당사자를 안고 있는 한국정부에게만 행동을 구속하는 일방적인 합의였다는 점이다. 아무리 2015년 당시 한일관계가 경색되어 있었고 미국의 측면적인 압력이 있었다고 하더라도, 무엇을 근거로 하여 당시 박근혜 정부가 서둘러 외교적 합의에 이르렀는지 참으로 납득하기 곤란하다. 책사를 통하여 피해자 혹은 피해자 단체를 설득하고자 하는 노력도 없이, 성급하게 외교합의 내용을 발표한 근거는 무엇일까. 일본에서 내놓게 될 10억 엔을 가지고 피해 당사자와의 합의를 이끌어낼 수 있을 것으로 본 것인가? 아니면, 해당 부서를 외교부에서 여성가족부로 옮길 테니 그 부서가 알아서 피해자들을 잘 설득할 수 있을 것으로 본 것인가? 아니면, 50년 전과 같이 정부의 말을 안 듣는 사람들에게 권력으로 입막음 할 수 있을 것으로 본 것인가?

아무튼 2017년 말 외교적 합의에 대한 한국정부의 검토 발표로 금후 단기적으로 한일관계에 악영향을 끼칠 것이 분명해졌다. 그 해 12월 29일 한국일보가 보도한 바에 따르면, 조사 시점을 분명히 밝히고 있지는 않지만, 최근 국회의장실과 공동으로 한국일보가 조사한 결과, 「위안부 합의가 잘못됐다」는 응답이 57.2%, 「잘 되었다」는 응답이 32.6%였다고 한다. 이날 문재인 대통령이 재검토 의견을 받아들여 입장을 밝힌 것은 이러한 한국의 국민감정 때문이다. 한편 2017년 5월 23일에 KBS가 보도한 바에 따르면, 마이니치신문(每日新聞)의 여론조사 결과, 일본 국민 중 57%가 한국의 문재인 정부 출범 이후에도 한일관계에 변화하지 않을 것으로 예측했다고 했다. 그러면서도 지지통신(時事通信)의 여론조사를 인용하면서 일본국민의 70%가 문재인 정부에 들어 외교적 합의가 지켜지지 않을 것으로 본다고 했다. 이 여론조사 결과는 문재인 대통령의 이번 외교적 합의 재검토 발표에 대해서 대체로 많은 일본인들이 이미 예고하고 있었다는 것을 잘 말해주고 있다.

필자는 『한일관계의 흐름』 시리즈 단행본을 통해 일본 내각부(內閣府)의 매년 외교에 관한 여론조사를 소개하고 있다.[3] 이 자료는 그런대로 1980년대 이후 한일관계의 흐름을 잘 나타내고 있다고 보기 때문이다. 이것은 2017년 10월 26일부터 11월 5일까지 18세 이상 일본인 3000명을 대상으로 조사원에 의한 대면 면접을 실시한 것이다. 응답의 회수 결과는 1,803명으로 60.1%의 회수율을 보였다고 한다.

---

3) https://survey.gov-online.go.jp/h29/h29-gaiko/1.html

한국에 대한 일본국민의 이미지만을 살펴보면, 한국에 대해「친근감을 느낀다」가 8.3%,「대체로 친근감을 느낀다」가 29.3%였다. 이 둘을 전반적인 호감으로 본다면 37.5%로, 3년 전 최악의 상황이었던 31.5%에 비해서 다소 호전된 것을 알 수 있다. 그러나 지난 2010년을 전후하여 전반적으로 호감 수치가 60%를 상회했던 것과 비교한다면 일본국민의 한국에 대한 이미지가 매우 어둡게 되었다는 것을 말해주고 있다. 2012년 이후부터 한국에 대한 일본인의 호감은 계속 어둡게 나타나고 있다. 한편 2017년 한국에 대한 일본국민의 부정적인 이미지에 관한 조사결과로「대체로 친근감을 느끼지 않는다」가 30.1%,「친근감을 느끼지 않는다」가 29.6%를 보였다. 이 두 가지 대답을 전반적인 비호감 수치로 본다면 59.7%로 나타난 것이다. 만약 한국정부의 2017년 12월 말 재검토 발표 직후에 이 조사를 했다면 보다 더 부정적인 수치가 높아졌을 것이 분명하다.

2017년 일본인의 한국에 대한 호감도 (비호감 우위)

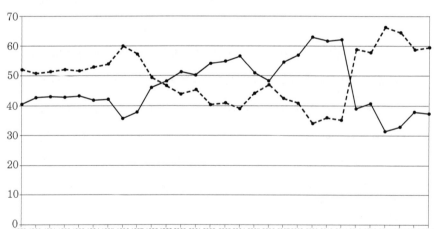

출처: http://blog.livedoor.jp/rakukan/archives/5310531.html

또한 2017년 한일 간 외교관계에 대한 일본국민의 평가를 살펴보면, 현재의 한일관계에 대한 평가에서 「양호하다고 생각한다」가 3.1%, 「대체로 양호하다고 생각한다」가 23.7%로 나타났다. 이 두 가지 답변을 전반적인 긍정적 평가로 해석한다면, 일본국민 26.8%가 한일관계를 양호한 것으로 평가한 셈이다. 이것은 한일관계가 최악으로 나타났던 2014년 12.2%에 비해서 매우 호전된 것이다. 하지만 이 수치는 2016년의 29.1%에 비해서도 오히려 약간 낮아진 것임을 강조하고 싶다. 만약 한국정부의 재검토 발표 이후에 조사했다고 한다면, 이 보다도 수치가 훨씬 더 낮아졌을 것이다. 아울러 2017년 한일관계에 대한 일본국민의 부정적인 평가 결과로서는, 「대체로 양호하지 않다고 생각한다」가 40.7%, 「양호하지 않다고 평가한다」가 27.0%로 나타났다.

한국인들이 「진정한 사과」라고 인정하지 않는, 일본 정치가들의 과거 전쟁책임을 이전하지 않고 이를 뒤엎고자 하는 발언이 앞으로도 계속될 것이라는 데에는 이견이 없다. 한국의 사법부는 한국인 강제동원 피해자의 손을 들어주겠지만, 일본의 사법부는 「청구권 협정」이나 외교적 합의를 이유로 들어 한국인 피해자의 법적 투쟁을 계속 봉쇄할 것이 충분히 예견된다. 그럼, 이런 상황에서 앞으로 한국정부는 어떠한 조치를 해야 할까. 강제동원 노무자의 경우, 독립국가인 한국의 정부가 하루 빨리 나서서 한국 내 일본의 전범 기업에 대한 가압류 조치와 함께, 2010년대 「태평양전쟁전후국외강제동원희생자지원위원회」를 통해 지원했던 정책들을 보강하는 등 한국인 피해자들을 적극 포용하는 정책을 세워가야 한다. 물론 일본정부에 대해서 외교적으로 진정한 사과를 요구해 가야 한다. 일본정부에게 돈을 요구하는 것은 과거 「청구권 협정」으로 끝내야 한다. 더 이상 일본정부에 대해 한국인 피해자의 지원을 위한 금전을 요구하는 외교적 구걸 행위를 해서는 안 된다.

일본군 위안부 피해자의 경우, 한국인 피해자 가운데 돌아가실 날이 얼마 남지 않은 일부 생존자나 유족들이 일본정부의 자금을 필두로 하여 지원을 이미 받기 시작했다고 하는 현실적인 상황도 고려하지 않을 수 없다. 2017년의 검토 TF는 2015년 외교적 합의가 교섭 과정과 합의 이행과정에서 문제점이 많았다고 지적했다. 그러나 예상컨대 「최종적이고 불가역적」이라고 하는 문구에 합의하면서까지 맺은 외교적 합의를 한국정부가 쉽사리 폐기할 수도 없다. 한국정부가 일본정부를 향해 피해자 개인에 대한 지원을 지속적으로 주장하는 한, 피해자들이 사라지고 있는 상황에서 더 이상 지체하지 말고 외교적 합의 이후에 화해·치유재단을 통해 지급한 지원금을 기준으로 하여 성노예 피해 생존자와 유족들에게 한국정부의 예산으로 지원금을 지급해야 한다. 그것은 「청구권 협정」과 「외교적 합의」를 체결하고 도장을 찍은 책임이 한국정부에게도 있기 때문이다.

또한 외교적 합의를 통해 일본정부로부터 받은 10억 엔은 일본과의 재협상을 통해 사용 방도를 협의해 가야 한다. 이때 과거사에 관한 일본정부의 현 기조가 변하지 않는 이상, 독립된 선진국가 한국이 일본의 자금으로 한국인 피해자들에게 금전을 지급하는 일은 없어야 한다. 일본정부가 현 기조를 유지할 것이라는 전제 아래에서는 일본의 자금으로 강제동원 및 일본군 성노예 역사 시설이나 홍보 시설을 마련하고 운영하라고 권고하고 싶다. 다만 일본 자금의 사용 방도를 설정하는 데에는 일본정부와 함께, 일본군 성노예 문제 관련 한국정부 부서나 지원단체가 지속적으로 검토해 가야 한다. 소위 한일양국 사이의 역사 및 화해를 위한 장기적인 대화가 필요한 것이다. 그렇게 하지 않고서는 한일관계의 경색은 물론 전후처리의 해결 문제를 피할 수가 없을 것이다.

2018년 한일관계

2018년 한일관계를 한국정부 측의 움직임을 중심으로 평가하자면, 갈피를 잡지 못하고「방황하는 관계」였다고 말할 수 있다. 2018년 한일관계를 돌이켜 보면, 2년째를 맞은 문재인 정부는 남북 화해에 최대한 집중하는 가운데 한일관계에 대해서는 그다지 국가간 협력의 움직임을 보이지 않은 것으로 보인다. 도리어 한국인 대중의 정서에 부합하는 법리와 역사인식 문제를 주장하면서 일본에 대해 압박 외교를 전개해 온 것으로 보인다. 문재인 정부 2년차에 해당하는 2018년은 대통령 5년 임기 가운데서 새로운 정부가 과감하게 드라이브를 걸수 있는 시기였다. 실제로 보수적 성향의 사회 세력으로부터 강렬한 저항이 있었음에도 불구하고, 대체로 새로운 정부가 정체성을 분명하게 내세우고 한국 국민들에게 시대의 변화와 정치적 변화를 체감하게 하는 한 해가 되었다고 평가하고 싶다.

다음은 한국과 일본의 여론조사 결과를 통하여 2018년 한일양국 국민의 상대국에 대한 인식 상황을 회고하고자 한다. 한국의 여론조사로서는 동아시아연구원의 제6회 조사결과를 참고로 하고, 일본의 여론조사로서는 매년 인용해 오고 있는 바와 같이, 일본 내각부가 해마다 공개하고 있는「외교에 관한 여론조사」를 참고하고자 한다.

一. 5월 중순 한일 양국 국민의 여론조사

2018년 6월 18일, 한국의 동아시아연구원은 기자회견을 통하여 한 달 전에 실시한 한일 국민 간 상호인식에 관한 한일 양국의 여론조사를 발표했다. 이 여론조사는 문재인 대통령이 북한 국무위원장을 판문점에서 만난 2018년 첫 남북 정상회담 직후에 시작되었다. 그 후 제2차 남북 정상회담, 제1차 북미 정상회담에 이르기까지 한반도 평화 프로세스가 한창 진행될 때 이 조사가 실시된 것이다. 돌이켜보면, 2018년 첫 남북 정상은 4월 27일 남측 「평화의 집」에서 만난 것으로, 이것은 10년 만에 해후한 것이기도 하지만, 북한의 최고 권력자가 한국전쟁 이후 최초로 군사분계선을 넘어 온 것으로, 한국 국민들에게 남북 화해의 분위기를 새삼 일깨워주는 중요한 계기가 되었다. 정상회담 직후에 한반도의 완전한 비핵화, 상호 적대행위의 전면 중지 등을 천명한 「판문점 선언」 내용이 공개되어 화해 분위기는 더욱 확산되었고, 이러한 화해 분위기가 5월 26일 북측 「통일각」의 제2차 남북 정상회담, 6월 12일 싱가포르의 제1차 북미 정상회담, 9월 18일 평양의 제3차 남북 정상회담으로 이어졌다.

한일 국민 간 상호인식 여론조사를 2018년 한 해의 인식으로 단정하기에는 조사 시기에 따라 한계를 지니고 있다. 그 만큼 변화의 속도가 빠르기 때문이다. 2018년 4월에서 6월 사이에는 한국인 대부분이 외교적인 현안으로 대일 외교를 생각하기보다는 남북관계의 개선에 집중하고 있던 시기였다는 점을 인식해야 한다. 또한 이 여론조사는 한국 사법부가 강제동원 피해자의 제소에 대해 처음으로 2018년 10월 30일 청구권 협정으로 「개인청구권」이 해결된 것은 아니라는 판시를 내리기 이전에 이뤄졌다는 사실이다. 즉 한국의 사법부가 「1965년 체제」에 대한 수정을 요구하며 일본과의 전통적 외교를 재고하게 하는 판결을 내리는 시점 이전에 나온 조사라는 것이다. 이 조사가 발표된 이후 한국 사법부와 전향적 판결에 따른 한국인 피해자의 반발과 일본 정부의 기존 방침을 고수하려고 하는 보수적 입장 표명이 제기되면서 서로 반목을 계속하고 있는 가운데, 역사인식 문제를 둘러싸고 한일 양국 국민의 상호 불신이 심화되고 있다. 이와 더불어 현재 한일 양국의 외교당국은 상호 갈등과 마찰을 거듭하고 있는 실정이다.

아무튼 이 조사는 2013년부터 동아시아연구원과 일본의 언론 NPO 가 공동으로 해마다 계속하여 실시하고 있는 것으로 2018년에 6회째를 맞았다. 동아시아연구원의 홈페이지에 따르면, 이 조사의 목적은 한일 양국의 국민이 상대국에 대해 어떻게 이해하고 인식하고 있는지, 그 실태와 변화를 파악하여, 양국 국민 간에 존재하는 인식의 차이를 해소하고 상호이해를 촉진하는데 있다고 말한다.[4] 2018년 조사 결과, 양국 간 호감도를 묻는 질문에 대해 한국은 28.3%, 일본은 22.9%의 국민이 상대국에 대해 호감을 느낀다고 하며 매우 낮은 호감 정도를 나타냈다. 한일 양국의 중요도에 대해서는 한국에 비해 일본이 낮았지만, 서로 50%를 넘는 사람들이 상대국과의 관계가 중요하다고 대답했다. 이에 반하여 양국의 관계 개선 전망을 묻는 질문에는 한국이 25.1%, 일본이 18.3% 긍정적이라고 응답했다.

동아시아연구원은 2013년 조사와 2018년 조사에서 전반적으로 한국과 일본이 서로 반대의 방향으로 가고 있다는 논평을 발표했다. 특히 서로 반대 방향으로 가고 있는 점으로, 「한국인의 일본에 대한 인

4) http://www.eai.or.kr

상이 꾸준히 개선되고 있다」는 점과, 「일본인의 한국에 대한 인상은 악화 경향을 띠고 있다」는 점을 강조했다. 그것은 아래의 그림에 나타나 있는 바와 같이, 한국인의 일본에 대한 인식에서 2013년에 12.2%였던 것이 2018년에는 28.3%로 상승했다는 것을 그 이유로 꼽았다. 또한 일본인의 한국에 대한 인식에서 2013년에 76.6%였던 것이 2018년에는 50.6%로 대폭 감소했다는 점을 그 이유로 거론했다.

한국인의 일본에 대한 인식을 살펴보면, 일본에 대한 인상을 「좋다」, 「대체로 좋다」라고 응답한 한국인은 21.3%(2016년)→26.8%(2017년)에 이어 2018년에 28.3%를 나타내 매년 증가하는 추세를 보였다. 한국인이 생각하는 일본의 이미지가 점차 긍정적으로 변화하고 있는 반면, 일본인의 한국에 대한 이미지는 「좋다」(「대체로 좋다」 포함)가 2017년 대비 4% 하락하고, 「어느 쪽도 아니다」가 6.3% 증가, 「좋지 않다」(「대체로 좋지 않다」 포함)가 2.3% 감소했다. 특히 2018년은 이 여론조사가 실시된 이후 처음으로 한국의 대일 호감도와 일본의 대한 호감도가 역전되었다는 점을 동아시아연구원은 강조하고 있다. 상대국에 대한 부정적 인식 역시 비슷한 추세를 보이고 있다. 2013년부터 일본에 대한 한국인의 부정적인 인식은 2013년 76.6%에서 2018년 50.6%로 대폭 감소한 반면, 한국에 대한 일본인의 부정적 인식은 2013년 37.3%에서 2018년 46.3%로 좀처럼 추세 전환이 이루어지지 못하고 있다. 상대국에 대한 방문 의사 역시 이러한 전반적 분위기를 반영하고 있다. 한국의 경우 일본에 「방문하고 싶다」라고 응답한 국민이 2017년 68.6%에서 73.4%로 4.8% 포인트 상승했지만, 반면에 일본의 경우는 한국에 「방문하고 싶다」가 2017년 41.9%에서 2018년 35.6%로 감소했다.

한일국민 상호 이미지 조사(2013년~2018년)

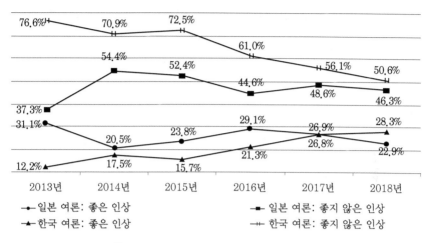

출처: 동아시아연구원, 「제6회 한일 국민상호인식조사 주요결과요약」(2018년 6월 18일)

二. 10월 하순 일본 국민의 여론조사

　2018년 한 해 동안 일본국민의 한국에 대한 인식을 파악하기 위해, 일본 내각부 공개의 「외교에 관한 여론조사」를 참고하고 싶다. 이 조사는 2018년 10월 18일부터 28일까지 표본수 3000명(회답자 1803명)을 대상으로 하여 실시한 것이다. 일본인의 친밀감(친근감) 조사는 1977년 8월부터 매년 일본정부가 실시하고 있는 것으로 2018년 10월에 42년째 시행한 것이다. 이 조사의 장점은 비교적 장기간에 걸쳐 실시하고 있는 것으로 인식 변화를 추적하기에 좋으며 조사대상이 비교적 명확하여 응답 자료로서 신뢰성을 확보하고 있다는 점이다. 다만 조사 시점이 2018년 10월이고 내각부의 공개가 12월 하순에 실시하고 있는 것은 연말의 자료로서는 그런대로 의의를 가지고 있기는 하지만 연내의 여론 실태는 알 수 없다는 한계를 가지고 있다. 또한 2018년 한일관계에 비추어 보면, 한국 사법부의 청구권 협정 판결과 일본정부의 반발로 인한 외교적 악화가 표면화되기 이전에 조사한 것으로서, 오히려 12월 말에 조사를 했더라면 일본국민 사이에 한국(인)에 대한 평가가 더욱 부정적으로 나타났을 것으로 짐작할 수 있다. 이 조사 자료에는 「일본과 한국」 항목이 있고, 소제목으로 (1) 한국에 대한 친근감, (2) 현재의 한일관계, (3) 금후 한일관계의 발전, 이 있다.

첫째, 한국에 친근감을 느끼고 있는가를 묻는 질문에 대해서, 일본인 응답자는 ① 「친근감을 느낀다」(10.2%), ② 「어느 쪽인가 하면 친근감을 느낀다」(29.3%)라고 대답했다. 결과적으로 ①과 ②를 합하여 「친근감을 느낀다」로 보면, 총 응답자의 39.4%가 긍정적으로 대답한 것이다. 이 수치는 ①과 ②의 단순 합이 아니라 합계의 소수점 두 자리 수를 반올림한 것이며, 아래 모든 경우에도 마찬가지이다. 반면에 ③ 「어느 쪽인가 하면 친근감을 느끼지 않는다」(31.0%), ④ 「친근감을 느끼지 않는다」(27.0%)가 나왔다. ③과 ④를 합하여 「친근감을 느끼지 않는다」로 보면, 총 응답자의 58.0%가 부정적인 인식을 가진 것으로 나타났다. 결과적으로 지난 2017년 10월 조사한 결과와 비교하면, 그다지 커다란 변화가 없다. 남녀 성별로 응답 결과를 보면, 대체로 여성이 남성에 비해 많은 사람이 「친근감을 느낀다」라고 대답했고, 반면에 남성은 여성에 비해 많은 사람이 「친근감을 느끼지 않는다」라고 대답했다. 또한 연령별로 보면, 「친근감을 느낀다」라고 대답한 비율이 18세~29세, 30대에서 비교적 높았으며, 「친근감을 느끼지 않는다」라고 대답한 비율은 60대와 70대 이상에서 비교적 높게 나왔다.

둘째, 현재 한일관계가 양호하다고 생각하는가를 묻는 질문에 대해서, ① 「양호하다고 생각한다」(2.8%), ② 「그런대로 양호하다고 생각한다」(27.7%)로 나왔다. ①과 ②를 합하여 「양호하다고 생각한다」라고 보면, 긍정적으로 「양호하다고 생각한다」라고 응답한 사람이 전체의 30.4%로 나타났다. 반면에 ③ 「그다지 양호하지 않다고 생각한다」(41.1%), ④ 「양호하다고 생각하지 않는다」(24.6%)로 나왔다. ③과 ④를 합하여 「양호하다고 생각하지 않는다」라고 보면, 부정적으로 「양호하다고 생각하지 않는다」라고 응답한 의견이 전체의 65.7%로 나타났다. 2017년 10월 조사결과와 비교하면 긍정적인 평가가 26.6%에서 30.4%로 약간 증가하는데 그쳤다. 도시 규모별로 보면, 긍정적인 평가의 비율이 소도시에서 비교적 높게 나왔고, 남녀 성별로 보면, 부정적인 응답 비율이 남성에서 비교적 높게 나타났음을 알 수 있다. 연령별로 보면, 긍정적인 평가는 18세~29세, 30대에서 비교적 높게 나왔고, 부정적인 평가는 40대, 60대에서 각각 높게 나왔다.

2015년의 여론조사 결과는 사실상 2016년 1월 중에 여론조사를 실시한 것으로, 2015년의 여론조사 결과라고 말하기는 어렵다. 아무튼 우여곡절 끝에 나타난 매년의 변화를 볼 경우, 2018년의 여론조사 결과는 2017년의 결과와 그다지 차이가 없는 것으로 보인다. 그러나 이것은 10월 30일 한국 사법부의 「개인청구권」 판결이나 11월 20일 「화해치유재단」 해산조치 이전에 나온 여론조사라는 점 때문에 생긴 일이다. 2018년이 저무는 연말의 시점에서 만약 여론조사를 실시했다고 하면, 한국에 대한 친근감에서나 현재 한일관계에 대한 평가에서 2012년~2014년과 같은 매우 부정적인 결과가 나왔을 것이다.

셋째, 앞으로 한일관계의 발전은 양국이나 아시아 및 태평양 지역에 있어서 중요하다고 생각하는가를 묻는 질문에 대해서는, 「중요하다고 생각한다」고 대답한 비율이 69..8%로 나타났다. 이것은 ①「중요하다고 생각한다」(29.4%) 에 ②「그런대로 중요하다고 생각한다」(40.3%)를 합한 것이다. 반면에 「중요하다고 생각하지 않는다」고 대답한 비율은 25.8%였다. 이것은 ③「그다지 중요하지 않다」(18.3%)에 ④「중요하다고 생각하지 않는다」(7.5%)를 합한 것이다. 남녀 성별로 보면, 「중요하다고 생각한다」고 응답한 비율이 여성에게서 비교적 높게 나타났고, 「중요하다고 생각하지 않는다」고 응답한 비율은 남성에게서 비교적 높게 나타났다. 연령별로 보면, 「중요하다고 생각한다」고 응답한 비율이 18세~29세에서 비교적 높게 나타났다. 이처럼 일본국민의 70% 정도가 한일관계의 발전을 중요하다고 여기고 있음에도 불구하고, 오늘날 일본의 아베 내각은 한국에 대한 외교정책에서 심히 우려할 만한 파행적 움직임을 보이고 있는 것이다.

2018년을 통하여 문재인 정부는 남북 화해와 대일 외교에 있어서 초기 새로운 정권답게 과감한 면모를 보였으나, 2019년에는 정부 3년째를 맞으며 더 이상 새로운 정권이라고 말하기 어렵게 되었다. 필자는 원론적으로 한일간 외교관계 수립과 유지의 역사에 관하여 심층적으로 이해하는 움직임이 다양하게 일어나야 한다고 생각한다. 일본정부는 외교관계 수립 때 한국정부가 경제적 어려움으로 접어두었던 역사인식 문제에 관한 한국인과 한국정부의 입장에 대하여 정치적으로 이해하려는 노력을 보여야 한다고 생각한다.

2018년 12월 14일에는 「일본군 위안부」 피해자 이귀녀 할머니가 별세함으로써, 2018년이 저무는 시기에 한국정부에 등록된 일본군 성노예 피해 생존자는 25명이 남게 되었다. 또한 2019년 1월 28일에는 김복동 할머니와 이 모 할머니가 잇따라 별세함으로써 한국정부에 등록된 성노예 피해 생존자는 23명으로 감소했다. 앞으로는 일본 침략전쟁의 피해 생존자들이 급격하게 줄어들 것이 불 보듯 분명하다. 이러한 상황에서도 일본정부는 과거사에 대한 진심어린 사죄는커녕 현존의 평화헌법마저 개정하고 보통국가를 지향하겠다는 방침을 내세우고 있다.

또한 돌이켜보면 어느 시기에도 일본정부가 과거 침략전쟁 시기의 식민지 피해자들에게 지속적으로 사죄하고 보상하고자 하는 움직임을 보인 찾아보기 어렵다. 한국인의 인식 속에는 일본정부가 근본적으로 바뀔 수 있다고 하는 일말의 「기대」가 존재하는 듯하다. 그런데 과거의 사례는 일본에게서 근본적인 변화를 기대할 수 없다는 점을 여실이 보여주고 있다. 일본정부는 간헐적으로 사죄를 표명해 왔지만, 그때마다 일본인 정치가 중에 사죄를 번복하는 「망언」이 나왔다. 한국인의 여론조사를 참고하더라도 「일본이 쉽게 변하지 않을 것」이라고 예견하고 대답하는 한국인의 훨씬 많은 것을 알 수 있다.

필자는 2015년에 피해자와 관련 단체를 무시한 「일본군 위안부 합의」가 역사 인식 문제를 돈으로 외교적 해결을 시도했다는 점에서 도저히 납득하기 곤란하다. 그러면서도 본인은 과거 1965년에는 한국정부가 경제적인 발전의 토대를 마련하기 위하여 역사인식 문제의 「외교적 합의」를 보류한 채 일본과 수교하지 않을 수 없었다는 점도 함께 인식해야 한다고 생각한다. 그렇다고 해서 국가가 가난했던 시절의 외교적 행태를 지금에 와서까지 답습한다는 것은 있을 수 없는 일이다. 다만 어려웠던 시절의 한국정부의 입장에 대해서, 기본을 해치지 않으면서도 국민통합의 견지에 서서, 이제는 이를 겸허하게 받아들이고 이해하려는 노력을 보여야 한다는 것이다.

차례

책을 펴내며   5

I. 일본의 전후처리 역사

1. 일본정부의 지속적 사죄가 우선이다   30

2. 광주지법, 근로정신대 일부 승소 판결   44

3. 일제동원피해 재판거래 의혹   48

4. 한국 대법원, 징용피해자 승소 판결   50

5. 일본기업의 배상은 어려울 전망이다   53

6. 일제동원의 강제성을 부인하려는 아베 총리   58

7. 1300회를 넘긴 수요집회   61

8. 일본인의 망향의 동산 사죄비 훼손   64

9. 사할린 한인 유골의 한국 봉환   67

10. 일본 유골의 2018년 광복절 봉안   70

11. 조선인 강제동원 피해자의 유골 문제   73

Ⅱ. 일본의 정치문화

1. 2017년 중의원 선거　　　　　　　　　　　　　80

2. 아베 총리, 자민당 총재 3선　　　　　　　　　83

3. 2017년 아베 총리의 인도 방문　　　　　　　86

4. 패전 72주년을 바라보는 시각　　　　　　　90

5. 고령화 사회 문제　　　　　　　　　　　　　97

6. 원자력 발전 재가동　　　　　　　　　　　　101

7. 쓰시마 금동관음상　　　　　　　　　　　　105

8. 일본 군함의 욱일기 게양　　　　　　　　　108

9. 일본의 국제협력　　　　　　　　　　　　　111

Ⅲ. 한국과 일본의 문화교류

1. 박유하 교수의 『제국의 위안부』　　　　　　122

2. 평화운동가 다카자네 야스노리　　　　　　127

3. 부산-후쿠오카 포럼　　　　　　　　　　　132

4. 2017년 「한일포럼」 상 수상자 최서면　　　135

5. 이종욱 WHO 사무총장과 레이코 여사　　　143

6. 요코하마 방정옥, 히라마 마사코　　　　　152

7. 김대중-오부치 공동선언 20주년　　　　　155

Ⅳ. 일본의 변방, 재일한국인과 재조일본인

1. 재일한인의 인구 현황   162
2. 해방직후 박열의 출옥 과정   173
3. 박열의 과거 전향 문제   182
4. 조선인 노무자에 대한 박열의 인식   188
5. 신임 민단 단장 여건이   193
6. 강원도에서 느낀 평화   199
7. 재조일본인 단체의 전후 보상운동   203
8. 일본인 북한납치 문제의 경위   213

Ⅴ. 대일외교의 과제

1. 2017년 한일 정상의 빈번한 전화 회담   220
2. 2017년 블라디보스톡 한일 정상회담   222
3. 북미교섭 진전에 일본이 발끈   226
4. 여섯 해 반 만의 셔틀외교   229
5. 고노 요헤이, 대북화해 메시지   232

6. 한미연합훈련 중지에 일본의 이견　　　　　　　　　　235

7. 2018년 7월 한국 외교장관, 아베 총리와 면담　　　　238

8. 광개토대왕 구축함과 해상자위대 초계기의 레이더 공방　241

9. 삼중고에 시달리는 대일외교　　　　　　　　　　　245

VI. 대일외교자료

1. 황교안 대통령 권한 대행의 삼일절 기념사　　　　250

2. 문재인 대통령의 2017년 광복절 경축사　　　　　256

3. 문재인 대통령의 2018년 삼일절 기념사　　　　　268

4. 제7차 한·중·일 정상회의 공동언론 발표문　　　271

5. 문재인 대통령의 2018년 광복절 경축사　　　　　277

부록_2017-2018년 한일관계 관련 기본자료　　　　286

찾아보기　　　　　　　　　　　　　　　　　　301

Ⅰ. 일본의 전후처리 역사

_1_
일본정부의 지속적 사죄가 우선이다

    다음 글은 2018년 10월 20일 경북대에서 열린 한일민족문제학회 학술발표회에 기고한 발표문이다. 필자는 국제관계론 전공자로서, 국민국가 시대에 들어 외교의 기능이 국제관계의 중심이 되고 있다고 것을 인정하면서도, 나날이 「인류 보편」의 이념을 향하여 국제여론이 진행되고 있다고 평가하고 있다. 또한 한일관계를 포함하여 국제관계에서 외교를 중시하는 입장을 견지하며 과거사 인식에서 피해자의 견해를 받아들여야 한다고 생각한다. 이러한 사고는 지난 2005년 한일회담 공개에 즈음하여 회담 자료를 읽고 이에 대한 평론을 작성할 때부터 때때로 발표해 왔다.

    필자는 1965년 청구권협정과 2015년 일본군 위안부에 관한 외교적 합의가 모두 공식 사죄를 지속하지 않는 일본정부, 그리고 보상금으로 외교적 타결에 임하는 한국정부, 모두가 공통적으로 피해자를 외면하고 있다고 하는 견해를 가지고 있다. 한일관계에서 청구권협정에 관한 법리 해석을 주장하는 의견을 보완하고자 하는 의도에서, 필자는『한국정부의 대일 민간청구권 보상과정』(2005년),『한일관계의 흐름 2004~2005』(2006년),『한일관계의 흐름 2015~2016』(2017년) 등에서 이미 제시한 필자의 견해를 반추하며 다시금 이러한 견해를 강조하고 싶다.

一. 제5차 제6차 한일회담 회의록에 나타난 피해자 인식

필자는 한일수교 회담 자료가 일반에 공개되기 직전인 2004년 12월, 한일회담 회의록 가운데 제5차 및 제6차 회담 회의록을 자료를 검토하여 YTN TV 인터뷰를 통해서 발표한 일이 있다. 이 자료는 한일회담 연구자들이 공공연하게 회람하고 있는 자료로서 자료가 일반에 공개되기 이전에도 이미 사실상 공개된 자료였다고 말할 수 있다. 필자가 검토한 자료는 도쿄(東京) 대학 중앙도서관에 소장된 자료로서 다음과 같은 내용을 담고 있었다.

첫째는, 민주당 정부가 일반청구권 소위원회 1차 회의 [1960년 11월 10일]에서, 일본에 대해 이승만 정부가 요구해 오던 기존의 8개 항목 이외에 '전쟁으로 인한 피징용자 피해'에 대한 보상을 추가하여 요구했다는 점이다.

둘째는, 민주당 정부가 제5차 회담 일반청구권 소위원회 12차 회의 [1961년 4월 28일]에서, 일본에 대해 보상 대상의 한국인 범위로 '모든 국가에 있는 한국인'으로, 그리고 '생존자, 부상자, 사망자'로 할 것을 제시했다는 점이다.

셋째는, 민주당 정부가 일반청구권 소위원회 12차 회의와 13차 회의 [1961년 5월 10일]에서, 수차례에 걸쳐 '일본을 대신하여 청구권을 해결하겠다'고 하며, 한국정부가 피해자에게 보상금을 지불하겠다는 방침을 주장했다는 점이다.

넷째는, 한국의 혁명정부가 6차 회담 일반청구권 소위원회 7차 회의 [1961년 12월 15일]에서 피징용자의 숫자와 함께 이에 따른 보상 금액을 분명하게 제시했다는 점이다. 이때 한국측은 한국인 피징용자 수로 총 1,032,684명을 제시했으며 이 가운데 노무자가 667,684

명, 군인 군속이 365,000명을 차지한다고 했다. 이 가운데 부상자 1인당 2,000 달러의 보상금액으로 총 5천만 달러의 보상액을 요구했으며, 사망자에 대해서는 1인당 1,650 달러의 보상금액으로 총 1억 2,800만 달러를, 생존자에 대해서는 1인당 200 달러의 보상금액으로 총 1억 8,600만 달러를 요구했다. 이렇게 하여 한국측은 합계 3억 6,400만 달러를 일본측에 요구했다.

다섯째는, 혁명정부가 일반청구권 소위원회 8차 회의 [1961년 12월 21일]부터 일본측에 대해 '한국인 피해자 개인의 청구권 여지를 남겨두자'라고 요구한 데 대해, 일본측은 '완전 해결된 것으로 하자'라고 요구했다는 점이다.

여섯째는, 혁명정부가 2차 정치회의 예비절충회의 1차 회의 [1962년 8월 21일]부터 수차례에 걸쳐 '청구권' 용어의 사용을 주장했으나 일본측은 완강하게 이를 거부하고 '무상 지불'이라는 용어를 사용하자고 주장했다는 점이다. 결국 16차 [1962년 11월 26일] 회의 단계에 이르러 협정문안을 조정하는 과정에서 한국측이 "한일양국의 청구권 문제가 완전히 그리고 최종적으로 해결되었음을 확인한다"라고 규정하자는 의견을 제시함으로써, 명목으로서의 「청구권」 용어를 얻는 대신에 실질적으로 「최종 해결」이라고 하는 양보를 택했다.

이렇듯 제5차와 제6차 회담 회의록을 통해서 조선인 피징용자 보상과 관련하여 한국의 민주당 정부와 군사정부가 어떤 정책으로 일본과의 협상에 임했는지 잘 알 수 있다. 이 회의록을 통하여 한국의 민주당 정부가 피징용자 피해자에 대한 보상 문제를 회담의 의제로 거론하고 그 범위를 구체화했을 뿐 아니라 한국정부가 대신하여 개별적 보상을 하겠다는 해결방침을 내놓았으며, 군사정부가 청구권 자금의 금액과 협정서 문안을 확정하는 과정에서 정부 해결 방식으로서의 대국민 홍보용 「청구권」 문구를 고수하면서 일본정부로부터 무상 3억 달러의 자금을 받게 된 것을 확인할 수 있다.

일본 교토의 한일회담 반대 (1962年 3月 15日)

출처: http://www.labor.or.jp/gakuen/history/1962.htm

二. 청구권 협정의 체결 과정

일본은 1951년 9월 2차 대전의 연합국과 강화조약을 체결함으로써 국제적으로 전후 복귀를 인정받게 되었다. 소위 「샌프란시스코 조약」으로 불리는 이 조약의 체결과정에서 한국은 의도와는 달리 미국과 일본 등에 의해 배제되었으며, 다만 이 조약의 규정에 기초하여 일본과 개별적으로 국교수립 및 전후청산에 관한 교섭을 추진하게 되었다. 한일 양국은 미국의 중재에 힘입어 1951년 10월에 예비회담을 시작했으나, 식민지 지배 역사에 관한 인식 차이로 인하여 난항에 난항을 거듭하다가 14년간에 걸친 회의 끝에 회담 종결에 이르게 되었다.

　개인 피해자에 대한 민간청구권에 국한하여 보면, 한일 양국은 본 회담에서 「샌프란시스코 강화조약」 제4조(A) "일본에 있어서의 한국 정부 및 주민의 재산 및 일본과 일본국민에 대한 청구권(채권포함)의 처리는 한국과 일본간의 특별협정에 의하여 결정한다"는 규정에 따라 청구권 협정을 위한 교섭을 추진했다. 양국이 청구권협정의 내용에 관하여 구체적인 협상에 들어간 것은 한국에 제2공화국이 들어서고 1960년 10월에 5차 회담(예비회담)을 가지면서부터이다. 양국은 기존에 한국측이 내세운 청구권에 관한 8개 항목의 틀에 맞추어 일반 청구권 소위원회에서 실질적인 협상에 들어갔다.

　청구권에 관한 8개 항목은 다음과 같다. (1) 조선은행을 통하여 반출된 지금(地金)과 지은(地銀)의 반환, (2) 1945년 8월9일 현재 일본 정부의 대 조선총독부 채무의 변제, (3) 1945년 8월 9일 이후 한국으로부터 이체 또는 송금된 돈의 반환, (4) 1945년 8월 9일 현재 한국에 본사 또는 주사무소를 둔 법인의 재일재산의 반환, (5) 한국법인 또는 한국인 자연인의 일본국 또는 일본 국민에 대한 일본 국채 공채 일본 은행권, 피징용 한인의 미수금 보상금 및 기타 청구권의 변제, (6) 한국법인 또는 한국 자연인 소유의 일본법인 주식 또는 기타 증권에 대한 법적인 인정, (7) 앞의 여러 재산 또는 청구권에서 행한 여러 과실의 반환, (8) 앞 사항의 반환 및 결재를 협정 성립 후 즉시 개시하여 늦어도 6개월 이내에 종료할 것.

　여기서 특별히 기억해야 하는 일은 1961년 5월 10일에 열린 일반 청구권 소위원회 제13차 회의에서 피징용 한인의 미수금 문제가 거론되었으며, 이때 한국측이 한국인 피해자에 대해 어떻게 보상해야

하는가에 관한 기본자세를 표명했다는 점이다. 한국측은 보상 대상
으로서 생존자, 부상자, 사망자, 행방불명자 그리고 군인군속을 포함
한 피징용자 전반으로 범위를 확대했으며, "피징용자의 정신적 육체
적 고통에 대한 보상을 의미한다"고 했다. 또한 "피해자 개인에 대한
일본정부의 보상을 말하는가"라는 질문에 대해서, 한국측은 "국가로
서 청구하며 개인 보상에 대해서는 한국 국내에서 조치하겠다"고 답
했다. 다만 "개별적이고 구체적인 피해 보상을 위한 자료가 있는가"
하는 일본측 질문에 대해서는, 피해자 명부와 같은 구체적인 자료가
한국측에는 없다고 답했다. 결과적으로 한일 쌍방이 관련 자료를 제
시하고 상호 대조하자는데 합의를 보았다.

　순차적으로 8개 항목 중에서 5개 항목에 관한 논의가 진행되는 가
운데, 한국에서 5.16 군사혁명이 발발했으며 이에 따라 5차 회담은
중단되었다. 군사정부는 경제개발 자금의 재원 확보를 위해 한일회
담의 조기타결에 대한 의욕을 가지고 있었으며 일본정부도 한국과의
수교가 정치 경제적으로 필요하며 이를 위해서는 청구권 협정을 정
치적으로 타결해야 할 필요성을 인식하게 되었다. 물밑 접촉을 거쳐
1961년 10월에 6차 회담을 열기 시작했고 이때 5차 회담에서의 협상
방식과 내용을 계승하기로 했다.

　일반청구권 소위원회는 10월 26일에 1차 회의를 열었으며, 마라톤
회의를 거쳐 이듬해 3월 6일에 11차 회의를 열었다. 이와 함께 10차
와 11차 회의 사이에는 일반청구권 소위원회 피징용 관계 전문위원
회를 4차례에 걸쳐 개최할 정도로 양국은 청구권 협정 타결을 위한
적극적인 자세를 보였다. 특기할 일은 소위원회 7차 회의[1961년 12
월 15일]에서 한국측이 피징용 한인에 대한 보상액을 제시했다는 점

이다. 김윤근 수석위원은 태평양전쟁 전후를 통하여 일본에 강제 징용된 한국인 노무자가 667,684명, 군인과 군속이 365,000명으로 총 1,032,684명이라고 했으며, 그 가운데 노무자 19,603명과 군인 군속 83,000명 도합 102,603명이 부상 또는 사망했다고 말했다. 이어 이상덕 위원이 구체적인 보상액을 청구했는데, 그는 생존자에 대해 1인당 200 달러로 총 1억 6천 6백만여 달러를, 사망자에 대해 1인당 1,650 달러로 총 1억 2천 8백만 달러를, 부상자 1인당 2,000 달러로 총 5천만 달러를 제시했다.

그러나 한일 양측이 원론적으로 협정 타결에 적극적인 자세를 보였음에도 불구하고 각론에 있어서는 청구권의 유무에 관한 의견과 개별적인 청구권 금액에 관한 의견에서 서로 다른 입장을 보였다. 2005년 1월에 외교통상부가 공개한 「제6차 한일회담 청구권 관계자료」에는 6차 회담에서 드러난 한일양국의 의견차이가 상세하게 정리되어 있다. 한일 양국은 공통적으로 개별적인 청구권 금액 산정을 통한 문제 해결이 어렵다는 것을 인식하고, 1962년 3월에 개최한 외교장관 회담을 계기로 청구권 문제를 정치적으로 해결하기 위한 교섭에 들어갔다. 한일 양측이 청구권 금액의 총액을 제시하고 조율하는 형태를 취하게 된 것이다. 이로써 이전의 개별 피해자에 대한 보상의 의미가 청구권 협상에서 퇴색하게 되고 대신 청구권 자금의 성격은 포괄적이고 정치적인 의미를 갖게 되었다.

한일 외교장관 회담은 3월 12일부터 17일까지 5차례에 걸쳐 열렸으며 이때 한국의 최덕신 장관은 7억 달러를 제시했으며 이에 대해 일본의 고사카(小坂善太郎) 외상은 7천만 달러를 제시했다. 일본측은 외무성과는 달리 대장성이 기껏해야 1천 5백만 달러를 지불할 수 있다고 주장한다고 하는 의견을 방패로 삼고 한국측이 제시하는 금액이 지나치게 많다고 응수했다. 이에 한국측은 10 : 1 이라는 차이를 극복하기 위한 방편으로, 청구권 액수가 적으면 무상공여를 첨가하여 양측의 차이를 축소시켜 가자고 제의했다.

외교장관 회담 이후 한국은 주일대표부 대사를 대표로 하는 정치회담 예비절충회의를 통하여 일본측과 청구권 금액의 절충을 시도했다. 그 해 10월 21일과 11월 12일 두 차례에 걸쳐 김종필과 오히라(大平正芳)가 회담을 갖고 무상 3억 달러, 유상 2억 달러에 합의한 것은 예비절충회의 사이에 이루어진 일이다. 일본측은 예비절충회의 첫 번째 회의[1962년 8월 23일]부터 청구권 금액을 늘리려면 보상의 성격을 가진 청구권 용어 대신에 경제협력이라는 용어를 사용하자는 의견을 제시했으며, 또한 무상 공여를 받은 것으로 청구권이 해결되었다고 한국국민을 설득해 달라고 요구했다. 이에 대해 한국측은 청구권의 명목 사용에서 절대 물러설 없다는 것을 누누이 강조했으며, 결과적으로 청구권의 명목을 고수하는 대신에 청구권 협정 조문에 "한일 양국간 청구권 문제가 완전히 그리고 최종적으로 해결되었음을 확인한다"라고 규정할 것을 역으로 제안했다.

결과적으로 양국은 「경제협력」과 「청구권」이라는 용어를 병기하여 자금의 성격을 규정하는 한편, '완전히 그리고 최종적으로 해결'이라는 문구를 넣는데 합의함으로써 청구권 협정의 기본 틀에 대해서는 제6차 회담에서 거의 합의를 본 셈이다. 1964년 11월에 양국의 기본관계 규정을 논의하기 위해 제7차 회담이 열리고 이듬해 2월의 외상회담에서 기본조약 문안에 대해서도 합의를 보았다. 이렇게 하여 양국 정부는 1965년 3월에 기본조약과 청구권 협정 등 4개

부속 협정에 가조인하기에 이르렀고 그해 6월 22일에 정식 조인에
들어갔다.

한일협정비준 동의안을 둘러싼 여야 의원의 단상 난투(1965년 7월 14일)

출처: 한국근현대사사전

三. 1970년대 한국정부의 대일청구권 보상

1970년대 한국정부는 대일민간청구권에 관한 신고를 접수한 일이
있다. 그것은 한국정부가 국교정상화 교섭 결과로 일본정부로부터 과
거 식민통치 아래에서 한국 국민의 정신적 물질적 피해를 이유로 하여
청구권 자금을 받았기 때문이다. 한국정부는 1971년 1월에 「대일민
간청구권 신고에 관한 법률」(신고법)을 마련하고 그 해 5월 21일부터

이듬해 3월 20일까지 10개월간 신고접수를 받았으며, 그 결과 재산관계 131,033건, 인명관계 11,787건으로 총 142,820건이 접수되었다.

이러한 청구권 신고 결과에 기초하여 한국정부는 「대일민간청구권 보상에 관한 법률」(이하, 「보상법」)을 1974년 12월에 제정했으며, 1975년 7월부터 보상을 실시했다. 결과적으로 1972년 3월에 신고 수리를 마친 후 1년 8개월이라는 짧지 않은 기간을 보내고 나서 「보상법」을 제정했으며 그 후에도 1년 6개월이 지나서야 실제로 보상금을 지급하기 시작했다. 조속한 보상을 요구하는 청구권자들의 불만이 표출되는 가운데 정부는 이렇게 시간이 걸리는 이유로, 신고권자의 적격성, 신고금액의 적절성, 증거서류와 이중신고 여부 등을 일일이 확인하는데 상당한 시일이 소요되며, 국내에서 증거확인 곤란한 신고분에 대한 일본정부 조회 결과가 늦어지기 때문이라고 설명했다. 「보상법」 법률안은 1974년 10월 28일에 국회 재무위원회에 상정되어 심의에 들어갔다. 정부는 법률안 제안 설명을 하는 가운데 우선 민간청구권 신고수리 결과를 보고하고 민간청구권의 법적 성격에 관한 정부의 견해를 표명했다. 정부는 민간청구권을 본래부터 가지는 헌법상 재산권이 아니라 「신고법」과 「보상법」에 의해 비로소 창설되는 재산권이라고 했다.

「보상법」의 주요 골자는 다음 세 가지로 요약할 수 있다. 첫째, 보상대상을 민간청구권 신고 수리가 결정된 것으로 한정하고, 금융기관과 현존하지 않는 법인 등이 신고한 금액은 보상대상에서 제외시켰다. 둘째, 보상금 지급방법으로서 현금과 청구권보상증권을 지급하기로 하고, 피징용 사망자에 대한 보상금과 재산권 가운데 30만원까지의 금액은 현금으로 지급하기로 했다. 셋째, 보상금액 및 보상비율로 피징용 사망자 1인당 30만원을 보상하기로 하고, 재산권으로는 일본국 통화 1엔당 한국 통화 30원의 비율로 보상하기로 했다. 다만 100엔 미만의 재산청구권은 100엔으로 신고한 것으로 간주하여 3천 원 씩 보상하기로 했다.

한국정부는 이 법률안을 입안하는 과정에서 제기된 문제점에 대해서 법률안 제안 설명을 통하여 밝혔다. 그 중에서 매우 중요하다고 생각되는 문제점으로 다음 네 가지를 들 수 있다. 첫째는, 근본적인 문제로 민간청구권 보상의 법적인 타당성 문제다. 민간청구권의 피해 보상적 성격에 비추어 보면, 식민지 지배의 피해자가 모든 국민이라는 관점에서, 청구권을 신고한 일부 국민에게만 한정하여 보상을 실시하는 것이 법률적으로 불평등하다는 주장이 있다는 것이다. 이에 대해 정부는 민간청구권이 「보상법」 제정을 통하여 창설되는 재산권이라는 전제 아래, 비록 신고한 사람들이 소수라고 하더라도 그들의 권리는 법적으로 보호받을 수 있다고 보았다.

둘째는, 보상비율에 관한 문제다. 「대일민간청구권협회」(회장 이영업) 등의 민간청구권자 단체는 실질적인 구매가치 변화 및 물가상승률을 감안하여 보상비율을 1엔당 500배 이상 1,000배의 비율로 할 것을 주장했다. 이에 대해 정부는 보상비율을 객관타당성 있게 산출할 수 있는 근거가 없는데다가 민간청구권의 성격이 다른 국가에 유래가 없는 시혜적인 성격을 가지고 있다는 것을 전제하고, 다음 표와 같은 산출근거로 30배의 보상비율을 책정했다. 또한 이것은 민중당이 제기한 26.67배, 최영두 의원이 제기한 19.93배, 정상구 의원이 제기한 8.4배에 비해서 정부가 제시하는 비율은 상대적으로 높은 비율이라고 역설했다.

보상비율 산출 근거

기 준		45.8-12월 평균	74년 7월	상승율	비고
쌀값	한은통계	1,078엔	22,136원	20.5	서울도매 1石(180ℓ)당 가격
	군정공정가격	750엔	21,600원	28.8	
	평균			24.7	
금값	한은통계	438엔	8,075원	18.4	1돈(3.75g)
	IMF공정가격	35불	42.22불	32.2	1온스당 가격
	국제시장금가	35불	157불	118.8	
	평균			56.5	
국내도매물가지수 (1970년 = 100)		0.016	192.8	12.1	1/1,000절하
엔화의 대미환율		15엔	298엔	26.7	298/15×400/298=26.7
평 균				30.0	

출처: 재무부, 『대일민간청구권보상종결보고서』(1978년 5월), p. 61

셋째는, 피징용 사망자에 대한 보상금액 문제다. 피해자 단체는 1970년 대연각호텔 화재 사망자에게 700만원씩 지급된 것을 비롯하여, 당시 일본의 교통사고 사망자 혹은 일본의 탄광 광부 사망자에게 2,000만 엔이 지급되고 있는 것을 예로 들고 이에 준하는 보상을 요구했으며, 국가사정을 고려한다고 해도 1인당 1,000만원 이상의 보상이 이루어져야 한다고 주장했다. 이에 대해 정부는 피징용 사망자(유족)에 대해 국군 사병 및 대간첩작전 지원 중 사망한 향토예비군에 준하여 그들에게 지급되는 일시금 30만원과 같은 금액을 보상금액으로 책정했다. 그러나 정부가 정한 금액은 과거 6차 회담에서 한국정부 스스로가 일본측에 제시한 1인당 1,650달러의 절반에도 미치지 못하는 금액이었으며, 정부가 유사 사례로 언급한 국군사병 및 대간첩 작전시 사망한 향토예비군의 경우 일시금 30만원 이외에도 유

족에게 월 4,200원의 연금이 추가 지급되었던 점에 비추어 보아도 상
대적으로 매우 적은 금액이었음에 틀림없다.

넷째는, 보상재원 문제다. 청구권자 단체는 청구권협정에 의해 청
구권이 모두 해결되었기 때문에 유상 및 무상 청구권자금은 물론, 귀
속재산의 일부까지도 보상재원이 될 수 있다는 이론을 주장했다. 이
에 대해 정부는 일본으로부터 받고 있는 무상자금 3억 달러 가운데
한일청산계정 수입 4,600만 달러를 제외한 2억 5,400만 달러를 순수
한 청구권 자금으로 보았으며, 이 무상자금을 농어민 소득증대에 집
중 사용하며 공업화에 따르는 기술개발 지원, 포항제철공장 건설을
위한 자본재 도입, 국내산업시설의 원활한 운영에 필요한 원자재 도
입에 중점을 두어 사용하기로 했다. 그리고 그 가운데 일부를 「민간
청구권」 보상재원으로 사용하기로 한 것이다. 구체적으로는 경제개
발특별회계 융자계정에 예탁한 예탁금 143억 원 가운데 조기 상환되
는 자금을 민간청구권 보상을 위한 재원으로 했다. 이는 한국정부가
경제개발을 최우선으로 하면서 「민간청구권」 보상에 대해서는 미미
한 관심밖에 보이지 않았음을 잘 보여주고 있는 대목이다.

「보상법」에 따라 1975년 7월 1일부터 1977년 6월 30일까지 2년간
에 걸쳐서 보상금 지급이 이루어졌으며 이 기간 동안에 지급 청구를
하지 않은 경우는 청구권이 자동 소멸하게 되었다. 재무부장관이 청
구권 보상금의 지급액을 해당 청구권자 또는 청구권 신고인에게 통
지하고, 청구권자가 통지서를 가지고 보상금 지급을 청구하는 절차
를 밟았다. 한국은행 및 지역별로 지정된 금융기관은 청구권자가 보
상금지급통지서와 청구권증서 원본을 제시하면 지급대장과 이상 유
무를 확인한 후 현금 또는 보상증권을 지급했다.

그런데「민간청구권」신고수리 마감 후 3년 4개월이 경과하는 사이에 지급청구 구비서류인 원 증서를 분실한 청구권자가 다수 발생했다. 이들을 구제하기 위한 조치로 재무부장관이 직권으로 사실여부를 조사 확인하는 절차를 추가했으며, 이러한 조사확인에 소요되는 시간을 감안하여 이들에게는 당초 보상금 지급마감일을 철폐하고 일반국가채무 소멸시효를 적용하여 1977년 6월 30일 이후에도 보상금을 수령할 수 있게 했다. 1978년 5월 시점에 재무부가 집계한「민간청구권」보상결과는 다음 표와 같다(재무부 통계 수치).

1970년대 민간청구권 보상결과(1978년 5월 현재)

		신고 수리	보상 제외	지급결정	지급	청구권 소멸
계	건수	103,324	46	103,278	83,515	19,743
	보상액 (천원)	–	–	9,519,645	9,182,551	334,615
재 산	건수	94,414	46	94,368	74,963	19,391
	보상액 (천원)	–	–	6,846,645	6,616,951	227,215
인 명	건수	8,910	–	8,910	8,552	352
	보상액 (천원)	–	–	2,673,000	2,565,600	107,400

출처: 재무부,『대일민간청구권보상종결보고서』(1978년 5월), p. 84

_2_
광주지법, 근로정신대 일부 승소 판결

2017년 8월 8일, 광주지방법원 304호 법정에서 열린 1심 재판은 일제강제동원 피해자와 사망자의 유족 등 2명이 참석한 가운데 이들이 승소한 것으로 판결을 내렸다. 이 소송은 한국인 피해자 및 유족이 미쓰비시 중공업을 상대로 제기한 손해배상 청구 소송이었다. 재판장은 원고 한 명 당 1억 원에서 1억 5000만 원을 배상하라고 판시했다. 강제동원 피해자에게 있어서는 73년 만에 얻은 값진 땀의 결실이었다. 그러나 이 자리에는 원고 중 당사자 한 명인 김영옥(당시 85세) 할머니는 고령이 되어 몸 상태가 좋지 않다는 이유로 나오지 않았다. 또 다른 당사자로 강제동원 현장에서 지진 사고로 숨진 사망자 최정례(사망시 17세) 씨의 빈 자리에는 조카 며느리 이경자(당시 74세) 할머니가 나와 앉았다.[5]

이들이 일본기업과 일본정부를 상대로 하여 싸우는 소송은 일본에서는 결과적으로 결실을 얻지 못하고 미쓰비시와 함께 한국에서 사업을 전개하고 있는 신일철주금과 후지코시 회사를 상대로 하여 제기되었다. 2018년 11월 4년여 만에 미쓰비시 중공업 소송에서 한국의 대법원이 승소 판결을 내린 것이나,[6] 2019년 1월 18일 후지코시

---

5) 중앙일보, 2017년 8월 9일.

6) 日本経済新聞, 2018年 11月 23日.

소송에서 고법이 뒤늦게 승소 판결을 내린 것은[7] 한국 내에서 사법농단을 비롯한 우여곡절이 있었기 때문이다. 후지코시의 경우, 2013년 2월에 처음으로 한국의 지방법원에 제소하여 2014년 10월, 1심 재판에서 "피해자들에게 1인당 8000만~1억원씩 지급하라"고 판결을 받았다. 이후 피고 측이 항소하여 그 해 12월 서울고법으로 사건이 접수됐지만, 2018년 12월 마지막 재판이 열리기까지 4년 동안 계류되어야 했다. 그러다가 2018년 10월에 들어 처음으로 신일철주금(신일본제철)을 상대로 제기된 손해배상 청구 소송에서 대법원이 징용 피해자들의 손을 들어주면서 그간 중단되었던 후지코시 소송에서도 재판이 재개되기에 이르렀다.

일본 법원은 한국 법원과는 달리 일본의 한반도와 한국인에 대한 식민 지배가 합법적이었다고 하는 규범적 인식을 가지고 있다. 따라서 일제강점기의 국가총동원법·국민징용령·여자정신근로령 등이 일본 본토 뿐 아니라 한반도와 한반도 사람들에게도 그대로 적용되는 것을 전제로 하여, 당시 시행되고 있던 메이지헌법과 관련 법령에 근거하여 피고의 불법행위 책임 등을 판단하게 되었다. 무엇보다도 일본 법원은 1965년의 「청구권 협정」에 따라서 원고들이 제기하는 개인청구권이 소멸되었다고 보고 있었다.

그러나 한국 법원은 일제강점기의 지배가 불법이었다는 것을 전제로 하여 근로정신대 피해자들의 손을 들어주고 있다. 손해배상 청구권의 소멸시효가 완성되었다고 하는 피고측 주장에 대해서는, "청구권을 행사할 수 없는 객관적 장애 사유가 있었는데, 그런 주장으로 손

---

7) NEWS1, 2019년 1월 18일.

해배상 채무 이행을 거절하는 것은 신의성실의 원칙에 반하는 권리남용으로 허용될 수 없다"고 판시했다. 신일철 주금의 피고들처럼 징용영장에 의한 강제동원 피해자뿐만 아니라, 근로정신대원과 같이 영장 없이 강제동원된 피해자들에 대해서도 피고 기업의 손해배상책임을 앞으로 계속하여 확대 인정할 것으로 보인다. 또한 원고 등이 일본에서 이미 손해배상 청구 소송을 제기하여 패소 판결을 받았지만, 일본 판결의 효력을 인정하지 않고 피고의 손해배상 청구권의 시효 소멸을 주장한 것도 이를 인정하지 않을 것으로 보인다.

근로정신대는 일본의 군수기업에 동원되어 노동을 착취당한 사람들이다. 태평양 전쟁 당시 일본의 기업들은 식민지에 거주하는 어린 소녀들에게까지 "일본에 가면 공부도 가르쳐 주고 상급학교도 보내 줄 것이다"라고 하는 감언이설과 회유를 통해 이들을 강제동원 했으며 혹독한 노동에 종사하게 했다. 당시 12살~18살에 불과했던 피해자들은 교사들의 권유와 협박을 회피하지 않고 사업장에 끌려가 1944년 가을부터 1945년 7월~10월까지 급여도 받지 못하고 매일 10~12시간씩 군함·전투기 부품을 만드는 작업 등에 종사했다.

다만 원고들은 살아생전에 미쓰비시중공업과 일본 정부로부터 배상과 사과를 받을 수 있을지 장담할 수 없다. 한국에서 진행 중인 일제강점기 강제동원 피해자들의 일본 기업 대상 손해배상 소송은 모두 14건이다. 2000년 5월 일본과 한국에서 소송이 시작되었지만 완전히 보상에 이른 사례는 없다.

2017년에 원고로 나선 김영옥 할머니는 1944년 일본 아이치(愛知)현의 미쓰미시중공업 나고야(名古屋) 항공기제작소에서 고된 노동을 했지만 한 푼도 받지 못했다. 12살 소녀 때였다. 소녀들은 일본인의

나고야 미쓰비시 중공업에 강제동원된 조선인 근로정신대

출처: 名古屋三菱·朝鮮女子勤労挺身隊訴訟を支援する会, 2012年 9月 1日.

말에 속아 근로정신대에 갔다. 소녀들의 잃어버린 시간에 대해 사죄
와 배상을 할 수 있는 시간은 정말 얼마 남지 않았다. 재판을 이기고
도 미소를 짓지 못한, 김 할머니는 다음과 같이 말했다. "대법원은 고
령의 할머니들이 눈을 감기 전에 역할을 다 해야 합니다. 일본 정부와
기업도 책임 있는 자세를 보여야 합니다. 시간이 없습니다."

3

일제동원피해 재판거래 의혹

일제강점기 징용 노동자와 일본군 위안부 피해자들의 손해배상 소송에 대법원 법원행정처가 개입한 의혹을 수사 중인 검찰이 2018년 8월 2일 외교부를 압수수색했다. 법원행정처가 한일 외교관계에 소송이 미칠 파장을 감안해 달라는 외교부로부터 민원을 받고 관련 재판에 개입했다는 의혹을 확인하기 위해서다. 서울중앙지검 특수1부(부장검사 신봉수)와 특수3부(부장검사 양석조)는 이날 서울 종로구 외교부 청사 내 국제법률국과 동북아국, 기획조정실을 압수수색하여 「법관 해외공관 파견」 기록 등을 확보했다. 이에 앞서 검찰은 2013년 9월 법원행정처 사법정책실이 작성한 문건에서 강제동원 노동자 손해배상 소송 판결의 고려 사항 중 외교부 협조가 필요한 「판사들의 해외공관 파견」, 「고위 법관 외국 방문 시 의전」이 포함된 사실을 확인했다.

검찰은 법원행정처가 외교부의 민원과 협조를 검토한 것이 강제동원 노동자 손해배상 소송이 대법원에 5년째 계류 중인 것과 밀접한 관련이 있다고 보았다. 검찰은 또 2016년 1월 법원행정처 기획조정실이 작성한 문건에서 위안부 피해자 손해배상 소송 1심을 각하 또는 기각으로 미리 결론 낸 사실을 파악했다. 외교부 압수수색 영장을 발부한 법원은 법원행정처 문건 작성에 관여한 전·현직 판사들에 대한 압수수색 영장은 모두 기각했다. 검찰 내부에선 "지금까지 법원행정처 관련 영장이 95% 이상 기각됐다. 법관과 대법원 관계자는 건드

재판거래를 규탄하는 시민들

출처: 법률방송뉴스, 2018년 6월 18일

리지 말라는 가이드라인"이라는 불만이 나왔다. 또한 양승태 대법원장 시절 법원행정처가 뇌물수수 혐의로 검찰 수사를 받던 현직 판사에 대한 여론의 관심을 돌리기 위해 이석기 전 통합진보당 의원의 선고 일정을 앞당긴 정황도 검찰에 포착됐다.

검찰은 최근 임종헌 전 법원행정처 차장의 휴대용저장장치 즉 USB 메모리에서 「최민호 전 판사 관련 대응 방안」이란 문건을 확보했다. 이 문건은 2015년 1월 18일 작성된 것이다. 당시 현직이었던 최 전 판사는 이 문건이 작성된 날 사채업자 최모 씨에게서 뇌물을 받은 혐의로 긴급 체포되었다. 이 문건에는 최 전 판사 사건에 대한 대응책으로 1월 22일 이석기 전 통합진보당 의원 내란음모 혐의 사건 선고를 하는 방안이 담겼다. 대법원은 문건 작성 다음 날 실제로 이 전 의원에 대한 선고일을 1월 22일로 확정했고, 대법원 전원합의체는 이날 이 전 의원에게 징역 9년에 자격정지 7년을 선고한 원심을 확정했다. 법원행정처는 선고 사흘 뒤 만든 후속 문건에서 "대응전략이 주효하여 사건이 수습되는 국면"이라고 자평했다.[8]

---

8) 동아일보, 2018년 8월 3일.

_4_
한국 대법원, 징용피해자 승소 판결

  2018년 10월 30일, 징용 조선인 피해자들에 대해 일본 기업이 배상해야 한다고 한국 대법원이 판결했다. 고(故) 여운택 씨 등이 일본 기업 신일철주금(新日鐵住金) 옛 신일본제철을 상대로 하여 손해배상 청구 소송을 제기한 지 13년 8개월 만에 대법원의 판단이 나온 것이다. 이날 오후 재판장 김명수 대법원장과 주심 김소영 대법관을 중심으로 하는 대법원 전원합의체는 여 씨 등이 제기한 손해배상 청구 소송의 재상고심에서 신일철주금에게 여 씨 등에게 1억 원씩 배상하도록 한 원심 판결을 확정했다.

  이 사건에 대해서는 1997년에서부터 소송이 시작되었다. 생전의 여운택 씨와 신천수 씨가 그 해 12월 일본 오사카 지방재판소에 신일철주금과 일본 정부를 상대로 하여 손해배상을 청구했기 때문이다. 2001년에 원고 패소 판결이 내려졌고, 이 판결은 항소심을 거쳐 2003년에 일본 최고재판소에서 마직막 패소 판결을 받았다. 여 씨 등은 이제 한국으로 재판을 옮겨 2005년 서울중앙지법에 같은 취지의 소송을 제기했다. 한국에서도 1심과 항소심은 원고 패소 판결을 내렸다. 1965년 한일 청구권 협정에도 불구하고 개개인의 손해배상 청구권은 존재하지만, 배상시효가 지났다는 판단에서였다. 또한 옛 일본제철과 오늘날 신일철주금이 같은 회사가 아니라고 보았다. 같은 사안에 대한 일본 법원의 판결 효력이 국내에도 적용된다는 것도 기각으로 판단하는 중요한 근거가 되었다.

그런데 그 후 국내 판결이 대법원에서 뒤집혔다. 2012년 김능환 대법관을 주심으로 하는 대법원 1부는 원심 판결을 깨고 사건을 서울고법으로 환송했다. 여 씨 등의 손해배상 청구권이 소멸되지 않았고, 시효도 지나지 않았다는 판단을 제시한 것이다. 그리고 일본 법원의 판결은 「일제강점기의 강제동원은 불법」이라고 보고 있는 우리 헌법의 핵심 가치와 정면으로 충돌하는 것이어서 그 효력을 인정할 수 없다고 보았기 때문이다. 파기 환송심은 대법원 판결 취지대로 배상 책임을 인정하여 신일철주금이 여 씨 등 원고 4명에게 각각 1억 원씩 배상해야 한다고 판결했다.[9]

일제강점기 징용피해자들이 일본 기업을 상대로 낸 손해배상 청구소송에 대해 대법원이 최종적으로 피해자들 「승소」로 확정한 것이다. 소송을 제기한 지 13년여 만에 나온 결론으로 앞으로 관련 소송에서 같은 판결이 이어질 전망이다. 이 사건의 핵심 쟁점은 1965년 한·일 청구권협정으로 피해자들의 손해배상 청구권이 소멸했다고 볼 수 있는가를 묻는 것이었다. 7명의 대법관이 동의한 다수의견은 피해자들의 손해배상 청구권에 대해 "일본정부의 한반도에 대한 불법적인 식민지배 및 침략전쟁의 수행과 직결된 일본 기업의 반인도적인 불법행위를 전제로 하는 강제동원 피해자의 일본 기업에 대한 위자료 청구권으로서 청구권협정의 적용대상에 포함되지 않는다"고 판단했다.

피해자들 일부가 일본에서 손해배상 소송을 제기하고 패소한 판결이 확정된 상황에서 한국에서 또 다시 소송을 제기할 수 있는지에 대

---

9) 조선닷컴, 2018년 10월 30일.

해서는 대법관들이 일치하여 재판을 제기할 수 있다고 판단했다. 해당 일본 판결이 일본의 식민 지배가 합법적이라는 전제 하에 나온 것이므로 인정할 수 없다는 기존 대법원 판결과 같은 입장이었다. 징용 당시의 기업(일본제철)과 현재의 기업(신일철주금)은 다른 기업이기 때문에 손해배상을 해 줄 수 없다는 신일철주금 측의 주장에 대해서도 대법원은 두 기업이 동일한 기업이라서 손해배상 청구를 할 수 있다고 보았다. 소멸시효가 완성됐는지 여부에 대해서는 대법원은 완성되지 않았다고 보았다.[10]

---

10) 경향신문, 2018년 10월 30일.

_5_
일본기업의 배상은 어려울 전망이다

2018년 10월 30일 한국의 외교부는 신일철주금에 대한 대법원 판결의 집행 문제와 관련하여, 한국정부의 입장에 "사법부의 판단을 존중한다"고 말하고 관계부처 및 민간 전문가 등과 함께 제반요소를 종합적으로 고려하겠다는 원론적인 입장을 밝혔다. 외교부는 이날 판결과 관련하여 앞으로의 대응에 대해 "형식을 갖춰서 대응방안을 마련해 나갈 것"이라고 했다. 이것은 사실상 한국 정부 내에서 구체적인 대응방침이 정해지지 않았다는 것을 의미하기도 한다. 사법부의 판단을 존중한다는 의미가 이런 부분을 원용해 대응한다는 취지인지 여부에 대한 질문에 대해서, "사법부의 판결문 전체가 나오지 않아 예단할 수 있는 상황은 아닌 것 같다. 조금 더 내용을 면밀히 검토할 필요가 있다"며 즉답을 피했다. 그러면서 "이 문제는 이미 판결이 나왔고 상대방이 어떻게 나올지 아직 정해지지 않았기 때문에 미리 상황을 예측하여 언급하는 것은 적절치 않다고 본다"고 덧붙여 말했다.

일본 정부가 이번 판결과 관련하여 국제사법재판소(ICJ)에 제소할 가능성에 대해서도 외교부 관계자는 "가상적인 상황에 대해서 뭐라고 설명하는 것은 적절치 않다. 정부는 과거사 문제를 분리해서 미래지향적 한일 관계를 위해 계속 노력할 것"이라고 원론적 입장 표명을 반복했다. 앞서 고노 다로(河野太郞) 일본 외무상은 이번 판결과 관련 발표한 담화에서 "일한 청구권 협정에 분명히 반하며, 일본 기업에 부당하게 불이익을 준 것으로서 극히 유감"이라며 비판하는 발표를 내보냈다. 또한 일본정부는 항의의 뜻으로 이수훈 주일대사를 불러들였다. 일본 정부가 한국 사법부 판결에 대한 항의 차원에서 대사를 초치한 것은 매우 이례적인 일이다.

이와 관련하여, 일각에서는 징용 피해자들이 일본 전범 기업을 상대로 낸 민사 소송을 놓고 한일 양국 정부가 대응방안을 마련하는 것 자체가 삼권분립 차원에서 적절하지 않다는 지적이 제기된다. 이러한 지적과 관련하여, 한국정부 관계자는 "형식적으로 원고는 징용 피해자이고 피고는 일본의 기업이다. 그렇지만 한일 양국간 청구권협정의 해석에 관한 부분이 있기 때문에 그런 부분에서 정부가 관심을 가지고 검토하는 것"이라고 설명했다. 일본 정부의 주일 한국대사 초치 조치가 적절했는지 여부에 대해서도, "일본 측이 낸 담화 형태 입장을 있는 그대로 보아 달라"고 말하고, "일본은 주일한국대사관을 통한 외교채널 등 여러 경로로 자신들의 입장을 전달해 왔다"고 밝혔다.

다만 대법원의 배상명령을 일본 기업들이 거부해 강제 집행이 이뤄질 경우, 정부가 개입할 여지가 있는지에 대해서는 "행정부가 법적으로 강제 집행을 막는 것은 가능하지 않는 것으로 알고 있다"고 이 관계자는 말했다. 한국의 한 외교 소식통은 이번 대법원 판결과 관련하여, "사법부의 독립적인 판단이기 때문에 정부가 이를 존중할 수 밖에 없다"고 하면서도 "일각에서는 과거 합의해 놓은 사안에 대해 정권이 교체되고 (그런 결정을) 뒤바꿀 수 있다는 인식을 심어줄 수 있다"고 우려를 표명했다.[11]

---

11) NEWS1, 2018년 10월 31일.

2018년 10월 일제 강제동원 피해자에 대한 일본 기업의 손해배상 책임을 인정한 대법원 확정판결이 나오면서 다른 피해자들과 유족들에 의한 추가 소송이 이어질 것으로 예상된다. 행정안전부가 파악한 강제동원 피해자(사망·행방불명 포함)는 21만 6992명이다. 이 가운데 생존자는 약 3500명이다. 피해자가 사망했더라도 유가족이 소송을 제기할 수 있다. 지금까지 제기된 강제동원 손해배상 소송은 모두 15건이다. 대법원은 이날 판결과 별도로 2건의 징용 피해 사건을 심리하고 있다. 이 중 조선여자근로정신대 피해자들이 일본 기업을 상대로 낸 손해배상청구소송도 2018년 9월에 대법원 전원합의체에 회부됐다. 이 사건 역시 양승태 전 대법원장 시절 법원행정처가 청와대와의 뒷거래 속에서 강제로 재판을 지연했다는 의혹이 불거진 징용 소송 중 하나다. 서울중앙지법·광주지법, 서울고법 등 1심과 2심에 계류된 강제동원 손해배상 소송은 12건이다. 신일철주금을 대상으로 한 소송 2건, 미쓰비시중공업(三菱重工業)을 대상으로 한 소송 4건, 후지코시강재(不二越鋼材)를 대상으로 한 소송 3건 등이다. 소송 원고는 도합 950여 명이 된다.[12]

　그런데, 전범 기업의 배상 책임을 인정한 대법원 전원합의체 확정판결이 실제 피해자에 대한 배상으로 이어질지는 미지수이며 또 다른 문제다. 이번 판결은 국내에서만 효력이 있기 때문에 일본 기업으로부터 직접 배상을 받기란 사실상 불가능하다는 지적이 많다. 1940년대 일본에 의해 강제 동원된 피해자들은 매일 고된 노동에 시달리면서도 제대로 된 급여를 받지 못했다. 이번 대법원 전원합의체 선고로

---

12) 중앙일보, 2018년 10월 31일.

법원, 강제동원 신일철주금 자산 4억 원 압류 신청 승인

출처: 에너지경제, 2019년 1월 9일

전범 기업의 배상 책임이 인정됐지만, 한국 국내에서만 판결의 효력이 있다. 패소한 전범 기업의 국내 자산이 확인되면, 법원의 집행 절차를 통해 압류할 수 있다. 하지만 현재 신일철주금 측이 우리나라에서 보유한 자산 규모가 명확하지 않은 상황이다. 지난 2016년 6월까지 신일철주금이 포스코에 4% 정도의 지분을 가지고 있는 것으로 확인됐지만, 추가 매각 이후에는 정확한 공시지가가 확인되지 않고 있다. 원고 측 법률 대리인은 전범 기업과 협의를 통해 원만하게 배상금을 받을 가능성도 열어두고 다양한 절차를 검토하고 있다.

만약 우리나라에서 압류할 수 있는 재산이 없는 것으로 확인될 경우, 신일철주금 지사가 있는 미국과 중국, 유럽 등 각국 법원에 또다시 집행 소송을 내는 방법도 고려하고 있다. 지금까지 전범 기업을 상대로 소송을 낸 징용 피해자와 유족만 천여 명에 이르고, 앞으로도 비슷한 소송이 잇따를 것으로 보인다. 일본에서는 이미 전범 기업 측의 배상책임이 없다는 확정 판결이 나온 데다, 정부까지 나서서 국제 분쟁을 예고하고 있는 상황이다. 사실상 일본 기업에 의

한 배상이 불가능하다는 지적이 나오는 가운데, 한일 청구권 협정을 맺은 댓가로 우리 정부가 대신 보상해야 한다는 소수 의견도 주목을 받고 있다.[13]

---

13) YTN, 2018년 10월 31일.

_6_
일제동원의 강제성을 부인하려는 아베 총리

아베 총리는 2018년 11월 1일 일본 국회에서 기존의 「징용공」이라는 단어 대신 「옛 한반도 출신 노동자」라는 표현을 사용했다. 일본정부가 조선인 징용 피해자를 지칭하며 사용했던 「징용공」이라는 표현을 「옛 한반도 출신 노동자」로 바꿔 부르며 징용의 「강제성」을 희석하려는 시도를 하고 있는 것이다. 또한 강제노동에 대한 일본 기업의 배상 책임을 인정한 한국 대법원 판결의 본질을 호도하면서 「동원의 강제성」 여부에 대한 새로운 논란을 끌어내기 위한 시도로 보인다. 그는 이에 대해 "당시의 국가총동원령법의 국가징용령에는 모집과 관(官) 알선, 징용이 있었는데, 이번 재판의 원고는 모집에 응했다고 표명하고 있다"고 설명했다. 일본정부는 전날 관련 부처들에 「옛 한반도 출신 노동자」라는 표현을 사용하라는 지침을 내리기도 했다. 쇼가쿠칸 〈小學館〉 사전에 따르면, 일본어로 「징용」을 의미하는 「조요」는 한국어 「징용」과 마찬가지로 국가가 국민을 「강제적」으로 동원하여 일정한 일을 시키는 것을 의미한다.

아베 총리의 발언은 대법원 판결의 원고 4명이 형식상 「징용」이 아닌 「모집」에 의해 일본에 건너왔다는 점을 강조하며 징용 피해자들이 강제가 아니라 자발적으로 노동을 했다고 강조하기 위한 것으로 보인다. 하지만 피고인 일본 기업 신일본제철이 일본정부의 통제를 받은 가운데 모집을 했고, 모집 당시 군국주의 일본의 전쟁동원 분위기가

아베 총리 「한반도 출신 노동자」 용어 사용

출처: news2day, 2018년 11월 11일

극에 달한 상황이었다는 점을 고려하면 「강제적」 동원임을 부정하는 것은 언어도단이다.

　한국 대법원의 판결문을 보면, 원고 이춘식 씨는 대전 시장의 추천을 받아 보국대로 동원되어 가마이시(釜石) 제철소에서 사실상 감금 당한 상태에서 노동에 시달렸다. 처음 6개월간은 외출도 하지 못했고 임금은 저금해 준다는 말만 듣고 구경도 못했다. 헌병들은 보름에 한 번 노역장에 와서 인원을 점검했다. 상황은 야하타(八幡) 제철소에서 노역한 다른 원고 김규수 씨도 마찬가지였다. 군산부(지금의 군산시)의 지시를 받고 모집돼 일본에 온 그는 일체의 휴가나 개인적인 행동을 허락받지 못한 채 임금도 받지 못하고 노역을 해야 했다. 그는 도주하다 발각되어 7일간 심한 구타를 당하기도 했다. 오사카(大阪) 제철소에서 일한 여운택 씨와 신천식 씨는 "한반도의 제철소에서 기술자로 취직할 수 있다"고 기재된 모집 광고를 보고 응모했지만, 실제로는 일본으로 동원되어 죽도록 노역만 해야 했다. 한 달에 1~2회 외출만 허용됐고 2~3엔의 용돈만 지급받고 월급은 받지 못했다고 한다.

원고들의 재판을 지원해온 한국과 일본의 시민단체들은 아베 총리의 발언이 대내외적으로 이미지를 조작하기 위해 계획적으로 한 것이라고 지적했다. 야노 히데키(矢野秀喜)「강제연행·기업 책임추궁 재판 전국 네트워크」사무국장은 "모집 공고를 보고 지원했다고 하더라도 징용 피해자들이 실제 노역 현장에서 겪은 일은 공고 내용과 전혀 다른 것이었다"고 주장하며 일본정부가 동원의「강제성」을 부인하는 것은 옳지 않다고 말했다. 김영환 민족문제연구소 팀장은 "식민지 지배 상황에서 총독부 지시에 따라 모집이 행하여졌다. 아베 총리가 본질을 흐리게 하려고 새로운 논란거리를 끄집어낸 것"이라고 지적했다.[14]

---

14) 연합뉴스, 2018년 11월 1일.

_7_
1300회를 넘긴 수요집회

　2017년 9월 13일로 일본군 성노예 문제 해결의 요구를 위한 정기 수요집회가 1300번째를 맞았다. 1992년 1월 8일에 시작한 수요 집회가 26년을 쉬지 않고 열린 것이다. 이날 집회를 마친 후 참가자들은 청와대로 행진했으며, 「2015 한일합의」 폐기와 「화해치유재단」 해산 등 내용을 담은 공개요구서를 대통령에게 전달했다. 그동안 수요 집회가 걸어온 길은 순탄치 않았던 것으로 보인다. 윤미향 한국정신대문제대책협의회(정대협) 대표는 9월 13일 서울 종로구 중학동 주한 일본대사관 앞에서 열린 수요 시위에서 "제1차 수요 집회 당시만 해도 가부장적인 시각이 짙어 사람들은 위안부 할머니들을 손가락질하기 바빴다"라고 얘기했다 또한 "그럼에도 불구하고 할머니들은 부끄러워하지 않고 사람들 앞에 섰다"고 토로했다. 이어 "우리는 300차, 400차, 500차 수요 집회 때도 절대 포기하지 않았다. 하지만 여전히 웃고 있을 수 없는 상황"이라고 설명했다.

　특히 2015년 연말에는 위안부 피해자 할머니들과 정대협에게 악몽 같은 시간이 찾아왔다. 한국과 일본 정부가 외교적으로 「2015 한일합의」를 맺었기 때문이다. 「2015 한일합의」는 2015년 12월 28일, 박근혜 정부가 일본군 위안부 문제를 일본과 협상·타결해 최종적 종결을 약속한 합의를 말한다. 한일합의는 "피해자들을 배제한 졸속 협상"이라는 비판을 받아왔다. 윤 대표는 "국민들의 촛불 대선으로 만

1300회째를 넘긴 수요집회

출처: NEWSIS, 2018년 6월 6일

들어진 문재인 정부는 「2015 한일합의」에 대해 뒤엉킨 문제들을 해결하겠다"고 말해왔다고 했다. 또한 "문재인 정부는 국민들이 원하는 대로 「2015 한일합의」를 무효화하고 피해자들의 뜻을 묵살하는 「화해치유재단」을 반드시 해산해야 한다"고 말했다.

이날 수요 집회에서 만난 한 참가자도 문재인 정부에 날을 세웠다. 쿠키신문의 보도에 따르면, 이름을 밝히지 않은 박○○씨는 "촛불혁명으로 문재인 정권이 들어섰지만 여전히 「2015 한일합의」의 폐기는 이뤄지지 않았다"고 실망스럽게 말했다. 나아가 "문재인 정부는 더 이상 촛불정부가 아니다"라고 거세게 비판하기도 했다. 문재인 정부는 「2015 한일합의」의 경과와 내용을 검토하기 위한 강경화 외교부 장관 직속의 위안부 TF를 7월에 들어 출범시켰지만, 그 성과가 매우 미진하다는 평가를 받았다. 2017년 말 현재 정부에 등록된 위안부 피해자는 총 239명이며 생존해 있는 위안부 할머니는 35명으로 나타났다. 피해자 황금주 할머니는 "나는 일본 정부보다 한국정부가 더 밉다"고 울분을 토하기도 했다. 1300번의 일본 침묵에는 변화하지 않는 한국정부에게도 책임도 있다. 나비의 날개 짓에 이제 한국정부가 응답해야 한다.[15]

---

15) 쿠키뉴스. 2017년 9월 14일.

8

일본인의 망향의 동산 사죄비 훼손

    2017년 3월 20일 후쿠오카의 60대 일본인 남성 A 씨가 천안 「국립
망향의 동산」에 세워진 한국인의 일제 강제노역과 조선인 위안부 문
제에 대해 사죄한 내용이 담긴 「사죄비」를 「위령비」로 무단 교체한
혐의로 체포되었다. 공공물건을 손상했다는 등의 혐의로 한국의 법
정에 서게 된 일본인 남성은 무단 교체 사실을 순순히 인정했다. 그러
나 사죄비의 소유권이 일본인에게 있는 것으로 알고 있다고 하면서
명확한 소유권을 확인하고 싶다고 했다. 검찰은 3월 21일 오전 대전
지법 천안지원 형사3단독 심리로 열린 첫 공판에서 징역 1년을 구형
했다. 이때 검찰은 "국제적으로 인정한 일제의 강제노역과 위안부 문
제 등 사죄의 글을 세긴 「사죄비」를 훼손하여 한 · 일 갈등 등의 문제
를 유발할 수 있다"는 이유를 들었다.

    그는 3월 20일 오후 9시경에 천안 「국립망향의 동산」 내 무연고 묘
역에 있는 강제노역 「사죄비」에 「위령비」라고 쓰인 석판을 덧대는 방
식으로 훼손한 혐의를 받았다. 이에 대해 A 씨는 이날 통역을 통해
"「사죄비」를 세운 일본인 아들 요시다 에이지(吉田えいじ)의 요청으
로 (본인이) 변경한 것을 인정한다"고 하며 비석 훼손 사실을 시인했
다. 하지만 "일본 내에서는 이 「사죄비」의 소유가 국가가 아닌 「사죄
비」를 세운 아들에게 속한 것으로 인식하고 있다. 「사죄비」의 소유권
이 불분명하여 이를 명확하게 하고 싶었다"고 해명했다.

애초 「사죄비」를 세운 아들이라고 자처한 에이지 씨도 A 씨에게 「위령비」로 무단 교체를 교사한 혐의로 함께 검찰에 기소됐지만, 이날 법정에 나오지는 않았다. 천안 「국립망향의 동산」에 세워진 「사죄비」는 태평양전쟁에서 조선인을 강제노역하고 위안부 동원 임무를 맡았던 일본인이 과거 1983년에 한국인 피해자의 넋을 위로하기 위해 참회한다는 의미로 세운 것이다. 이 비는 정부가 일제에 강제로 징용됐거나 위안부 등으로 끌려갔다가 일본 등 해외에서 원혼이 된 동포 중 연고가 없는 이들을 모셔 놓은 「무연고 합장 묘역」 내 유일하게 눕혀져 있다. 하지만 이 「사죄비」는 한글로 "위령비, 일본국, 후쿠오카현·요시다 유우토"라고 쓰인 「위령비」로 뒤바뀌었다.[16] 바뀐 비석의 주인은 요시다 에이지 (본명 요시다 유우토)이다. 그는 한때 일제의 만행을 고발한 증언으로 주목받았지만, 그 증언은 거짓이었던 것으로 드러났다.

나중에 요시다 에이지는 편지를 통해서 "우리 아버지는 징용 책임이 없어 사죄할 필요가 없다"고 말한 것으로 알려지고 있다. 결국 「사죄비」보다는 「위령비」가 합당하다는 것이 그의 주장이다. 경찰은 「위령비」로 교체한 남성이 이미 한국을 빠져 나간 것으로 보고 수사를 벌였다. 경찰은 공용물건 손상혐의로 수사를 진행하고는 있지만, CCTV가 확보도 안되어 있고 범행을 했다고 주장하는 인물이 일본인으로 일본에 거주하고 있어 소환요구에 응하지 않을 경우 강제성이 없기 때문에 수사에 어려움이 있다고 말했다. 한편 망향의 동산 내 무연고 묘역은 일제 강점기 강제로 징용됐거나 위안부 등으로 끌려갔

---

16) 뉴시스 2017년 12월 22일.

사기꾼 일본인이 「사죄비」를 「위령비」로 무단 교체

출처: NEWSIS, 2017년 12월 22일

다가 일본 등 고국을 떠나 해외에서 숨진 국내 · 외에 연고가 없는 동포들의 넋을 위로하기 위해 국립묘지에 1976년 조성된 곳이다. 천안 「국립망향의 동산」은 무단 교체한 위령비를 철거하는 한편, 일본인의 만행을 알리기 위해 「위령비」를 철거하고 안내판을 제작하여 이것들을 일반인에게 공개했다.

_9_
사할린 한인 유골의 한국 봉환

2017년 9월 15일 일제에 의해 사할린에 강제 동원됐던 한국인 희생자 유골 12위가 고국으로 봉환되어 안장되었다. 행정안전부는 9월 10일부터 13일까지 사할린에서 한인 징용 희생자 유골 12위를 발굴했고 러시아 정부와의 협의를 거쳐 15일에 천안에 있는 「국립망향의 동산」에 안치했다고 발표했다. 행정안전부가 주최한 안치식에는 사할린지역 강제동원 피해자 유족단체 및 유가족과 정부부처 관계자, 국회의원, 주한러시아대사관 및 주한일본대사관 관계자, 지방자치단체 관계자 등 200여 명이 참석했다.

정부는 지난 2011년부터 2015년까지 사할린 현지에서 한인묘지 조사사업을 추진해 15,111기의 한인묘지가 있다는 사실을 확인했다. 한·러 양국은 2013년 5월 인도주의적 차원에서 한인 유골 발굴과 봉환에 합의했고, 2013년 유해 1위가 국내로 처음 이송된 이후 2014년 18위, 2015년 13위, 2016년 11위에 이어 2017년 12위를 국내로 봉환하게 됐다.[17] 2015년까지 사할린 한인 유골봉환 과정에 대해서는, 최영호, "한일관계의 흐름 2015-2016: 일본의 역사와 문화에 관한 재조명"(논형, 2017), 238-241쪽에 상세하다.

---

17) 재외동포신문, 2017년 9월 15일.

2017년 사할린 한인 유골의 국내 안치

출처: 재외동포신문. 2017년 9월 15일

  이어 2018년 9월 14일에는 행정안전부 산하 과거사관련업무지원
단이 2018년도 사할린 한인 유골봉환 사업을 수행했다. 9월 8일 행정
안전부는 피해자 유족들과 함께 사할린 현지로 출국하여 유해 발굴과
수습을 거친 후, 합동 추모제를 지낸 후 국내 봉환을 진행했다. 이때
16위의 희생자 유해가 국내로 봉환되었으며, 9월 14일 강제동원 피
해자 유족과 유족단체, 정부 각 부처 관계자와 국회의원 등 200여 명
이 참석한 가운데 천안 국립망향의 동산에서 추도식을 거행한 후 안
장을 진행했다. 행정안전부 봉환 사업에는 재향군인상조회가 참가하
여 사할린 현지에서 묘지 발굴 및 유해를 수습하고 천안의 국립망향
의 동산에 안치해 오고 있다.[18]

  사할린 한인 피해자는 국가총동원법이 시행된 1938년부터 1945년
해방 시점에 이르기까지 강제로 동원되어 탄광, 토목공사, 공장 등에

---

18) 문화뉴스, 2018년 9월 20일.

서 혹독한 노동에 시달렸다. 광복 이후에는 일본정부의 방치와 한국과 수교를 이루지 못한 옛 소련과 관계 때문에 1990년 한·러 수교 전까지 귀환길이 막혀 고국 땅을 그리다 생을 마감해야 했다. 학계에서는 이 같은 피해자가 2차 대전 종결 당시 기준 약 4만 3000명에 이를 것으로 추정하고 있다.[19]

---

19) 매일경제, 2018년 9월 13일.

10

일본 유골의 2018년 광복절 봉안

2018년 8월 13일 서울시와 서울시설공단은 서울시립 용미리 제2
묘지공원에 일제징용 희생자 유해 35위가 안식할 수 있는 봉안시설
을 지원하겠다는 의향을 밝혔다. 일본 제국주의 시절 강제노역과 침
략전쟁 등에 동원되어 희생당한 조선인 징용자들의 유해는 아직까지
일본 및 태평양 군도 등에 방치되어 있는 상태다. 2017년 광복절과
2018년 3 · 1절에 각각 33위를 안치한 서울시는 2018년 73주년 광복
절을 맞아 유해 35위를 봉안함으로써 총 3회에 걸쳐 총 101명의 원혼
을 달래게 되었다. 일제 징용 희생자 유해봉환위원회는 사후 고국에
유해를 묻어 달라고 희망한 희생자들의 유언에 따라 대한민국으로 유
해 봉환을 추진, 서울시에 임시 안치 지원을 요청한 것이다.

서울시는 봉환위원회가 별도로 추진 중인 DMZ 평화공원 내의 해
외동포묘역 조성 때까지 101위의 유해를 용미리 제2묘지 건물식 추
모의 집에 임시 안치할 예정이다. 용미리 제2묘지공원은 서울시립
묘지(용미리 1 · 2 묘지, 벽제리 묘지, 망우리 묘지, 내곡리 묘지) 중
의 하나로, 서울시립 봉안당 중 수용 능력이 가장 큰 건물형 봉안당
「건물식 추모의 집」으로, 안치능력 3만 6,945위에 이르는 곳이다.[20]

2018년 8월 일제에 의한 징용 희생자 유해 35위가 73년 만에 고국

---

20) 한국일보, 2018년 8월 13일.

의 품으로 돌아왔다. 재일동포 유해봉환단과 국민유해봉환단은 8월 14일 오전 유해 35위를 모시고 김포공항에 도착했다. 일제강제징용 희생자 유해봉환위원회에 따르면, 이날 고국으로 돌아온 유해는 일본 교토 인근 사찰 국평사에 모셔져 있었다고 한다. 고국 봉환에 앞서 이 단체는 8월 12일 현지에서 추모 법유식을 가졌다.

유해봉환단과 국평사는 2017년 국평사에서 보관 중이던 징용 희생자 유골 300여위 중 101위를 봉환하기로 합의하고 그 해 8·15 광복절과 2018년 3·1절에 각각 33위씩 유골을 모셔왔고 이번에 3번째로 35위를 봉환해 온 것이다. 국평사는 민단과 총련이 조국의 평화 통일을 기원하는 뜻으로 함께 지은 사찰이다. 국평사 주지인 재일동포 윤벽암 스님은 「재일조선인강제연행진상조사단」과 함께 일본 각지에 흩어져 있던 일제 강제동원 희생자의 유해를 발굴해 왔다. 유해봉환위원회는 제73주년 광복절을 맞아 8월 15일 서울 광화문 북쪽 광장에서 7대 종교와 공동으로 국민추모제를 개최했다. 이어 이튿날에는 분단 현장인 도라산역과 도라공원을 순례하고 용미리 서울시립승화원에 유골을 임시로 봉안했다.[21]

일제 식민지 36년간 일본에 의해 일본 본토, 동남아, 대만, 남태평양 등에 강제 동원된 군인, 군속, 위안부, 민간 노동자 등은 총 780여만 명에 달한다. 이 가운데 공식적으로 알려진 바에 따르면 2005과 2006년에 실시된 한일정부 공동조사에서 8만 명 정도의 강제 징용 피해자가 희생됐고 이 중 1만 3000구 정도가 수습되었으며 나머지 6만 7000여구는 행방도 모르는 상태인 것으로 판명되었다. 1만 여 구

---

21) 머니투데이, 2018년 8월 14일.

2018년 3월 1일 광화문광장에서 열린 국민추모제

출처: 아시아경제, 2018년 8월 14일

의 유해는 국내로 돌아왔지만 2700여 구의 유해는 아직 일본에 방치된 상태다. 한국정부는 일본정부와 협의하여 2008에서 2010년 사이에 4차례에 걸쳐 군인·군속 피해자 유해 423위를 봉환한 바 있다. 그러나 노무자들의 경우 일본 정부가 책임을 회피하는 바람에 10년째 협상이 헛바퀴를 돌고 있는 상황이다.[22]

---

22) 아시아경제, 2018년 8월 14일.

_11_
조선인 강제동원 피해자의 유골 문제

2018년 5월 18일, 서울 프레스센터에서 「일제강제동원피해자지원재단」이 주최하는 유골 문제에 관한 심포지엄이 열렸다. 필자는 토론자로 나서 발표자 다케우치 야스토(竹内康人)의 발제문을 검토했다. 다음은 당시 토론 자료를 보완한 글이다.

오늘은 '유골'봉환 문제 관한 학술대회인 만큼, 이 문제를 중심으로 토론에 임하고자 한다. 오늘날 점차 정부 기관이나 사회 시민단체에서 중요도 인식이 상대적으로 쇠퇴하고 있는 '유골' 문제에 관하여, 주최자 측이 관심을 불러일으키고자 발표 모임을 개설한 것으로 안다. 이와 같은 뜻 깊은 자리에 토론자로 참여하게 된 것을 참으로 감사하게 생각한다.

토론자는 현재의 직장에서 가까운 곳에 양산시가 있기 때문에 부산에서 양산을 운전해 가는 길에, 2009년 8월 육교에 걸린 플래카드를 발견하고 그 안내에 따라 산속에 들어갔다. 우연한 기회에 양산시에 소재한 천불사 사찰에서 무더위 속에 거행되는 유골봉환 위령제를 직접 목격하게 된 것이다. 그때 토론자는 발표자와 같은 마음으로 "이래서는 안 되는데......" 라고 생각하면서 위령제 시종을 지켜보았다. 정부간 전후처리를 어렵게 만드는 행사라고 생각되었기 때문이다. 아무리 정부가 유골 봉환에 적극적이지 않다고 하더라도 정부의 손길을 거쳐 민간 차원의 봉환 작업이 이루어져야 진상을 파악할 수 있지 않겠는가.

토론자는 나름대로 개인의 연구와 활동을 통해서 1990년대부터 오늘날에 이르기까지 다년간 한일 간 전후처리 문제에 관여했다. 과거의 경험을 토대로 하여 발표자의 발제문에 대해 토론하고자 한다.

1. 발표문의 개요 : 다케우치 연구자는 한인 유골 문제의 원인이 된, 강제동원에 관하여, 사료를 통해 피동원 실태와 사망자 숫자를 대략적으로 밝히고 있으며, 일본 내 한인 유골의 현황과 한인 유골 봉환의 움직임을 대강 정리하고 있다. 그리고 발표문 말미에서 공식적인 유골 봉환과 한일 우호에 힘쓰자고 하는 견해를 나타내고 있다.

2. 발표문의 의의 : 일본의 전후처리(강제동원) 문제를 이해하기 위한 기본적인 사료를 제시하고 있다. 다케우치 씨에 앞서 발표하신 남상구 연구자의 발표와 중첩되지 않는 범위에서, 이 발표의 의의를 살펴보면 다음과 같은 특징을 발견할 수 있다. 다케우치 연구자는 보다 넓은 틀에서 유골 문제의 원인을 사료를 통해 정리하고 있으며, 일본 내 한인 유골의 밝혀진 현황을 「강제동원진상규명네트워크」의 활동을 가지고 정리하고 있다. 여러 가지 문제점을 안고 있는 발표문의 '세부적인 내용'에 대한 언급보다는, 전후처리 문제의 해결이라는 큰 틀에 맞추어, 관련 현황을 '대략적으로 정리'하여 이상적인 해결책을 제시하고 있다는데 발표의 의의가 있다고 생각한다.

(1) 강제동원으로 인한 사망 피해자로 발표자는 징용 징병자 약 4만 명과 공습 및 피폭 사망자 약 4만 명을 들어 8만 명에 달할 것으로 파악했다.

발표자 다케우치 야스토

출처: NEWS1, 2018년 11월 06일

(2) 유골문제의 해법을 제시하면서 발표자는 진상규명, 유골송환, 유족조사, 배상, 기금을 거론했고, 이러한 과정에서 담당기관이 한일 우호의 거점이 되어야 한다고 주장했다.

(3) 일본정부에 대한 미시적 전후처리 요구로, 일본의 현행 미귀환 자 가족 원호법이 처리하고 있는 바와 같이 한국의 피해자에게도 동일 처리 방법을 도입해야 한다고 주장하고 있다. 특정 사례로서는 한국 피해자 측의 '미불금 5,700円'을 적시하고 이 같은 사례도 일본의 법률을 적용해야 한다고 언급하고 있다.

(4) 일본 시민단체의 유골 반환 움직임으로서 사이타마현(埼玉縣)과 이키(壹岐) 섬을 중심으로 무연고 유골의 보존과 공양을 위해 노력하는 조동종(曹洞宗)의 활동을 소개하고 있다.

3. 토론자의 코멘트 : 「지체 없는 유골 봉환」이 문제의 「해결」인가?

(1) 전후 세대가 주축이 된 오늘날, 유골 문제는 한국과 일본에게 무엇인가를 재고해야 한다. 과거 전쟁 세대가 주축이 된 시대에는 피해자들과 비슷한 세대의 생존자들이 많아서 유골 봉환이 사람들의 관심을 불러올 수 있었다. 하지만 오늘날에는 한 가족 안에서도 유골 문제를 어떻게 해야 할지 의견이 분분해지고 더욱이 일제 피해자의 유골 문제에 대해 그다지 사회적 관심이 적다.

(2) 전후처리에는 「동시적」 해결이 아닌 「순차적」 해결이 필요하다. 무엇보다 우선해야 하는 것은 일본정부가 과거 침략전쟁에 대해 잘못했다는 점을 공식적으로 지속적으로 인정하는 일이다. 그렇지 않은 상태에서는 살아있는 사람에게 지원금을 주든 사망한 분들을 모시든, 전후처리가 되지 않는다. 자칫 전후처리가 순차적으로 해결되지 않을 경우, 일본정부의 과거 범죄를 덮어두는데 공조하는 행위가 될 수밖에 없다.

(3) 유골 문제는 전후처리 해결에서 생존한 피해자 문제에 이은 다음 순위의 일이다. 이것은 앞에서 언급한 전후처리의 바람직한 방식과 같은 맥락이다. 생존한 피해자들에게 일본정부가 나서서 사죄하는 일이 없는데 어떻게 유골 봉환부터 실시할 수 있는가. 생존한 피해자들이 전후처리라는 행위를 인정하고 나서, 유골 봉환 문제가 이루어져야 한다. 자칫 유골 봉환이 과거 침략과 고통의 흔적을 말살하는 행위가 되어서는 안 된다.

(4) 무연고 유골 봉환 문제에 있어서도 진상규명이 가장 우선시 되어야 한다. 진상 규명이 되지 않은 상황에서 조선인 유골이라고 해서 공식적으로 안장하는 작업은 회피해야 한다. 공식적인 안장에서는

어떠한 형태로라도 한국 국민들의 세금이 소요되기 때문이다. 또한 진상규명이 된 유골이나 연고가 있는 유골 가운데서도 유족들이 봉환을 요구할 경우에는 서둘러 봉환을 실시해야 한다. 그렇지 않고 앞의 천불사 사례와 같이 무연고 유골을 함부로 한국으로 봉환하는 일은 뒤늦게 실시해도 큰 문제가 없다. 유골 봉환 행사를 통해 살아있는 사람들의 감정을 들끓게 하려는 행위는 유골의 관리와 같은 사후 처리를 소홀히 하게 할 뿐이다.

(5) 무연고 유골의 봉환은 유골문제 해결의 「입구」가 아닌 「출구」일 뿐이다. 「순차적」 전후처리 문제에서 본다면, 무연고 유골의 봉환 문제는 전후처리의 마지막 순서로 행해져야 하는 행사일 뿐이다. 엄연히 생존자 피해자가 존재하는 상황에서, 이들에 대한 전후처리가 이뤄지지 않는 상황에서 무연고 유골의 봉환이 이뤄진다면, 전후처리의 의미는 퇴색될 수밖에 없다. 이러한 문제의식 아래 2005년 5월 무로란 유족이나 2010년 5월 태평양전쟁희생자유족회가 무연고 유골의 「송환 반대」를 주장했던 것이다.

II. 일본의 정치문화

_1_
2017년 중의원 선거

2017년 10월 22일 일본에서는 중의원 해산에 따른 총선거가 실시되었다. 이 총선거에서 자민당과 공명당의 연립여당이 개헌 정족수 3분의 2를 넘어 압승을 보였다. 이와 함께 에다노 유키오(枝野幸男) 입헌민주당 대표의 급부상과 고이케 유리코(小池百合子) 도쿄 지사의 몰락이 부각되었다. 민진당이 해체되면서 야권이 새로운 정치적 행보를 보인 가운데, 진보성향의 인사들이 대거 고이케의 「희망의 당」으로부터 공천 탈락에서 떨어지게 되자, 급거 입헌민주당으로 다시 뭉쳐 자민당의 독주에 반기를 들고 총선에 임했다.

중의원 선거 결과 입헌민주당은 55석을 얻어 기존 의석인 15석의 3배를 넘는 의석을 차지하면서 제1야당이 되었다. 당분간은 입헌민주당을 중심으로 하여 야당세력이 재편될 것이 분명해졌다. 「희망의 당」으로 합류하는 것을 포기하고 무소속으로 출마한 오카다 가쓰야(岡田克也) 전 민진당 대표와 노다 요시히코(野田佳彦) 전 총리 등 민진당 출신 인사 19명은 선거 후 입헌민주당으로 합류했다. 또한 「희망의 당」으로부터 공천을 받아서 총선에 뛰어들어 결과적으로 당선된 민진당 출신 인사 42명 가운데 일부 인사도 입헌민주당으로 재결집했다.

이와 반대되는 움직임으로 2017년 9월 말 중의원 해산 직후 자민당의 독주를 막을 정치가로 급부상한 고이케 도쿄 지사가 선거 결과

참패를 맞은 것을 지적할 수 있다. 그녀는 공천 과정에서 민진당 안에서 진보적인 성향의 인사들을 모조리 배제하고 중도 보수계 인사들을 선별하여 받아들였다. 이것이 결과적으로 여당을 견제해야 하는 야당으로서의 색깔을 애매하게 하고 도리어 야권의 분열을 초래하여 자민당의 독주를 돕는 꼴이 되고 말았다. 이에 따라 사학 스캔들로 사퇴 위기에 내몰렸다가 이번 선거 승리로 정국 장악력을 되찾은 아베 총리는 개헌을 향한 행보에 쉽게 나설 수 있게 되었다.

2017년 총선거 개표 결과, 전체 465석 중 집권 자민당(284석)과 연립여당 공명당(29석)이 합하여 총 313석을 차지했다. 이리하여 두 당의 의석 합계가 중의원에서 개헌안 발의가 가능한 3분의 2(310석)을 넘기고 말았다. 투표 결과 획득한 의석은 연립여당에 이어 입헌민주당 55석, 희망의 당 50석, 무소속 22석, 공산당 12석, 일본유신회 11석, 사민당 2석 순으로 나타났다.[1]

한편 오늘날 일본 국회의 세력 판도는 어떠한가. 일본 국회는 중의원과 참의원 양원제를 채택하고 있다. 참의원 의원의 임기는 내각으로부터 도중에 해산을 당하지 않는 비교적 안정적인 6년이다. 총 정원 242명 의석을 3년 마다 두 차례로 나누어 선거하여 구성하고 있다. 중의원과 참의원에서 정당별 의석 상황을 보면 일본 국회 내 세력 판도가 어떻게 되어 있는지 파악할 수 있다. 다음의 표는 2019년 1월 현재, 중의원과 참의원 홈페이지에 나타난 의석 현황이다.

---

1) 朝日新聞. 2017년 10월 23일.

2019년 1월 30일 현재 일본 중의원 의석 수

회파명	회파 약칭	소속의원 수
자유민주당	자민	282
입헌민주당	입헌	67
국민민주당	국민	37
공명당	공명	29
일본공산당	공산	12
일본유신의 모임	유신	11
사회보장을 새로 세우는 국민회의	사보	7
사회민주당 시민연합	사민	2
희망의 당	희망	2
미래일본	미래	2
자유당	자유	2
무소속	무	10
결원	–	2
합계		465

출처: 衆議院 홈페이지 (http://www.shugiin.go.jp)

2019년 1월 30일 현재 일본 참의원 의석 수

회파명	2019년 7월 만기	2022년 7월 만기
자유민주당 · 국민의 목소리	68	57
국민민주당 · 신록풍회	10	17
입헌민주당 · 민우당 · 희망의모임	10	17
공명당	11	14
일본유신회 · 희망의당	9	6
일본공산당	8	6
무소속클럽	2	0
오키나와의 바람	1	1
각 파에 소속되지 않는 의원	1	3
결원	1	0
합계	121	121

출처: 參議院 홈페이지 (http://www.sangiin.go.jp)

_2_
아베 총리, 자민당 총재 3선

2018년 9월 20일 아베 신조 일본 총리가 이날 실시된 자민당 총재 선거에서 승리하며 총리 3연임을 확정지었다. 의원내각제 국가 일본에서는 집권당 총재가 별 일 없는 한 국가의 총리가 되며, 이에 따라 아베 총리는 2021년 9월까지 총리 직책을 이어가게 되었다. 일본의 언론들은 이날 오후에 실시된 의원 투표와 전날까지 접수된 당원 투표를 합산한 결과, 아베 총리가 553표를 얻어, 254표(46%)를 얻은 이시바 시게루(石破茂) 전 자민당 간사장을 누르고 당 총재에 당선되었다고 보도했다.

아베 총리는 의원 투표에서는 80% 이상을 득표했지만 당원 투표에서는 55%를 얻는 데 그쳤다. 아베 총리는 당선 수락연설에서 "전후 시대 모든 문제를 해결함과 동시에 일본의 평화와 안정을 공고히 할 것"이라고 했고, "헌법 개정에 더욱 박차를 가할 것"이라고 하는 뜻을 밝혔다. 또한 그는 "새로운 일본을 만드는 데 따른 도전에 응수하고, 다음 세대들에게 희망과 긍지로 가득한 나라를 물려주기 위해 최선을 다할 것"이라고 말했다. 아베 총리가 2021년 9월까지 3연임 임기를 마치면 일본 역대 최장수 총리로 기록된다.[2]

아베 총리는 2018년 10월 24일, 총재 3선 후 가진 첫 국회연설에

---

2) CIA Bear, 2018년 9월 22일.

2018년 자민당 총재 선거

출처: 産經新聞, 2018年9月20日

서 개헌에 대한 의욕을 거듭 강조했다. 지지통신 등에 따르면 아베 총리는 이날 오후 중의원 본회의에서 가진 소신 표명 연설에서 개헌에 대해 "구체적인 개정안을 헌법 심사회에 제출함으로써 국민의 이해를 얻는 노력을 거듭해 나가겠다"라고 자신의 정치적 포부를 밝혔으며, 자민당 개헌안을 국회에 제출하겠다는 의욕을 다시 한 번 내비쳤다. 아베 총리는 개헌에 대해 "심사회에서 논의가 진전되면 여야의 정치적 입장을 넘어 가능한 폭넓은 합의를 얻을 수 있을 것으로 확신한다"라고 했으며, 국회의원으로서의 책임을 다해 나가자고 하며 호소했다.

국정 운영 방안으로서 그는 마지막 3년의 임기 동안 「전 세대형 사회보장」 개혁을 추진해 나갈 방침을 밝혔다. 그는 "65세 이상 고령자의 계속고용 연령 상향조정과 중도채용 확대를 추진하겠다"고 설명했다. 외국인 노동자 수용 확대를 위한 새로운 체류자격 신설에 대해서도 언급하며 전 세계로부터 우수한 인재가 모이는 일본을 만들어 내겠다고 주장했다.

외교 분야에 대해서, 그는 「전후 일본 외교의 총결산」을 내걸고 일본인 납치문제와 북방영토 문제를 해결하겠다는 결의를 강조했다. 북한 문제에 대해서는 일본인 납치문제 해결을 위해 "이제는 나와 김정은 북한 국무위원장이 마주 앉아야 한다"고 재차 강조했다. 러시아에 대해서는 북방영토 문제에 관련하여 "푸틴 러시아 대통령과의 신뢰관계 위에서 해결하고 평화조약을 체결하겠다"고 결의를 나타냈다. 2018년 10월 25일의 중국 방문에 대해서도 언급하며 "중일 관계를 새로운 단계로 끌어 올리겠다"며, 중일 관계 개선에 대한 의지를 강조했다. 그는 2019년 1월 시작할 예정인 미일 무역협정 교섭에 대해서, "자유롭고 공정한 무역을 한층 촉진하고 쌍방에 이익이 되는 결과를 낼 것"이라고 밝혔다.[3]

---

3) 뉴스핌, 2018년 10월 24일.

_3_
2017년 아베 총리의 인도 방문

2017년 9월 13일 아베 총리는 인도를 방문했다. 이날 나렌드라 모디(Narendra Modi) 인도 총리가 9월 13일 자신의 고향인 인도 구자라트 주를 방문한 일본 총리 부부를 직접 공항으로 나가 영접하며 양국의 긴밀한 관계를 상징적으로 나타냈다. 인도 NDTV 등에 따르면 이날 오후 구자라트 주 아메다바드 공항에 아베 총리가 부인 아키에(昭惠) 여사와 함께 도착하자 미리 공항에서 기다리고 있던 모디 총리는 아베 총리를 포옹하며 환영했다. 모디 총리가 외국 정상의 자국 방문 때 직접 공항으로 나가 맞이한 것은 2015년 인도 제헌절인 「공화국의 날」 주빈으로 초청된 버락 오바마(Barack Obama) 전 미국 대통령과 2016년 2월 인도에 대규모 투자를 약속한 아랍에미리트(UAE) 아부다비 왕세자의 방문 등이다. 2014년 인도를 방문한 시진핑(習近平) 중국 주석이나 2016년 프랑수아 올랑드(Francois Hollande) 당시 프랑스 대통령 방문 때에는 모디 총리가 직접 공항에 나가지 않았다.

모디 총리와 아베 총리 부부는 이후 인도식 꽃 장식을 한 지붕 없는 지프차를 타고 「인도 독립의 아버지」 마하트마 간디가 세운 공동체 사바르마티 아슈람으로 8km를 이동하며 20여개 거리 공연팀의 환영 공연을 지켜봤다. 그 사이 아베 총리는 인도 전통 옷차림인 무릎까지 내려가는 쿠르타(Kurta)와 소매가 없는 네루 자켓을 입었으며 아키에 여사도 인도 전통 여성 의상인 살와르 카미즈(salwar kameez)를 걸쳤다.

모디 총리는 이날 사라브마티 아슈람 뿐 아니라 16세기 건축된 이슬람 사원 시디 사이예드 모스크 등을 아베 총리 부부에게 안내하며 「일일 가이드」를 자처했다. 또한 90년이 넘은 헤리티지 호텔에서 열린 만찬에서는 구자라트 전통 채식 요리를 아베 총리 부부에게 접대했다. 모디 총리가 이처럼 아베 총리와 친밀한 모습을 보인 것은 두 나라가 어느 때보다 긴밀한 관계를 유지하고 있는 데다, 중국과 73일간에 걸친 국경 대치를 겪으면서 중국의 세력 확장을 견제하기 위한 양국 공조 필요성이 더욱 커졌기 때문으로 풀이된다. 인도와 일본은 2014년 모디 총리가 취임한 첫 해 일본을 방문한 이후 매년 두 나라 정상이 번갈아 양국을 오가며 양자 정상회담을 열고 있다. 유엔 등 다자 정상회담 자리에서 별도 회담한 것을 포함하면 3년 사이에 모두 10차례 양자회담을 했다.

이와 같은 잦은 만남은 실질적인 양국 관계 발전으로도 이어져 인도는 2015년 자국의 첫 고속철을 일본 신칸센(新幹線) 방식으로 결정했으며, 일본은 고속철 건설 자금의 80%를 차관으로 제공하기로 했다. 2016년에는 일본이 인도에 원전 관련 자재·기기·기술을 수출할 수 있도록 양국이 원자력협정을 체결했으며 2017년 6월 일본 국회가 이 협정을 비준했다. 인도와 미국이 태평양과 인도양을 오가며 하던 연례 연합해군 훈련 「말라바르(Malabar)」에는 2016년부터 일본 해상자위대의 참가가 정례화 되기도 했다.

9월 14일 양국 총리는 정상회담을 통해 국제사회가 채택한 유엔 안보리 결의안의 철저한 이행을 통해 북한의 정책을 변화시키겠다는 점에 양국이 뜻을 같이했다고 밝혔다. 이 자리에서 아베 총리는 북한이 미사일과 핵무기 프로그램의 규모를 줄여야 한다고 설명했다. 양

아베 총리의 2017년 인도 방문

출처: AFP, 2017年9月14日

국은 이날 공동성명을 발표하고 북한이 핵과 탄도미사일 프로그램을 포기하고, 추가 도발 행위를 중단하라고 촉구했다. 한편 아베 총리는 이날 오전 인도 서부에 위치한 아마다바드 시에서 열린 고속철 기공식에 참석해 일본과 인도 양국의 협력 체제를 강조했다. 아베 총리는 양국 관계가 인도와 태평양 지역에서 전략적이고 국제적인 협력 관계로 발전했다고 설명했다. 고속철 공사는 약 170억 달러가 소요될 것으로 보이며 아마다바드에서 뭄바이까지 약 500km 거리를 두 시간 안에 연결하는 것을 목표로 하고 있다. 또한 양국은 국방과 민간 원자력발전 부문에서도 협력을 강화하기로 했다.[4]

일본과 인도의 셔틀 정상회담은 2018년에도 이어졌다. 2018년 10월 28일 모디 총리는 일본을 방문하여 야마나시현(山梨縣)의 한 호텔

---

4) VOA, 2017년 9월 15일.

정원에서 정상회담을 가졌다. 이때 아베 총리는 인도 총리를 가와구치코(川口湖) 인근에 있는 자신의 별장으로 초대하여 만찬을 함께 하며 대내외에 친분을 과시하기도 했다. 경제 분야에서 두 정상은 일본의 신칸센 기술을 도입하기로 한 인도 서부의 고속철도 계획과 관련한 지원 방안에 대해 협의했다. 아베 총리는 회담에서 2018년도 안에 3천 억 엔의 엔 차관을 제공하겠다고 약속했다. 양국은 인공지능(AI) 등 첨단 분야에서의 연대를 강화하기로 했으며 인도의 의료 인프라 부족에 대한 대처 방안에 대해서 논의한 것으로 알려지고 있다.[5]

---

5) 연합뉴스, 2018년 10월 28일.

_4_
패전 72주년을 바라보는 시각

—. 일본인의 시각 (1)

2017년 8월 15일 이날 필자는 마침 도쿄 출장 중이어서 국회도서관과 시내 서점을 거쳐 호텔에 돌아왔다. 호텔에서 무료로 배포되는 요미우리신문 석간의 제1면에는 「종전 72년 부전의 서약」이라는 눈에 띄는 타이틀 기사와 함께, 「미국 북한 견제 계속되다」라고 하는 타이틀의 기사가 실렸다. 그리고 후속 기사에는 「괌에 폭탄이 떨어진다면 전쟁」이라는 작은 타이틀이 붙어 있었다. 이와 함께 이날 아침 트럼프 대통령과 아베 수상이 전화를 통하여 "미국과 일본은 북한의 발사를 강행하지 않게 할 것"을 약속했다고 언론에 밝혔다.

이어, 이날의 요미우리신문 석간을 중심으로 종전 72주년 추도식을 정리하면 다음과 같다. 이날 낮 정오 예년과 같이 일왕과 수상이 참석한 가운데, 「전국 전몰자 추도식」이 일본무도관에서 거행되었다. 여기에는 일왕과 수상 이외에도 전몰자 유족과 각계 인사 합하여 총 6,400명이 참석했다. 이 추도식은 310만 명 되는 일본인 전쟁 사망자를 추도하는 모임이다. 310만 명이라는 숫자는 1937년 중일전쟁부터 1945년 패전까지 희생당한 사람, 전후 시베리아 억류자를 포함한 전쟁희생자 군인 군속 230만 명과 일반시민 80만 명을 상정한 것이다.

일왕이 매년 반복하여 읽는 추도사에서 "과거를 회고하며 깊은 반성과 함께......" 라고 하며 「깊은 반성」이라는 문구를 사용한 것은 2015년부터이며 2017년까지 3번째 연속해서 등장했다. 추도식 참석 자의 세대교체가 빈번하게 이루어지고 있다. 2017년 당시 이미 희생 자 부모는 7년 연속 한 명도 없으며 20년 전에 1,189명이었던 희생자 부인은 6명으로 줄어들었다. 희생자의 자녀는 2016년보다 91명 적은 2,789명이었으며, 희생자의 손주는 60명 늘어난 380명이 되었다. 참석 자 가운데 가장 연장자는 세리가노 하루미(芹ヶ野春海, 101세)로 도 쿄 네리마구(練馬區) 주민이었다. 그녀는 1945년 8월 오키나와(沖繩) 전투에서 당시 31세이던 남편을 잃었다.

또한 참석자 가운데 가장 나이가 적은 사람은 2017년에 6살 된 어 린이로 미야자키시(宮崎市) 초등학교 1학년생 다나베 아야노(田辺彩 乃)였다. 그녀는 오키나와 전투에서 사망한 증조 할아버지를 추도하 기 위해 부모와 함께 도쿄로 상경하여 추도식에 참석했다. 아야노 어 린이의 아버지 기이치로(輝一朗)는 미야자키 유족회 청년부에서 활 동하고 있었으며 2017년에 처음으로 도쿄 추도식에 초대를 받았다.[6]

二. 일본인의 시각 (2)

일본공산당 기관지 『아카하타(赤旗)』는 5년 연속으로 아시아 국가 들에게 반성의 언급하지 않는 아베 총리를 비판하고 전쟁 반성을 촉 구하는 기사를 내보냈다. 아베 총리는 "우리가 향유하고 있는 평화와 번영은 귀중한 희생 위에 구축된 것이다"라고 말하며, 중일전쟁과 태

---

6) 読売新聞, 2017年 8月 15日.

평양전쟁에서 희생이 된 일본국민 300만 여명을 추도했다. 게다가 "전쟁의 참화를 두 번 다시 반복해서는 안 된다", "역사를 겸허하게 직시하며 어느 시대에도 이러한 불변의 방침을 일관하겠다"라고 선언했다. 그러나 역대 총리가 답습해 온 아시아 국가들에 대한 「손해와 고통」이나 「깊은 반성」은 일체 언급하지 않았다.

한편 일왕은 2015년과 2016년에 이어 「깊은 반성」을 언급했고, "앞으로 전쟁 참화가 다시 반복되지 않기를 절실하게 바란다"라고 말했다. 그 후 부친이 비스마르크(Bismarck) 제도의 라바울(Rabaul)에서 전사한 와타나베 하지메(渡辺一) 씨가 유족을 대표하여 "앞의 대전으로부터 배운 전쟁의 비참함과 평화의 귀중함을 다음 세대에 제대로 전달하여 다시는 전쟁을 하지 않는 일본과 국제사회 건설을 향해 매진하겠다"고 하는 추도사를 낭독했다. 그런데 이날 비가 내리는 야스쿠니 신사(靖国神社)에는 60명 넘는 국회의원들이 고급 승용차를 타고 「영령」에 고개를 숙이는 모습을 보였다. 전시 중에 천황제 정부가 천황을 위해 싸우다 죽은 사람들을 「영령」이라고 떠받들고 지속적으로 전쟁수행의 도구로 삼은 것이 야스쿠니신사였다. 전후에도 침략전쟁을 미화할 선전 센터 역할을 수행해 온 이 신사는 전쟁에 대한 반대와는 아무런 관련이 없다.

이 날은 남부수단 유엔평화유지활동(PKO) 파견부대의 일지 은폐의혹으로 사임한 이나다 도모미(稲田朋美) 전 방위성 장관도 참배했다. 사임 후에도 중의원과 참의원의 폐회 중 심사에 출석하지 않던 이 사람은 취재를 원하는 보도진조차 무시했다. 그녀는 파견부대 일지에 명기된 남부수단 수도 주바(Juba)에서의 「전투」를 헌법 9조의 문제가 될 것이라는 이유로 「무력충돌」이라고 속이고, 현지에서 보내오는 위험 정보를 찢어버렸으며 자위대를 내전상태인 남부수단에 계속 파견했다. 이나다의 모습에서 취재 중 만난 여성의 말이 생각났다. "육군 군인이었던 아버지는 남방에서 굶어 돌아가셨습니다", "아버지는 나라를 위해 죽는 것이 명예라고 말하는 것이 위선이라는 것을 잘 알고 계셨을 거예요" 남부수단에 파견된 육상자위대 제9사단 사령부가 있는, 아오모리(青森)에 거주하는 이 여성은 자위대 대원을 야스쿠니의 「신령」으로 떠받드는 일이 생겨서는 안 된다고 하며 경종을 울렸다.[7]

三. 한국인의 시각

한국 오마이 뉴스의 보도에서도 요미우리신문과는 다른 시각이 보인다. 시즈오카현(靜岡縣)에 살고 있는 이나바 스스무(稻葉進) 씨는 1945년 히로시마의 구레항공대(吳航空隊) 소속 대원이었다. 원자폭탄이 떨어진 그 날, 그는 구레항공 부대로부터 30미터 떨어진 하늘에서 새빨갛게 솟아오르는 불기둥을 보았다. 16살 소년의 눈에 비친 원폭 현장은 평생 "비참한 전쟁을 두 번 다시 일으켜서는 안 된다"는 생각을 하게 되는 계기가 되었다고 이토신문(伊東新聞) 8월 14일자 1면 「종전(終戰) 72년」 특집에서 밝혔다.

또한 8월 13일 오전 9시 시즈오카텔레비젼(SBS)에서는 종전 72년을 맞아 특집 방송을 내보냈다. 전문가들을 초대해서 종전 72년이 갖는 의미를 이야기하는 프로그램이었다. 제2차 세계대전에서 패배한 일본이 텔레비전과 방송에서 그날의 기억을 더듬는 다양한 프로그램

---

7) 赤旗, 2017年 8月 16日.

을 내보내고 있다. 마침 한국의 기자는 8월 12일부터 이즈반도의 시모다(下田)에 와 있었다. 거기서 시즈오카텔레비젼(SBS) 프로그램에서 다니구치 스에히로(谷口末廣) 할아버지가 회고하는 장면을 목격했다. 그는 "전쟁은 절대 하면 안 된다. 전쟁은 지옥이다. 당시 종전(終戰)으로 진정한 평화가 올 것으로 믿었다. 하지만 또다시 전쟁 분위기가 일고 있어 안타깝다. 강해지기 위해서 무기를 갖는 게 상대를 위협하기 좋다 라든가 약해지면 바보 취급을 받는다는 식으로 정부는 말하지 말고 진정한 평화를 어떻게 이끌어 낼지를 생각하라"고 주문했다. 한국의 기자는 착잡해졌다. 그 까닭은 다니구치 할아버지처럼 전쟁 경험을 한 세대는 전쟁을 두 번 다시 해서는 안 된다는 생각을 갖고 있지만 특집 방송을 꾸린 방송국이나 언론들은 조금 다른 의도로 프로그램을 만든 것 같다는 생각을 지울 수 없었기 때문이다.

결론적으로 말하자면, 대부분의 일본의 언론은 제2차 세계대전에 대해 마치 자신들이 피해자인양 이를 다루고 있다는 점을 지적하지 않을 수 없다는 것이다. 이날 1시간 동안 방영된 '종전 72년 특집' 내용 중 증언자의 화면 외에 눈에 띄는 것은 연합국의 공습으로 폐허가 된 주요도시의 피해상황 보도였다. 무너진 건물과 나뒹구는 시체의 모습을 비추면서 자막에서는 내내 사상자 수를 내보내고 있었기 때문이다. 도쿄 대공습 때 10만 명의 사망자가 생겼으며, 오사카 사망자 수 12,620명, 고베 7,491명, 오키나와의 경우는 주민의 4분의 1이 희생당했다는 자막이 흘러나왔다. 이어 히로시마와 나가사키의 원폭 투하 사진과 공습으로 310만 명의 희생자가 나왔다는 자막과 내레이션이 흘러 나왔다. 희생자 수가 자막에 뜨는 동안 화면에는 처참하게 죽어가는 시민들과 황폐화된 도시 모습이 비치고 있었다.

순진한 눈으로 방송만을 보고 있으면 일본이 대단한 「피해국」인양 느껴지지만 과연 일본은 전쟁의 피해자인가를 묻고 싶다. "1945년 8월 9일 오전 11시 2분. 일본 나가사키에 투하된 원자폭탄은 한순간에 도시를 폐허로 만들고 수많은 시민과 소중한 목숨을 앗아갔다. 다행히 목숨만은 건진 피폭자들에게도 평생 치유될 수 없는 마음과 몸의 상처, 방사선으로 말미암은 건강 장해를 남겼다. 우리는 이러한 희생과 고통을 잊지 않을 것이며 이에 심심한 애도의 뜻을 바친다. 우리는 원자폭탄에 의한 피해의 실상을 국내외에 널리 알리고 후세에 전할 것이며 이러한 역사를 교훈 삼아 핵무기 없는 영원히 평화로운 세계를 구축할 것이다."

이는 나가사키 평화기념관에 갔을 때 이 기관에서 만든 홍보용 전단에 적혀있는 글이다. 일본은 피해자로 비칠 뿐 그 어디에도 전쟁을 일으킨 가해자 인식은 없다. 하지만 일제 침략의 혹독한 역사를 겪은 한국인의 입장에서 보면 일본의 이러한 피해자 의식은 받아들이기 어렵다. 일본이 제2차 세계대전을 일으킨 당사자이면서 피해자임을 주장하는 이런 방송은 "과거의 역사를 올바로 인식하는 것"과는 거리가 먼 궤변으로 가득한 역사인식이며 역사왜곡이라는 생각에 씁쓸함마저 느끼게 된다. 이러한 역사인식이라면 아무리 종전(終戰)을 돌아보고 평화를 지향한다고 하지만 그 진정성은 찾기 힘들다.

일본은 전쟁을 일으킨 가해자의 입장에서 진정성 있는 반성을 단한번이라도 했는가 묻고 싶다. 1947년 5월 3일 전쟁하지 않는 일본을 지향하여 만든 「일본국 헌법」을 근래에 들어 개정하려는 움직임을 보면서, 일본의 전쟁야욕을 또 다시 상기하게 된다. 일본의 총 인구 80%가 전후(戰後)에 태어난 사람들이고, 국민의 5분의 4는 전쟁을 모

2017년 종전 72주년 추도식

출처: 每日新聞, 2017年8月15日.

르는 사람들이라고 한다. 더군다나 국회의원의 715명 가운데 약 7%
인 50명만이 전전(戰前)에 태어난 사람들이라고 TV는 지적했다. 이
것은 제2차 세계대전을 일으킨 가해국 일본의 역사를 체험한 세대가
거의 사라지고 있다는 것을 의미한다. 이러한 상황에서 매스컴과 언
론이 「종전 72년」 특집으로 내보내면서 피해자 입장을 고수하는 것
은 볼썽사나운 역사인식이라는 생각이다.[8]

_____

8) 오마이뉴스, 2017년 8월 15일.

_5_
고령화 사회 문제

2018년 9월 27일 한국 통계청이 발표한 「2018 고령자 통계」에 따르면, 2018년 외국인을 포함한 전체인구 중 65세 이상 인구 비중이 처음으로 고령사회 기준인 14%를 넘어섰다. 인구 통계상 65세 이상 고령자가 이때 738만 1천명으로 외국인을 포함한 전체 인구 5천 163만 5천명 가운데 14.3%를 차지하는 것으로 나타났다. 이에 따라 65세 이상 고령자 비중이 2017년 13.9%에 이어 처음으로 고령사회 기준인 14%를 넘어선 것이다. 65세 이상 인구가 점점 늘어나 이런 추세라면 2060년에는 전체 인구의 41.0%에 달할 것으로 보인다. 2018년 기준으로 65세 이상 고령자 중 여성이 57.3%로 남성보다 14.6% 많다. 앞으로 남녀간 격차가 줄어들어 2060년에는 여성 52.3%, 남성 47.7% 정도 될 전망이다.

15~64세인 생산가능 인구 대비 65세 이상 고령자 비율을 뜻하는 노년부양비는 올해 19.6명이다. 저출산, 고령화 영향이 겹치면서 2060년에는 노년부양비가 82.6명까지 오를 것으로 보인다. 0~14세 유소년 인구 대비 65세 이상 인구를 뜻하는 고령화 지수는 2018년 기준으로 110.5다. 고령화 지수가 100보다 크면 유소년 인구보다 65세 인구가 많다는 것을 의미한다. 고령화 지수가 지속적으로 상승하여 2060년에는 2018년의 4배 수준인 434.6명으로 증가할 전망이다. 2017년 기준 고령자의 58.2%가 취미활동을 하며 노후를 보내고 싶

어 하는 것으로 나타났다. 하지만 65세 이상 고령자의 생활비는 본인이나 배우자가 직접 마련하는 경우가 61.8%로 가장 많았고, 자녀 또는 친척 지원이 25.7%, 정부 및 사회단체가 12.5% 순으로 뒤를 이었다. 생활비를 본인이나 배우자가 직접 마련하는 경우는 2018년 처음으로 60%를 넘어서는 등 갈수록 고령자의 경제활동이 어려워질 것으로 보인다.[9]

그런데 일본의 고령화 문제는 한국보다 훨씬 더 심각하다. 2018년 15세 이상의 일본인 인구 1억 1102만 명 가운데 65세 이상 고령층 인구가 3543만 명으로 31.9%를 차지하는 것으로 나타났다. 한국보다 무려 두 배 정도 높은 수치다. 80세 이상 인구도 서울 인구보다 많은 1100만 명에 달한다. 거동이 불편해 노인장기요양보험 등급을 받은 고령자는 2000년 218만 명에서 2018년에는 이 보다 세 배나 많은 643만 명으로 늘어났다. 상황이 이렇다 보니 거동이 불편한 노부모를 돌보는 가족 간병인이 수백만 명에 이른다. 직장을 다니면서 간병을 하는 고충이 이만저만이 아니고, 부모님 간병 문제로 부부, 형제 간 갈등이 깊어지기도 한다. 간병 수요가 급증하면서 요양시설의 간병 인력 부족은 심각한 사회문제가 됐고, 일본 정부는 고육지책으로 동남아시아에서 간병 인력을 수입하고 있다. 일본인 가운데 일과 간병을 병행하다 지쳐 직장을 그만두는 사례도 연간 10만 건에 달한다. 경기 회복에 따른 인력 부족이 심각한 상황에서 간병 이직이 새로운 사회 이슈로 부상했다.

2000년 3조 6000억 엔이던 국가 간병비용도 2017년에는 10조

---

9) 연합뉴스, 2018년 9월 28일.

일본인의 장수, 일본사회의 고령화

출처: SBS, 2018년 10월 8일

8000억 엔까지 늘어났다. 부족한 재원을 메우기 위해 개인이 부담하는 노인장기요양보험 월 보험료 역시 급격히 인상됐다. 2000년 초 2911엔이던 월 보험료가 2018년 말에는 5514엔으로 두 배 가까이로 올랐다. 2025년이면 한국도 「고령자 1000만 명 시대」에 돌입한다. 국회 예산정책처 전망에 따르면 노인장기요양보험 수급자는 2018년 66만 명에서 2025년 100만 명을 넘어서고, 노인장기요양보험 재정도 2022년 고갈될 전망이다. 일본을 타산지석 삼아 간병 쓰나미에 대해 중장기적 대책을 세워야 할 때다. 국민 개개인도 갈수록 늘어나는 간병비 부담에 대비해 아직 몸이 건강한 현재부터 필요한 준비를 시작해야 한다.[10]

그런데 2018년 10월 8일 한국의 SBS 보도에 따르면, 고령화 사회 일본에서 노인들의 체력이 역대 최고 수준으로 좋은 것으로 나타났다

---

10) 한국경제, 2019년 1월 13일.

고 한다. 75세~79세 남·녀의 평균 점수는 60점 만점 중 각각 36.28 점과 36.03점을 기록하여 모두 1998년 현재 방식의 조사가 시작된 이후 가장 높게 나타났다고 한다. 남녀 모두 20년 사이에 6점 정도 가 상승한 것으로 나타난 것이다. 한편 70세~74세 남·녀 점수 혹은 65세~69세 여성의 평균 점수에서도 역대 가장 높이 나타났고, 65세 ~69세 남성은 역대 2번째 높은 점수를 기록되었다고 한다. 의료 수 준이 향상된 데다 건강관리에 대한 노인들의 의식이 높아졌기 때문 인 것으로 보인다.[11]

---

11) SBS, 2018년 10월 8일.

_6_
원자력 발전 재가동

2017년 12월 27일 일본 도쿄전력이 소유하고 있는 니이가타현(新潟縣)의 가시와자키카리와(柏崎刈羽) 원전 6, 7호기가 재가동 심사를 통과했다.[12] 일본의 원자력규제위원회는 이날 안전심사의 합격증이라 할 수 있는 「심사서」를 정식으로 결정했다. 이로써 도쿄전력 후쿠시마(福島) 제1원자력발전소 사고 후에 정해진 새로운 규제기준에 따라서 처음으로 도쿄전력의 원전이 합격 판정을 받은 것이다. 이것은 사고가 난 후쿠시마 발전소와 같은 비등수(沸騰水)식 원전 가운데에서도 처음으로 합격을 받은 것이다. 이때 합격으로 판명된 것은 원전 7개의 원자로 14기에 해당한다.

원자력규제위원회는 2017년 10월에 심사서 원안을 정리하여 1개월간에 걸친 일반의견 공모, 경제산업성 장관에 대한 조회 등 절차를 거쳤다. 공모된 약 900건의 의견을 기초로 하여 도쿄전력의 안전대책에 관한 기본방침이 새로운 규제기준에 적합하다고 결론지었다. 다만 원전의 재가동에는 현지 자치체 단체장의 동의가 필수적이다. 니이가타현의 요네야마 류이치(米山隆一) 지사는 후쿠시마 제1원전 사고의 검증이 끝날 때까지는 재가동에 대해서 언급하지 말라는 입장을 고수했다. 사고 검증에는 3년 정도 걸릴 수 있기 때문에 실질적인

---

12) 한국의 원자력안전위원회는 2019년 2월 1일 신고리 원전 4호기에 대한 운영 허가를 결정했다.

재가동은 검증 이후에나 가능할 것으로 보인다.

이때까지는 모두 가압수식으로 불리는 원자로만이 합격 판정을 받았다. 2017년 12월에 처음으로 합격한 비등수식은 격납용기가 가압수식에 비하여 작고 사고가 났다 하면 크게 번질 수 있다는 특징을 가지고 있다. 따라서 규제위원회는 도쿄전력이 제안한 원자로 격납용기의 파손을 방지할 새로운 냉각시스템을 의무로 부과하는 등 사고대책 보완을 주문했다. 도쿄전력은 2013년 9월 규제위에 이 발전소의 안전심사를 신청했다. 심사에서는 방조제 지반의 액상화 우려나 사고 대책 거점의 성능 부족 등에 대해 논의가 길어졌다. 이에 따라 심사 횟수도 총 150차례를 넘겼다. 규제위는 심사 마지막 단계가 되자 도쿄전력의 설명이 바뀐 것을 문제시했다. 일상적인 기술면에서 심사하는데 그치지 않고 사고를 일으킨 도쿄전력에 원전을 가동시킬 자격이 있는지에 관한 논의까지 심도 있게 추궁했다. 아울러 도쿄전력의 가와무라 다카시(川村隆) 회장이나 고바야카와 도모아키(小早川智明) 사장으로부터도 개인적 결의를 직접 청취했다. 후쿠시마 제1원전의 폐로를 잘 수행하여 원전의 안전을 최우선으로 하겠다는 다짐을 원전 운용 및 관리 규칙으로 정한 보안규정에 담도록 요구한 것이다.[13]

가시와자키카리와 원전에는 총 7기의 원자로가 있다. 합계 출력 821만 2천 킬로와트(kw)로 세계 최대 규모 원전이다. 6, 7 호기를 포함하면 후쿠시마 원전 사고 이후 새로운 규제기준을 통과한 원전은 총 7개 원전, 14기가 된다. 후쿠시마 원전 사고 이후 진행된「탈 원

---

13) 日本經濟新聞, 2017年 12月 27日.

도쿄전력 柏崎씨羽 원전 제 6 호기

출처: 産経ニュース, 2016年6月3日

전」 흐름이 크게 뒤바뀌고 있는 것이다. 도쿄전력은 그 동안 누적된 경영 적자를 완화하기 위해서는 원전 재가동이 반드시 필요하다는 입장이다. 정부는 후쿠시마 원전 사고 이후 폐로 작업와 배상에 최소 21조 엔이 들어갈 것으로 보고 있다. 6,7호기가 재가동 되면 화력발전 연료비 부담이 줄어드는 만큼 연간 최대 2200억 엔을 아낄 수 있다는 분석이다.

만약 가시와자키카리와 원전 재가동이 분명해지면, 동일본 지역의 다른 원전에도 크게 영향을 미칠 수 있다. 현재 동일본 지역의 원전은 대부분 비등수식으로 후쿠시마 제1원전 사고 이후 완전 가동을 멈춘 상태다. 실제 원전 재가동까지는 넘어야 할 산이 많다. 우선 후쿠시마 원전사고를 일으킨 도쿄전력에 원전 운전의 「적격성」이 과연 있는지에 대한 의문이 끊임없이 제기되고 있다. 가시와자키카리와 원전은 2007년 니가타현에서 발생한 츄에츠(中越)지진으로 3호기의 변압기에서 화재가 발생하는 등 사고도 겪었다.

재가동 심사 과정이 공정했는지에 대한 지적도 나오고 있다. 일본 언론들은 그동안 "도쿄전력은 재가동 자격이 없다"고 말해왔던 다나카 슌이치(田中俊一) 규제위원장이 갑자기 입장을 바꾼 배경이 석연치 않다고 지적했다. 다나카 위원장이 갑자기 심사 후반에 원전의 안정성과 후쿠시마 제1원전의 폐로와 관련한 도쿄전력의 입장을 문서를 제출시키고, 2번이나 경영진을 회의로 불러들이는 등 이례적으로 적극적이었다는 것이다. 다나카 위원장은 2017년 가을 아사히신문과 인터뷰에서 "원전 재가동 심사 과정에서 조속한 재가동 결정을 요구하는 정치권 압력이 있었다"고 주장하기도 했다.[14]

---

14) 중앙일보, 2017년 9월 7일.

_7_
쓰시마 금동관음상

2017년 1월 26일 대전지법 민사 12부 (재판장 문보경 부장판사)는 대한불교조계종 부석사가 정부를 상대로 제기한 금동관음보살좌상 인도 청구소송에서 정부는 부석사에 불상을 인도하라고 판결했다. 재판부는 판결을 통해 불상을 옮겨 모실 때는 불상 내부에 원문을 적어 그 내용을 밝히는데 이에 대한 기록은 발견되지 않았다고 하고, 고려시대 서산지역 왜구의 침입 기록과 불상의 훼손 상태를 볼 때 증여·매매 등 정상적인 방법이 아닌 도난과 약탈로 쓰시마섬(對馬島)에 운반된 것으로 보인다고 판단했다. 재판부는 변론과 현장 검증을 통해 불상이 부석사 소유로 넉넉히 인정된다고 추정된다고 하면서 "불상 점유자는 원고인 부석사에 인도할 의무가 있다"고 판결했다.

시간을 거슬러 2012년 10월 6일 한국인 절도단은 쓰시마 가이진진샤(海神神社)와 간논지(觀音寺)에서 고려시대 불상을 훔쳤다. 문화재 전문 절도범들은 이날 전시장 천정의 기와를 뜯고 침입하여 불상 등 문화재 3점을 훔친 다음 대장경은 일본에서 버리고 불상 2점만 챙겼다고 한다. 그리고 이틀 뒤에 X-ray 검색대가 없는 후쿠오카(福岡) 항구를 이용하여 한국으로 가져온 것이다. 부산항을 통해 국내로 들어온 지 한 달쯤 지난 11월 말경 경찰서로 "도난문화재로 의심되는 불상 2점을 팔고 다니는 사람들이 있다"는 1통의 제보 전화가 걸려왔다. 이를 통해 그동안 종적을 감추어 왔던 용의자를 비롯한 관련자 7

명에 대한 실체가 드러났다. 2개월 후 2013년 1월 29일 일본에서 훔친 국보급 불상 2점의 운반과 보관, 판매를 맡았던 일당 모두를 검거하였으며 마산의 한 창고에 있던 금동불입상과 금동관음보살좌상도 회수하였다.[15)]

그런데 그 후 충남 서산 부석사가 소유권을 주장하며 소송을 제기해 반환이 불투명해지자 한국의 국립중앙박물관이 그 유탄을 맞게 되었다. 박물관은 고려건국 1100돌을 맞아 「대고려」 특별전에 프랑스에 소장된 세계 최고 금속활자본 「직지심체요절」과 중국, 일본 등에 흩어진 고려 유물들의 출품 대여를 추진했으나, 쓰시마 불상 사건의 여파와 국외 대여유물 보호법규가 없다는 점 등이 빌미가 되어 대부분 거절당하는 어려움을 겪게 된 것이다. 이와 함께 백제시대 최고의 걸작 불상으로 여겨지는 금동관음상이 한국에 환수되지 못하고 있는 것이다.

금동관음상은 일제강점기 일본으로 빠져나가 오늘날 현지 기업가의 소유라고 한다. 문화재청의 환수 교섭에 응하여 한국에 전달할 테니 150억 원을 달라며 흥정을 하고 있는 것으로도 알려지고 있다. 2017년 연말 국내 학자들이 반출 90년 만에 일본에서 실체를 확인한 7세기 초 백제 금동관음상은 2018년 문화재 동네의 「뜨거운 감자」였다. 이 관음상은 1907년 충남 부여에서 출토된 것으로 전해진다. 문화재청 · 국립박물관이 곧 현지 실사를 벌여 진품임을 확인하고 환수 협상을 벌였으나 2018년 10월초 결렬되고 말았다. 문화재청은 전문가들이 책정한 공식 평가액 42억 원을 제시했으나, 소장자는 150

---

15) 최영호, 『한일관계의 흐름: 2015-2016』, 논형, 2017년, pp. 66-68.

출처: 한겨레신문, 2018년 12월 24일

억 원대를 고수하며 앞으로 국제경매를 통해 팔겠다는 의향을 내비친 탓이다.

환수하지 못한 해당 불상은 2018년 10월 문화재청을 상대로 한 국회 국정감사에서도 쟁점이 됐다. 국회의원들은 협상 결렬을 우려하며 매입예산 확충 등 환수 대책을 세우라고 주문했다. 그러나 정재숙 문화재청장은 "시장에 반응하는 경매에서 적절한 가격에 낙찰 받을 수 있지 않을까 하는 것이 예상이고 희망"이라고 했다. 과연 희망대로 경매 환수가 이뤄질지는 장담할 수 없다.[16]

---

16) 한겨레신문, 2018년 12월 24일.

_8_
일본 군함의 욱일기 게양

    2018년 10월 11일 제주민군복합관광미항(제주해군기지)의 행사에 일본 군함은 참여하지 않았다. 이곳 기지에서 열리는 「2018 대한민국 해군 국제관함식」 해상 사열 때 자국기와 태극기를 달아달라고 우리 해군이 요청한 데 대해, 일본은 욱일승천기(旭日昇天旗) 게양을 고집 하다가 결국은 참가를 거부한 것이다. 한국 해군이 국제관함식 해상 사열 참가국에 자국기와 태극기를 달아달라고 공문을 보낸 것은 일 본 해상자위대를 겨냥하여 군국주의를 상징하는 욱일승천기를 달지 말라는 의도 때문이었다. 일본은 한국국민이 거부감을 나타내는 욱 일기를 해상자위대 함정의 깃발로 사용하고 있다.

    노규덕 외교부 대변인도 이날 정례 브리핑에서 "외교 경로를 통해서 우리 국민의 정서를 감안해 줄 것을 요청했다"고 밝혔다. 그러나 한국 측의 요청에 대해 일본 측은 수용 불가 방침을 분명히 했다. 오노데라 이쓰노리(小野寺五典) 일본 방위성 장관은 2018년 9월 28일 기자들에 게 해상자위대 함정에 욱일기를 게양하는 것은 "국내 법령상 의무다. 유엔해양법 조약에서도 군대 소속 선박의 국적을 표시하는 외부 표식 에 해당한다"고 원칙론적인 입장을 밝혔다. 따라서 제주 국제관함식 에 갈 경우도 당연히 욱일기를 게양하겠다는 입장을 분명히한 것이다. 따라서 한국정부는 일본 군함이 욱일기를 달고 제주해군기지에 입항 하는 것은 국제관례를 고려할 때 막기 어려울 것으로 보았다.

정경두 국방부 장관은 10월 1일 국회 대정부질문에 출석해 제주 국제관함식에 참가하는 일본 해상자위대 함정의 욱일기 게양 논란에 대해서 "일본이 참가하는 것으로 되어 있고 국제관례에 따를 수밖에 없는 사안"이라고 말한 적이 있다. 다만, 제주 국제관함식의 하이라이트 행사인 해상 사열 때만은 일본 해상자위대 군함도 다른 외국 군함과 마찬가지로 자국기와 태극기를 달아야 한다는 입장을 내비쳤다. 국제관례와 관습에 지장을 초래하지 않는 범위 내에서 행사를 주관하는 대한민국 해군이 14개 참가국에 동일한 내용으로 요청한 사항이며 관함식에 통일성을 기하기 위해 원칙적으로 협조를 요청한 것이기 때문이다.[17]

프랑스의 알랭 레네 감독이 만든 1955년 제작 영화 「밤과 안개」는 아우슈비츠 수용소의 비극을 다룬 다큐멘터리다. 전후 폐허가 된 수용소와 독일 나치의 기록영화 속 과거 모습을 대비시켜 유대인 학살의 잔학상을 고발한 영화다. 영화 속 히틀러와 나치 친위대장 힘러가 팔에 두른 하켄크로이츠 문양은 피해자들에게 있어서 인류 최악의 만행 상징물로 각인되고 있다. 제주민군복합관광미항에 참가하는 일본 해상자위대 함정의 욱일기 게양 논란이 커졌다. 우리 정부와 해군의 자제 요청에도 일본은 국제관례에 따라 게양을 고집했다. 청와대 홈페이지 등 인터넷 공간에는 욱일기 게양을 반대하는 여론이 들끓었다. "하켄크로이츠기를 단 독일 전차가 프랑스와 이스라엘 행사에 참석하는 것과 같다"며 정부에 적극적인 대응을 주문하는 글도 넘쳐났다.

---

17) 연합뉴스, 2018년 10월 2일.

일본 욱일승천기와 독일 하켄크로이츠

출처: 동아일보, 2018년 10월 3일

　일본은 제2차 세계대전 패배 후 자위대의 공식기로 선정된 욱일기 게양이 자국법상 의무 조항이고 국제법적으로도 문제가 없다고 주장한다. 해군 함정은 치외법권 지역이어서 한국이 시비를 걸 이유가 없다는 논리다. 하지만 일본은 욱일기를 앞세워 러일전쟁에서 승리해 한반도 지배권을 확보한 뒤 만주사변과 중일전쟁, 태평양전쟁을 일으켰다. 한국 중국 등 피해 국가들엔 욱일기가 독일 패망 이후 폐기된 하켄크로이츠 같이 침략의 상징인 전범기로 인식될 수밖에 없다. 일제 식민지배의 역사를 잊지 않고 있는 한국에서 제국주의 일본의 전범기가 휘날리는 것은 양국 모두에 바람직하지 않다. 중국 등 주변국에 과거 군국주의의 망령을 되살리는 패착이 돼 일본에도 득보다 실이 클 수 있다. 전후 독일 총리와 대통령은 기회가 될 때마다 나치 만행을 사과하고 반성했다. 책임을 회피하고 역사 왜곡에 집착해 온 아베 총리와는 대조적이다. 과거 지배에 대한 진정한 사죄를 하지 않고서는 욱일기에 어떤 의미를 부여해도 환영받기 힘들다는 사실을 일본의 정치 지도자들은 직시해야 한다.[18]

---

18) 동아일보, 2018년 10월 3일.

_9_
일본의 국제협력

이 글은 2017년 11월 30일 발행, 필자의 저서『일본의 공적개발원조와 기업의 인프라 수출』(논형)을 평론집에 맞게 재편집한 것이다. 먼저 일본 ODA(공적개발원조)의 현황을 간략하게 살펴본 후, 그 특성과 사례를 소개하고 있다. 이 책의 저술 목표는 가능한 최근 2017년 초 시점의 통계와 사례를 이용하여 일본 ODA에서 중요한 특성을 뽑아내는 것이었다. 오늘날 중국과 치열한 경쟁 속에서 일본은 특히 아시아 지역에서의 해외 인프라시장에 대한 적극적인 참여를 노리고 있다. 일본은 ODA 지원 정책에 일본인 기업체를 매개체로 하여 세계적인 인프라건설 시장에 다양하게 진출하고자 주력하고 있다.

ODA는 개발도상국의 경제와 사회발전을 위해 전 지구 차원에서 선진국이 자금을 제공하여 지원하는 것을 말한다. 오늘날 ODA 지원을 받는 국가는 주로 동남아시아, 아프리카, 중남미 지역에 분포되어 있는 개발도상국이며, 지원국은 주로 OECD(경제협력개발기구) 하부기관인 DAC(개발원조위원회) 소속 국가들로 이루어져 있다. 한국은 세계 최초로 원조 수혜국에서 지원국으로 바뀌었다. 1950년대만 해도 연간 1인당 국민소득이 60달러에 불과한 최빈국 국가였던 한국이 오늘날에는 연간 3만 달러에 이르며 총 20억 달러의 ODA 제공 국가로 완전히 탈바꿈한 것이다. 한국과 일본은 오늘날 개도국 ODA 지원 현장에서 대체로 양호한 협력 관계를 유지하고 있으며, 새로운 ODA 방향 설정을 둘러싸고 상호 아이디어를 교환해 가고 있다.

2017년도 일본정부 각 부처의 ODA 관련 예산을 살펴보자. 2016년도 총 ODA 사업 예산이 1조 8553억 엔(약 180억 달러)이었던 것에 비추어, 2017년도에는 2조 1000억 엔으로 13.2% 늘어났다. 여기에서 ODA 회수금 7296억 엔을 뺀 순수 ODA 사업 예산은 1조 3704억 엔으로 나타났고, 이것도 2016년도의 1조 1673억 엔에 비해 17.4% 늘어난 것으로 확인되고 있다. 부처별 예산을 살펴보면, 2017년도 ODA 관련 일반회계 예산은 총 5,527억 엔이 되어 17년 만에 다시 증가하기 시작한 2016년도 예산규모보다도 8억 1641만 엔 플러스한 것으로 나타났다.

이 가운데 가장 많은 예산은 외무성에 배정된 4,343억 엔이었고 이것은 전체 예산의 79%를 차지했다. 외무성이 그 산하에 ODA 담당 기관을 두고 있기 때문이다. 일본은 2016년 5월에 개최된 이세시마(伊勢志摩)G7 정상회의에서 「지속 가능한 개발목표 (SDGs)」의 달성을 위한 새로운 국제개발협력 지원을 표명했고, 그 해 7월 방글라데시 다카(Dhaka)에서 발생한 총격 사건을 계기로 하여 해외거주 일본인의 안전 대책을 위한 예산을 추가로 편성했다. 여기에다가 일본정부가 중점을 두고 있는 「인프라 수출 전략」에 기초하여 국토교통성의 2017년도 ODA 관련 예산이 전년도보다 81.0% 늘어난 5억 1300만 엔으로 나타났다. 여기에다가 외무성 ODA 담당기관에 의한 차관 예산도 2016년도보다 약 20% 증가한 것으로 나타났다.[19]

---

19) 「2017年度ODA予算詳細」『国際開発ジャーナル』, 725号, 2017年 4月, pp. 16-25.

2017년도 일본의 ODA 일반회계 예산 (단위: 백만 엔)

부처별	2016년도 예산액	2017년도 예산액		
		예산안	증감액	신장률 (%)
총무성	850	795	−55	−6.5
법무성	256	362	+106	+41.5
외무성	434,187	434,329	+142	+0.0
재무성	77,298	77,842	+544	+0.7
문부과학성	14,463	15,019	+556	+3.8
후생노동성	6,751	6,402	−348	−5.2
농림수산성	2,742	2,642	−100	−3.7
경제산업성	14,313	14,077	−236	−1.6
국토교통성	283	513	+230	+81.0
환경성	637	607	−30	−4.7
경찰청	14	14	+1	+4.0
금융청	124	131	+8	+6.1
계	551,918	552,734	+816	+0.1

　오늘날 일본 외무성 안에서 ODA에 관한 업무는 JICA(국제협력기구)가 통합적으로 담당하고 있다. 근래에 이르기까지 일본에서는 ODA 정책을 각 정부기관들이 기능별로 나누어 담당해 왔다. 즉, 외무성은 주로 무상원조 기능을, 수출입은행과 국제협력은행은 유상차관 기능을, 그리고 JICA는 기술협력 기능을 담당한 것이다. 그러나 이러한 3개 기구의 분할 정책이 비생산적이라는 대내외적 비판에 직면하면서, 2008년 10월부터 JICA가 통합적으로 정책수립과 관리업무를 담당하기에 이르렀다. 일본정부는 1954년 10월 6일 콜롬보플랜(Colombo Plan)에

가입한 날을 공식적인 ODA 제공 시점으로 삼고 있다.[20)]

　일본정부는 1987년 처음으로 매년 10월 6일을 「국제협력의 날」로 지정하여 오늘날에 이르기까지 이 날을 전후하여 「글로벌 페스타」 등과 같은 국제협력 관련 이벤트를 실시해 오고 있다. 일본정부 부처 가운데 외무성은 해마다 ODA 규모가 증가하고 해외 청소년의 일본 유학이 늘어나게 되면서 「국제협력의 날」을 공식 지정하고 중앙정부 차원의 행사와 함께 지방별로 이벤트를 실시하고 있는 것이다. 2017년에 중앙정부가 실시한 행사로서는 9월 30일과 10월 1일에 도쿄 오다이바(お台場)의 센터 프롬나드에서 패션쇼와 전시회, 토크쇼와 같은 다채로운 이벤트를 꼽을 수 있다. 아울러 지자체가 주관한 행사로서 11월 19일 히로시마 국제회의장에서 개최된 행사를 꼽을 수 있는데, 여기에서는 해외문화 및 일본문화 체험 코너, 국제교류 활동 소개 코너, 세계 물품 전시 및 판매 코너, 국제협력에 관한 상담 코너 등이 마련되어 국제문제와 해외문화에 대한 일반인의 관심을 높였다.

　한국정부는 2007년부터 매년 10월 5일을 「세계한인의 날」 기념일로 지정하고 외교부 주관으로 「해외한인」 정치가 · 조직원 · 기업인들을 대상으로 하여 행사를 열고 있다. 한편 일본정부는 한국보다 훨씬 앞서서 일찍이 1966년에 6월 18일을 「해외이주의 날」로 지정하여 「해외일본인」을 끌어들이는 행사를 전개하기 시작했다. 6월 18일은 1908년 이 날 최초의 일본인 공식 이민자 781명을 실은 선박 가사토마루(笠戸丸)가 브라질 산토스(Santos) 항구에 입항한 데서 유래하

---

20) 한국은 2009년 11월 25일 OECD의 개발원조위원회(DAC)에 가입한 것을 기념하여 11월 25일을 「국제협력의 날」로 지정했다. KOICA는 2010년부터 매년 이 날을 전후하여 기념 의례와 각종 행사를 개최해 오고 있다.

2017 글로벌 페스타 포스터   2017 히로시마 국제 페스타 포스터

고 있다. 또한 한국이 지난 2012년 국정선거에서부터「재외국민」들에게 선거권을 행사하게 하고,「재외국민」약 300만 명을 포함하여 총 740만 명에 이르는「해외한인」에 대해 국적에 관계없이 민족적 아이덴티티를 유지하기 위한 각종 사업을 전개하고 있다. 그런데 이보다 조금 앞서 일본정부는 지난 2000년 중의원과 참의원 선거에서부터 재외선거를 실시하여「재외국민」들에게 선거권을 행사하게 했다. 일본은 재외선거와 관련하여 130만 명 정도의 공식적인「재외국민」수를 해마다 발표하고 있지만, 외국국적을 취득했거나 혼혈화·현지화 된「해외일본인」수에 대해서는 공식적으로 발표하고 있지 않다. 다만 JICA는 오늘날 전 세계에「해외일본인」이 360만 명 정도 존재할 것으로 추정하고 있을 뿐이다.[21]

---

21) 国際協力機構 (2018). 日系社会をサポート 移住者・日系人支援事業.
　　https://www.jica.go.jp/yokohama/enterprise/nikkei/index.html

여기서 필자가 주목하고 싶은 것은 일본이 「재외국민」으로부터 「해외일본인」으로 국가 보호의 범위를 확대하고 있는 움직임을 보이고 있다는 점이다. 먼저 일본 자위대에 의한 유사시 보호 규정을 보면, 현행 자위대법 제84조 3항은 「해외일본인(在外邦人) 등의 수송」에 관한 조항으로, 방위장관은 외무장관으로부터 요청이 있을 때, 해당 일본인을 수송할 수 있다고 규정하고 있다. 이 조항은 2007년 1월 자위대법이 개정되면서 처음으로 규정에 명시된 것이다. 이에 따라 2013년판 방위백서는 외국의 재해, 소요, 기타 긴급사태에 임하여 해당 지역으로부터 일본인을 귀환 수송할 수 있다고 발표했다.

여기서 말하는 일본인은 「재외국민」을 지칭한 것이다. 일본에서 자위대 등이 파견되어 해당 지역의 공항이나 항만 등에서 재외공관으로부터 일본인을 인도받아 항공기나 선박으로 안전하게 유도할 수 있다는 것이다. 따라서 현재 육상자위대는 헬리콥터 부대와 유도 요원을 지정하고 해상자위대와 항공자위대는 수송선박과 항공기를 비롯하여 파견 요원을 각각 지정하여 대기 태세를 유지하고 있다. 또한 일본 자위대는 육해공 사이의 긴밀한 연계를 강화할 목적으로 매년 국내에서 수송 항공기와 선박을 이용한 공동훈련을 실시하고 있다.[22] 나아가 매년 태국에서 실시되고 있는 동남아 최대의 다국 공동훈련 코브라 골드(Cobra Gold)에 일본의 자위대도 2005년부터 참여하고 있으며 태국 주재 일본대사관으로부터 협력을 얻어 타이 국내외의 대사관 직원과 그 가족을 구출하는 훈련을 실시하고 있다.

과거 2004년부터 2008년까지 자위대 특별수송기가 이라크에 파견

---

22) 防衛省. 『平成28年度版防衛白書』, 防衛省, 2016年, pp. 214-215.

되어 이라크 재건과 부흥을 명목으로 하는 인원과 물자를 수송하는 가운데 실제로「재외국민」들을 쿠웨이트로 수송한 적이 있다. 또한 2013년 1월에도 알제리에서 발생한 일본인에 대한 테러 사건이 발생했을 때, 일본의 자위대는 2007년 1월에 발효된 자위대법에 의거하여 당시 치토세(千歲) 기지 소속 특별항공기를 알제리로 파견하여「재외국민」생존자 7명과 사망자 9명을 일본으로 수송한 일이 있다.[23] 이러한 자위대의 구출 활동 의무 조항은 기본적으로 해외 거류 일본인 가운데 일본에서 파견된「재외국민」을 대상으로 하고 있다고 해석할 수 있다. 그러나 자위대법이 규정하고 있는 바와 같이 일본 자위대는 유사시 재난 지역에 거주하고 있는「해외일본인」에 대해서도 이들을 일본으로 귀환 수송할 수 있다고 함으로써 구출 대상 범위를 더욱 확대하고 있는 것이다.

지난 2014년 월드컵 개최로 브라질이 세계 언론에서 각광을 받고 있는 가운데, 그 해 6월 13일 JICA는 일본정부가 브라질을 비롯하여 중남미 지역에 거주하는「해외일본인」에 대해서 적극적으로 포용정책을 실시해 오고 있다고 하는 보도 자료를 내놓았다.「해외이주의 날」지정 유래에 착안하여 일본사회를 향하여 JICA의 존재 의의를 부각시킴과 동시에 중남미 지역의「해외일본인」에 관한 관심을 높이고자 한 것이다. 이때 JICA는「해외일본인」을 추정하여 브라질에 157만 명가량이 거주하며, 아르헨티나 · 파라과이 · 페루 · 볼리비아 등을 포함하면 중남미 지역에만 총 177만 명이 넘을 것으로 보았다. 일본정부는 이들이 현지에서 다방면에 걸쳐 활약하고 있으며 "현지 국

---

23) 岩本誠吾.「自衛隊による在外邦人「輸送」から在外邦人「救出」へ：国内法と国際法の狭間で」『産大法学』48巻 3号, 2015年 2月, pp. 6-7.

가의 발전에 기여함과 동시에 일본과의 가교 역할을 담당해 왔다"고 높이 평가했다.[24]

또한 JICA는 중남미 신흥국의 경제와 사회 발전에 기여하기 위해 다음과 같이 현지 일본인 사회와 연계한 다양한 시책을 전개하고 있다고 홍보했다. 우선 전후에 국가정책에 따라 중남미 지역에 이주한 일본인에 대해서, JICA는 토지 구입과 영농자금 대부와 같은 「이주 투자 융자 사업」과 토지의 조성과 분양과 같은 「개척 사업」을 전개해 왔고, 농촌생활, 생활환경, 의료위생, 교육환경 등의 「기반시설 정비 사업」을 지원해 왔다고 했다. 소위 이주민 1세에 대해서 일본정부가 현지 정착과 생활 안정을 지원했다고 하는 점을 강조한 것이다. 그런데 점차 이주민 1세가 고령화 되고 이주민 사회의 민족적 정체성이 희박해져 감에 따라 일본정부로서는 새로운 지원책을 강구해야 하는 과제에 봉착하게 되었다. 이것은 오늘날 한국정부의 해외동포 끌어안기 과제와도 일맥상통하는 부분이다. 이러한 과제에 대응하는 방식으로 일본정부는 해외원조와 민간사업의 연계를 지속적으로 실시해 오고 있는 JICA로 하여금 현지 일본인 사회를 파트너로 하여 일본의 민간 부문과 연계를 강화해 가는 새로운 협력체제 구축을 추진하도록 하고 있다.

구체적으로 JICA는 1987년부터 중등학교 나이의 일본인 청소년을 일본으로 초청하여 교육하는 「일본계 사회 차세대 육성 연수」 사업을 실시해 오고 있다. 이 프로그램에는 오늘날에 이르기까지 1000명 이

---

24) 国際協力機構 (2014). [国際協力60周年] 地球の反対側にあるもう一つの日本: 日系社会支援の取り組み. https://www.jica.go.jp/topics/notice/20140613_01. html

상의「해외일본인」청소년이 참가하고 있다. 2017년 6월부터 1개월 동안 실시하는 제1진에 캐나다(4명), 멕시코(3명), 도미니카공화국(4명), 콜롬비아(1명), 베네수엘라(1명), 그리고 2018년 1월부터 1개월 동안 실시하는 제2진에 브라질(20명), 페루(4명), 볼리비아(3명), 파라과이(3명), 아르헨티나(6명)으로 되어 있다.[25] 이와 함께 일본정부는 1996년부터 일본어 교육이나 보건과 복지 분야에 관한 국내 자원봉사자 1600명 이상을 현지에 파견하여 일본의 문화와 경제를 알리고 있다. 또한 2000년부터는 일본 국내 대학원에 재학하는「해외일본인」에 대하여 학자금을 지원하는「일본계 사회 리더 육성 사업」을 실시하고 있으며, 대학과 지방자치체 등의 제안에 따라서 일본계 연수생을 국내에 유치하거나,「해외일본인」단체에 대한 조성금 지급을 통하여「해외일본인」고령자에 대한 의료 복지 활동을 지원하고 있다.[26] 2002년에는 요코하마(橫浜)에 해외이주자료관을 개설하여 해외이주의 역사와 현실을 홍보하고 정기적으로 특별전시와 공개강좌를 실시해 오고 있다.

또한 JICA는 오늘날「해외 일본인 사회와의 새로운 파트너십 구축」을 해외동포 정책방향으로 제시하고 있다. 해외 현지에서 활약하는 일본계 인사나 기업과 제휴하여 현지 국가의 경제발전과 일본계 사회의 발전에 기여하겠다는 것이다. 정부의 주도 아래 중국의 화상(華商)이나 한국의 한상(韓商)과 같이 일본계 기업인의 국내외 네트워크

---

25) 国際協力機構 (2017). 日系社会次世代育成研修(中学生招へいプログラム)の概要. https://www.jica.go.jp/regions/america/middle_school.html

26) 国際協力機構 (2017). 日系社会リーダー育成事業の概要. https://www.jica.go.jp/regions/america/leader.html

를 구축하겠다는 것이다. 일본정부는 이러한 방향에 맞추어 2016년부터 일본 국내의 기업인을 해외 일본계 사회에 파견하는 사업을 전개해 오고 있다. 2016년 2월말부터 2주 동안 실시된 제1차 사업에서는 브라질과 파라과이에 「중남미 민간연계 조사단」을 파견했고 7월 중순부터 2주 동안 실시된 제2차 사업에서는 페루와 브라질에 조사단을 파견했다. 조사단이 JICA에 제출한 보고서에 따르면, 브라질 시장의 현지 시찰을 통하여 일본기업의 제휴 가능성을 확인했다고 한다. 일본 본국으로부터의 지원을 필요로 하는 현지 일본계 기업의 요구와 일본 국내 기업의 개도국 진출 요구에서 접점을 발견했다는 것이다.[27] JICA는 ODA를 개도국과의 연결고리로 하면서 해외일본인을 거점으로 하여 개도국 시장에 대한 진출을 확대하고 있는 것이다.

---

27) 国際協力機構中南米部. 『2017年度「中南米日系社会との連携調査団」(ブラジル派遣)の参加者募集について』. 国際協力機構, 2017年, pp. 1-2.

Ⅲ. 한국과 일본의 문화교류

_1_
박유하 교수의 『제국의 위안부』

2017년 10월 27일 일본군 위안부 피해자의 명예를 훼손한 혐의로 재판에 넘겨져 1심에서 무죄를 선고받은 박유하 세종대 교수가 항소심에서 유죄가 인정되어 벌금형을 선고받았다. 서울고법 형사4부(부장판사 김문석)는 10월 27일 명예훼손 혐의로 기소된 박 교수에게 원심판결을 파기하고 벌금 1000만원을 선고한 것이다. 재판부는 박 교수가 허위사실을 적시하고 그로 인해 피해자들의 명예를 훼손했다고 판단했다. 아울러 명예를 훼손하는데 고의가 있었다고 봤다. 하지만 학문과 표현의 자유 등이 위축되어서는 안 된다는 점도 양형 사유로서 고려되었다. 박 교수는 2013년에 출간한 저서 『제국의 위안부』를 통해 위안부가 「매춘」이면서 「일본군과 동지적 관계」였다고 기술함으로써 피해자들의 명예를 훼손했다는 혐의로 2015년에 불구속 기소되었다.[1]

2017년 1월 25일에는 1심 판결에서 『제국의 위안부』내용에 대해, 위안부 피해자들을 중상하려는 의도는 인정되지 않는다고 판결하고 무죄를 선고한 바 있다. 한국사회에서 「애국」 또는 「대중 심리」에 따라 해당 사안에 대한 판단을 대다수가 주목하는 상황에서 이번 판결에 대해 「위안부」 지원 단체는 이를 반박하는 성명을 내놓았고 박 교

---

1) NEWS1, 2017년 10월 27일.

수 측은 판결을 옹호하는 성명을 내놓았다. 박 교수의 저서는 약간의 연구 자료를 사용하기는 했지만 기본적으로 평론에 가까운 책이다. 이런 부실한 저서를 가지고 법적 공방이 이루어지는 현실을 보며 한숨을 내쉬고 있는 연구자들이 다수 존재했다. 이번 판결을 통해 박 교수는 그 판결 결과에 관계없이 이미 유명인사가 되어 소기의 목적을 달성했고 「위안부」 지원 단체는 자신들의 '애국적' 운동이 대중의 지지를 얻고 있다는 것을 다시 확인했다.

다음은 1심 판결 후 2017년 1월 27일자 아사히신문(朝日新聞)이 박유하 사건 항소심 제소에 대해 「학문의 자유를 침해한 소추」라는 견해를 밝혔다. 대다수 일본인의 견해를 대변하고 있었다. 개인의 학문과 표현의 자유보다도 「집단 애국」과 「대중 심리」를 이유로 하여 법적 공방을 이어가고 있는 한국사회에 대해 비판하고 있어 참고할 만하다. 박 교수를 역사적 사실을 탐구하는 연구자라고 평가하고 있는 아사히신문의 논조에 대해서는 수긍이 가지 않지만, 세계경제의 외부환경에 민감하게 대응해야 하는 한국으로서는 일본을 비롯한 어느 국가와도 충돌이 없이 갈등과 협조를 조정하며 원만하게 외교관계를 추구해야 한다는 견해에 대해서는 깊이 공감한다. 아울러 한국에서의 코미디와 같은 일이 한국과 일본에서 앞으로 절대 발생하지 않았으면 하며, 한국인 대중의 집단 심리를 자극하는 일본정치가의 「망언」이 더 이상 발생하지 않기를 바란다.

「학문의 자유를 침해한 소추」

역사적 사실 탐구에 정진하는 학문의 영위에 공권력이 개입하는 것은 엄격하게 자제해야 한다. 한국 세종대 교수 박유하 씨가 한국에서 출판한 저서 『제국의 위안부』를 둘러싼 재판에서 서울지법은 박 씨에게 무죄판결을 언도했다. 특히 일본과의 역사인식 문제와 관련해서는 까다로운 여론의 입김에 영향을 받기 쉽다는 경향이 있다는 지적도 받는 한국의 사법부이지만, 이번에는 법에 근거해서 타당한 판단을 내렸다고 할 수 있을 것이다. 이 재판은 『제국의 위안부』가 위안부 피해자들의 명예를 훼손했다고 하여 검찰 당국이 박 씨를 불구속 기소한 것이다. 판결은 검찰이 명예 훼손에 해당한다고 본 35군데 가운데 대부분이 박 씨의 의견을 표명한 것에 지나지 않는다고 했고 다른 부분에 대해서도 특정 위안부 피해자 개인을 가리킨 것이 아니라는 등을 지적했다. 또한 박 교수가 책을 쓴 동기는 한일 화해를 추진하는 일에 있고 위안부 피해자들의 사회적 지위를 폄훼하기 위해서가 아니었다고 하며 무죄 판결을 이끌어냈다.

이 저서가 강조하는 것은 위안부가 된 여성들에게는 다양한 경우가 있었다는 사실과, 식민지라고 하는 구조가 낳은 비극이 많았다고 하는 점이다. 이제까지 한일 학계에서 연구가 거듭 쌓임에 따라 식민지의 현실은 다양한 형태로 부각되어 왔다. 한반도에서는 폭력적인 연행을 할 필요조차 없을 정도로 위안부 모집 등이 체계화되었다는 측면이 있었다고 한다. 한국사회의 일부에 강하게 남아있는 위안부 피해자의 이미지와 맞지 않는 부분이 있다고 해서 역사연구 속에서의 견해나 분석을 봉인하려고 하는 것은 잘못이다. 나아가 그 시대의 공권력이 학문이나 표현의 자유를 제한하는 것은 민주주의를 포기하는 것과 같다. 그러나 검찰은 2016년 말 "학문과 표현의 자유를 벗어났다" 등의 이유로 징역 3년이라는 이례적인 무거운 구형을 했다. 검찰은 당초 소추하지 말았어야 한다고 반성하고 위안부 문제에 관한 논

의의 장을 법정에서 아카데미즘의 세계로 되돌려놓아야 한다.

한편 위안부 문제를 둘러싼 한일 양국 정부의 합의는 서울 일본대사관 앞에 이어 부산의 일본 총영사관 근처에도 위안부 문제를 상징하는 소녀상이 설치됨에 따라 존망의 위기에 놓여있다. 한일 양국이 내셔널리즘을 주장하여 서로 부딪힐 것이 아니라 그것을 뛰어 넘은 화해가 필요하다는 것이 박 씨의 일관된 주장이기도 하다. 한일 쌍방에 있어서 대립의 장기화가 초래하는 이익 따위는 없다. 양국 관계를 다시 바로 세우고 진전시킨다는 의의를 다시금 생각해 봐야 한다.[2]

그런데 2018년 12월 5일, 경기 광주시 「나눔의 집」은 「일본군 위안부」 피해자 김순옥 할머니가 별세했다고 밝혔다. 2018년에 세상을 떠난 위안부 피해 할머니는 총 7명이다. 2018년 12월 말 현재 김 할머니의 별세로 위안부 피해 생존자는 26명이 되었다.[3] 「나눔의 집」에

---

2) 朝日新聞, 2017年 1月 27日.

3) 2019년 1월 30일 김복동 할머니가 별세하면서 한국의 공식적 위안부피해 생존자 23명이 되었다. 연합뉴스, 2019년 1월 31일.

따르면 김 할머니는 1922년 평양에서 태어나 만 18세가 되던 1940년 '공장에 취직할 수 있다'는 말에 속아 중국 헤이룽장성의 위안소로 끌려가 모진 고초를 겪었다. 해방 이후 중국 둥잉(東營)에 정착한 김 할머니는 2005년부터 여성부 · 한국정신대연구소 · 「나눔의 집」의 도움으로 대한민국 국적을 회복했다. 「일본군 위안부」로 끌려가 고국을 떠난 지 무려 65년만의 일이었다. 이후 김 할머니는 한국정신대문제대책협의회가 주최하는 수요시위에 참여해 피해를 증언하고, 2013년 일본정부에 "위자료를 지급하라"는 민사조정을 신청하는 등 적극적으로 위안부 문제를 알렸다. 이 밖에도 그는 일본대사관 앞에 마련된 위안부 소녀상에 「말뚝 테러」를 벌인 일본인, 위안부 피해자들을 비하한 일본 록밴드, 그리고 박유하의 저서 『제국의 위안부』를 고소하기도 했다.[4]

---

4) NEWS1, 2018년 12월 5일.

_2_
일본인 평화운동가 다카자네 야스노리

　2017년 4월 7일 「오카 마사하루 평화자료관」 이사장이던 다카자네 야스노리(高實康稔) 씨가 향년 77세로 숨을 거뒀다. 그는 일본 나가사키에서 일제 강점기의 강제동원과 조선인 피폭자 문제를 두고 일본정부에 진상규명과 사죄보상을 요구하며 평생을 헌신한 인물이다. 특히 나가사키에서 「오카 마사하루 평화자료관」을 세우고 연구 활동을 통해 조선인과 중국인 강제동원 실상을 밝히고 원폭 피폭자 문제 해결, 군함도 세계유산 등재 비판 등을 하며 활동한 양심 있는 지식인이다.[5] 다음은 「오마이뉴스」에 실린 그에 대한 추모 글 가운데 그 일부를 소개한다.

　나가사키에서도 조선인 원폭희생자를 추모하는 추모식이 매년 8월 9일 아침에 열리고 있다. 일본 시민들에 의해서 말이다. 해마다 이날 아침이면 나가사키 원폭희생조선인 추모비 앞에서 추모사를 낭독하던 이가 있었다. 군함도에 강제동원된 조선인과 중국인 노동자의 역사를 발굴하여 그 진상을 세상에 널리 알렸고, 나가사키 전역을 돌며 직접 조선인 원폭피해자 실태조사를 하여 보고서를 내놓았으며, 중국인 강제동원 피해자, 한국인 원폭피해자, 일본군 위안부 피해자 지원운동과 함께 재일조선인과 사회적 약자의 인권을 위해서 평생을 쉼

---

5) 광주매일신문, 2017년 4월 17일.

없이 헌신했던 일본인. 지난 2017년 4월, 병마로 인하여 하늘의 별이 된 그 분. 바로 나가사키 대학의 교수였으며, 나가사키 재일조선인의 인권을 지키는 모임 대표이자, 「오카 마사하루 평화자료관」 이사장이었던 고 다카자네 야스노리 선생님.

다카자네 선생님이 나가사키뿐 아니라 일본 사회와 한국, 중국 등에 남긴 선한 영향력과 감동, 그가 살아온 삶의 공적에 비할 때, 그는 한국 사회에 잘 알려져 있지 않다. 하지만 2018년 4월에 그의 1주기에 맞춰 발간된 추모문집에 실린 글들을 보면 그가 얼마나 많은 이들의 존경을 받았고, 또 얼마나 많은 선한 영향력을 주었던 인물인가를 알 수 있다. 다카자네 선생님은 일본의 전쟁 책임과 가해의 역사를 직시하고 인정하며, 역사의 불편한 진실을 감추지 않고 후세에 올바르게 전하는 것을 사명으로 여기셨다. 전쟁을 반대하는 활동, 핵무기를 반대하는 활동뿐 아니라, 과거 일본의 침략과 전쟁으로 인해 피해를 입은 아시아 민중의 입장에서 그 진실을 밝히고 철저한 전후 보상을 실현하는 것을 운동의 목표로 삼으셨다.

그 과정에서 조선인 원폭피해자와 중국인 강제동원 피해자 실태조사를 비롯하여 조선, 중국인 등 강제동원·원폭·위안부 피해자의 인권운동에 일생을 바쳤다. 실태조사뿐 아니라, 재판이나 증언집회, 피폭자건강수첩 발급을 위한 도움도 주셨다. 재판이나 피폭자 건강수첩 발급 지원의 경우는 피해자 개개인의 정신적 피해를 위로하고 실제 생활에도 큰 도움을 주었다. 특히 그의 스승이자 동지였던 고 오카 마사하루(岡政治) 목사님의 작고 이후, 그 뜻을 이어받아 1995년에는 「오카 마사하루 평화자료관」을 설립하여 스스로 관장이 되어 20년간 이상을 역사와 평화교육에 힘썼다.

생전의 다카자네 야스노리 선생님

출처: 오마이뉴스, 2018년 8월 8일

  이 자료관에는 근대 일본의 아시아 침략을 고발하며 일본이 아시아 민중에게 입힌 피해를 전시, 교육하고 있다. 그동안 수많은 일본의 학생들이 이 자료관을 견학하여 공교육이 알려주지 않은 역사를 배웠고, 나가사키를 방문하는 한국인도 이 자료관을 많이 방문했다. 한국의 수많은 나가사키를 찾아 취재할 때마다 다카자네 선생님은 이른 새벽부터 늦은 밤까지 쉬지 않고 열정적으로 이를 도우셨다. 2011년 1월과 2월에는 한국 내 생존해 있는 군함도 강제동원 피해자를 만나 인터뷰한 일이 있는데, 그 중 한 분인 대전의 최장섭 할아버지(2018년 1월 작고)를 나가사키로 직접 초청하여 군함도를 함께 방문하고 증언회도 개최하기도 했다. 그의 저서『군함도에 귀를 기울이면』일본어판은 2011년 발행되고 한국어 번역본은 2017년에 발행되었다.
  또한 선생님은 한국의 히로시마로 불리는 경남 합천을 방문하여

「원폭의 기억과 평화자료관 건립의 필요성」이라는 주제로 초청강연을 하셨다. 이때 원폭피해자 1세, 2세를 비롯하여 원폭피해자 복지회관 관계자와 평화활동가, 인근 지역의 시민운동가와 학생, 연구자들도 참석하여 선생님의 강연과 활동에 큰 관심을 보였다. 선생님은 고령의 원폭피해자들을 만나서도 잘 어울리셨고, 함께 노래하고 춤추고 매운 한국음식도 잘 드시며 친근한 모습으로 사람들의 마음을 사로잡았다. 강연회를 마친 후에는 원폭피해자 2세 쉼터인 합천 평화의 집, 부산민주공원 민주항쟁기념관, 원폭피해자 2세인 인권운동가 고 김형률 님의 자택도 방문하셨다.

선생님은 국무총리 소속 「대일항쟁기 강제동원 피해조사 및 국외 강제동원 희생자 등 지원위원회」가 나가사키의 조선인 원폭피해와 탄광섬 군함도에서 벌어진 강제노동 실태 등의 진상조사를 실시하고 기초자료를 수집하는 데도 큰 도움을 주셨다. 선생님 등이 앞서 발간한 『원폭과 조선인』 등의 보고서는 위원회가 진상조사보고서를 펴내는 데도 귀중한 초석이 되었고, 조사팀이 현지조사를 실시할 때도 선생님의 도움이 있었다. 그 결실이 위원회의 보고서 『히로시마 나가사키 조선인 원폭피해에 대한 진상조사』 『사망 기록을 통해 본 하시마 탄광 강제동원 조선인 사망자 피해실태 기초조사』 등으로 태어났다.

선생님은 참 인자하고 따뜻하고 신사적이며 사람들과 어울리기를 좋아하는 분이었다. 겸손하고 온유하지만 한편으로는 올곧은 성품을 가진 어른이기도 했다. 선생님은 늘 양복을 갖춰 입으셨다. 군함도나 다카시마 같은 강제동원 현장 답사를 갈 때는 양복 정장은 아니었지만, 그때도 매우 단정한 차림새였다. 늘 몸가짐과 언행에 흐트러짐이 없었다. 애연가였던 선생님은 다른 사람에게 피해가 가지 않도록 늘

자리를 피해서 흡연하신 것은 물론이고, 항상 담뱃불을 잘 꺼서 담뱃재를 깔끔하게 버릴 수 있도록 휴대용 케이스를 가지고 다니셨다.

선생님은 프랑스 문학 전공자이기도 했다. 행동주의 문학으로 평가되는 다수의 작품을 내놓으며 위험 상황 속에서도 높은 인간성과 연대 책임 등을 강조한 소설가 생텍쥐페리(Saint Exupery)와 그의 작품 세계를 전공한 선생님은 시민운동가뿐 아니라, 불문학자로서도, 교육자로서도 뛰어난 공로를 남겼다. 이 공로를 인정받아 프랑스 정부의 예술공로훈장을 받고 「기사」 칭호를 받기도 했다. 나가사키 대학의 다른 교수나 제자들에게도 생각의 차이, 정치사회적 입장의 차이를 뛰어넘어 큰 존경과 사랑을 받았다. 프랑스 문학자였던 만큼 샹송도 곧잘 부르셨다. 에디뜨 삐아쁘(Edith Piaf)의 「인생의 찬가」도 부르시고, 어떤 날은 한국의 패티 김 노래도 부르셨다. 그렇게 문학과 예술을 사랑하고 사람을 좋아하는 감수성 풍부하고 따뜻한 분이면서도, 불의에 대해서는 타협하거나 애매한 태도를 취하는 일 없이 철두철미하게 맞선 행동가였다.[6]

---

6) 오마이뉴스, 2018년 8월 8일.

_3_
부산-후쿠오카 포럼

　2018년 9월 1일, 제13회 부산-후쿠오카 포럼에서 8명의 대학 총장들이 한자리에 모였다. 부산과 일본 후쿠오카 8개 대학 총장은 양 지역 대학 컨소시엄 활성화 방안을 논의하다가 양국 공동의 여름학기를 개설하기로 합의했다. 이날 부산 롯데호텔에서 진행된 부산-후쿠오카 8개 대학 총장 초청토론회에는 부산대 · 부경대 · 동아대 · 동서대 등 부산 4개 한국 대학과 규슈대 · 규슈산업대 · 후쿠오카대 · 후쿠오카여대 등 후쿠오카 4개 일본 대학 총장이 참석했다. 이들 대학은 2018년 5월부터 「부산-후쿠오카 8개 대학 컨소시엄」을 구성했으며, 앞으로 어떻게 협력해 갈지를 논의하기 시작했다. 8개 대학 컨소시엄은 부산-후쿠오카 포럼이 낳은 양 지역 대학 협력체다.

　이 자리에서 장제국 동서대 총장은 매년 정기적으로 실시하는 양국 공동 여름학기와 함께 「부산-후쿠오카 해협권 칼리지」 운영을 제안했다. 장 총장은 8개 대학이 교수 1명씩을 파견해 모두 8개 과목을 운영하는 여름학기를 모델로 제시했다. 부산-후쿠오카 포럼처럼 해마다 부산과 후쿠오카에서 번갈아 가며 학기를 개설하고, 대학들은 학점을 인정하는 방안이다. 이 제안에 김영석 부경대 총장과 구보 치하루(久保千春) 규슈대 총장 등 양 지역 총장은 즉각적인 찬성 입장을 냈다. 이에 따라 8개 대학 컨소시엄은 서둘러 사무국을 꾸려 산학협력형 여름학기 개설 절차를 밟기로 의견을 모았다. 그리고 대학 컨소시엄의 첫 사업인 「단기 학생교류」에 참가한 한·일 대학생 16명은 이날 교류 결과를 공동으로 발표했다.[7]

이에 앞서 제12회 부산−후쿠오카 포럼은 2017년 8월 1일과 2일에 후쿠오카 닛코호텔에서 열렸다. 이번 포럼은 부산시와 후쿠오카시 간 자매도시 체결 10주년 기념 행사로 개최된 것이다. 포럼의 주제는 「부산·후쿠오카를 기점으로 한 한·일 파트너십」이었다. 여기서는 1일에 발표한 오구라 가즈오(小倉和夫) 전 주한대사의 기조 강연 가운데 일부를 소개하고자 한다.

"상대를 아는 것, 호감도를 올리는 것이 제1 전제가 아닐까요. 결국 시민 교류로 한일 관계를 개선해야 합니다." 그의 강연 「한일관계의 현황과 과제: 시민의 시선을 중심으로」는 이렇게 시작되었다. 그는 한국을 방문하는 일본인 수는 감소하는 추세인 데 반해, 2014년 일본을 방문한 한국인 수가 방한 일본인 수를 넘었다고 했다. 이후 압도적으로 일본을 찾는 한국인 수가 증가하는 추세다. 5년 동안 상대국에 대한 인상을 조사한 여론 조사 결과, 한국에 대해 안 좋은 인상을 느끼고 있다고 답한 일본인이 2013년 37.3%에서 2017년에 48.6%로 늘어난 반면 2013년 한국인의 76.6%가 일본을 비호감이라고 답했지만, 2017년에는 56.1%만 그렇게 대답했다.

오구라 전 대사는 이 여론조사 결과를 인용하면서 "후쿠오카에서는 잘 못 느낄지 모르겠지만 도쿄에 가면 한국에 대한 피로감이 상당히 쌓여있다"고 말하고, "이제 일본인들은 한국으로 수학여행을 잘 안 가려고 한다"고 전했다. 또한 중국에 대한 인식 차이가 한일관계에서

---

7) 부산일보, 2018년 9월 2일.

2018년 부산-후쿠오카 포럼

출처: 부산일보, 2018년 9월 2일

도 차이를 낳는다고 봤다. 2017년 조사에서 한중 관계가 한일 관계보다 더 중요하다고 보는 한국인이 38.7%지만, 일한 관계보다 일중 관계가 더 중요하다고 보는 일본인은 19.6%였다. 그럼에도 오구라 전 대사는 한국과 일본은 같은 길을 가고 있다고 강조했다.

그는 "최근 신경숙의 『엄마를 부탁해』를 읽으면서 고령 사회로 진입한 일본과 한국이 똑같은 문제를 안고 있다고 느꼈다"고 말하면서 "2030년대 북한도 고령 사회를 맞이하며 한국과 비슷한 상황에 놓일 것"이라고 했다. 그는 "결국 국가 간의 관계를 넘어선 시민 사이의 교류가 한일 관계에서 매우 중요하다"라고 하며 기조 강연을 마무리 지었다.[8]

---

8) 부산일보, 2017년 8월 3일.

_4_
2017년 「한일포럼」상 수상자 최서면

2018년 8월 21일 한일 양국의 민간 유식자 단체인 「한일포럼」은 일본 도쿄 뉴오타니 호텔에서 제3회 한일포럼상 수여식을 가졌다. 지난해 조선통신사 기록물을 유네스코 문화유산으로 등재하는데 노력한 한국의 부산문화재단과 일본의 조선통신사 연지(緣地) 연락협회가 공동 수상자로 선정되었다. 양국관계 발전에 공로가 있는 인물이나 단체에 주는 이 상은 2016년 고 와카미야 요시부미(若宮啓文) 전 아사히신문 주필에 이어 2017년 최서면 국제한국연구원장에게 수여됐다. 2018년 26회째를 맞이한 「한일포럼」은 한일공동선언 20주년을 기념하고 한일관계 발전방안을 모색하기 위해 8월 21일부터 3일간 양국 전문가 51명이 모여 논의했다. 이 포럼은 「한일공동선언 20주년 회고와 전망」, 「북미정상회담과 비핵화 문제」, 「양국 공통 과제 해결을 위한 협력」 등을 주제로 하여 발표와 토론을 진행했다.[9]

여기서는 2017년 8월 29일 제2회 한일포럼상을 수상한 최서면 원장을 집중 소개하고자 한다, 1950년대 말 일본으로 건너간 최 원장은 1969년 도쿄에 한국연구원을 설립한 뒤 양국 관계와 관련된 주요 사료들을 발굴했다. 그는 안중근 의사 유해발굴 사업을 지휘했고, 2017년 3월에는 평생 수집해 온 안중근 의사 관련 자료 1000여건을 연세

---

9) 동아일보, 2018년 8월 21일.

대에 기증하기도 했다. 해방 직후부터 좌우와 한일을 넘나들며 여러 정치인들과 교류한 덕에 한일 관계의 고비 때마다 막후에서 큰 역할을 해왔다. 「한일포럼」측은 "한일 양국 주요 인사간 소통 채널을 마련해 한일 관계 안정에 크게 기여한 점을 인정했다"고 밝혔다.

이날 서울의 조선호텔에서 열린 시상식에는 입원 중인 최 원장을 대신하여 그의 부인이 참석했다. 그는 서면을 통한 수상 소감에서 "달력을 보니 오늘 8월 29일은 1910년 일본이 대한제국을 병합한 국치일이고 백범 김구 선생의 생일이기도 하다"라고 했다. 아울러 그는 "이처럼 역사는 우리에게 무엇인가를 알려주기 위해 끊임없이 신호를 보낸다. 여기 모인 한일 지식인들이 그 신호를 포착하여 한일 관계 개선과 양국의 공존의 길을 여는 데 앞장서야 한다"고 말했다.[10]

필자는 1995년 저서 『재일한국인과 조국광복』에서, 최서면을 비롯하여 윤한구, 유영배 등 북한 지역 출신 학생들로 구성된 「대북공작대」가 김구의 지원을 받으면서 1946년 1월부터 3월까지 북한에 들어가 반탁과 반소를 주장하는 전단지를 살포했다고 소개한 일이 있다. 그의 강원도 출생은 물론 해방정국에서의 활동 등 베일에 가려진 것이 많아 오늘날까지 「괴물」로 회자되고 있지만, 해방직후 반탁운동에 앞장 선 것만은 분명하다.[11] 그는 1928년생으로 해방직후 1947년 연희전문 재학 중에 남한 단독정부 수립에 찬성한 장덕수를 암살한 공범으로 몰려 무기징역에 처해진 일이 있다. 1년 후 그는 형 집행 정지로 풀려나 장면 박사의 비서로 활동하다가 1957년 미군 군용기를

---

10) 중앙일보, 2017년 8월 30일.

11) 최영호, 『재일한국인과 조국광복: 해방직후의 본국귀환과 민족단체활동』 글모인, 1995년, p. 217.

타고 일본에 들어갔다.

　최 원장은 일생이 한일관계의 쟁점들과 관련되어 있다. 그는 1차적인 자료를 대량 수집하고 발표하고 있어 안중근 전문가, 독도 전문가, 일본 전문가로 알려지고 있다. 박정희 정부 시절에 한일 외교의 막후에서 활발한 활동을 한 것으로도 유명하다. 그 중에서도 그는 일본에서 『안응칠역사 (安應七歷史)』 저서를 발굴하여 국내에서 안중근 역사 관련 책을 발간하는데 크게 공헌했다. 그가 일본에 정착한 가장 큰 이유는 일본에 한국에 관한 저술이 의외로 많았기 때문이었다고 한다. 그는 도쿄에서 한국연구원을 세우고 한국에 관한 저술을 탐독하고 수집하기 시작했다. 그는 정치적인 견해에 따라 처음에는 박정희 군사혁명에 관하여 이를 비판하는데 앞장섰으나 청와대에서 검소한 모습을 확인하고 나서 대통령 찬미론자로 바뀌었다고도 한다.[12]

　『월간 조선』 2017년 2월호 속에는 인생 말년에 들어선 최 원장의 생각을 잘 읽어낼 수 있는, 인터뷰 내용이 실려 있다. 다음은 그 중 일부를 인용한 것이다. 그는 먼저 "2016년 11월 말 페루에서 열린 아시아·태평양 경제협력체(APEC) 정상회의에 박근혜 대통령은 불참했고, 오바마 대통령은 70번의 기립박수를 받으며 임기를 마치는 모습을 보니 서글프다. 외교는 국가에 「공기」와도 같은 것인데 대한민국만 손을 놓고 있는 모습이 한탄스럽다"라고 하며 외교의 중요성을 강조했다. 최 원장을 이해하기 위해서는 「가톨릭」과 「일본」이라는 두 가지 키워드가 필요하다. 「가톨릭」이 그와 노기남 대주교, 장면 총리로 이어지는 연결고리 역할을 했다면, 「일본」은 자유당 때 일본으로

---

12) 서상문 블로그, http://blog.daum.net/suhbeing/728.

망명하면서 한국학 전문가가 되는 계기를 마련해 준 것이다.

노기남 주교의 주선으로 천주교 성직자로 변장한 그가 1950년대에 미군 군용기로 일본에 갔다. 그 후 그는 문부성 장관을 지낸 오타 고조(太田耕造) 아세아대 총장 등의 지원을 받아 「특별체류허가」를 얻어서 본격적인 한국학 연구에 돌입했다. 또한 그는 1969년 후쿠자와 유키치(福澤諭吉) 딸의 도움으로 한국연구원의 문을 열었다. 이를 계기로 하여 그는 1970년 10월 연세대와 게이오대를 연결하여 두 대학 간 자매결연을 하도록 주선하기도 했다. "일본인보다 한국을 더 모르는 게 부끄러웠다"던 그는 첫 일본 정착 5년간 일본 외무성 외교사료관에서 자료 속에 파묻혀 살았다고 한다. 최 원장은 당시를 "흥분의 시간들이었다. 지구상에서 나 혼자만 역사의 진실을 접하는 환희를 누렸다"고 회고했다. 1969년에는 일본 야스쿠니 신사에서 임진왜란 당시 함경도 지방의 의병 활약상을 기록한 「북관대첩비(北關大捷碑)」를 발견했다. 탁본된 북관대첩비는 의병장 최배천(崔配天) 장군의 후손인 최옥자 세종대 설립자의 주선으로 2002년 4월 강원도 강릉 최씨 사당인 황산사(篁山祠)에 모셔졌다.

최서면 원장은 해방 직후의 격동기에 좌우를 넘나들며 김구, 장면, 박정희, 김대중 등 당대의 정치적 지도자들과 교분을 가졌다. 일본에서는 기시 노부스케(岸信介)·오히라 마사요시(大平正芳)·후쿠다 다케오(福田赳夫) 전 총리 등과 시나 에쓰사부로(椎名悅三郎) 전 외상 같은 정치가들과 사귀었다. 그의 인맥관계는 박정희 정부는 김대중 씨가 일본에서 납치됐을 때, 또는 7·4남북공동성명을 사전에 알려주지 않아 한일관계가 악화됐을 때, 이를 무마하는데 도움을 주었다. 가나야마 마사히데(金山政英) 전 주한 일본 대사는 생전에 한일관계에서 그의 역할을 가리켜 "돌아서 갈 수 없는 길"이라고 했다. 최 원장을 통하지 않고는 한국과의 일이 성사되지 않는다는 것을 의미하는 말이다.

"한국 사람이 가장 듣기 싫어하는 말 중의 하나가 「친일파」라는 말이에요. 우리 사회는 친일파라는 용어를 과잉 해석하여 모든 한일 간 현안을 파행적으로 처리하고 있어요. 일본에 당연하게 해줘야 할 일을 해주려는 사람에게 야당에서 친일파라고 몰아세우면 움찔한단 말이에요"라고 말하며, 최 원장은 "김구 선생이 규정하는 친일파와 친일파 처리 방법을 오늘날 우리가 새겨야 한다"고 말했다. 어느 신문사 사장이 김구 선생에게 "선생님께서 빨리 친일파를 처단하지 않으셨기 때문에 나라가 이렇게 혼란하다"고 했다. 그때 김구 선생은 "일본이 바로 이웃에 사는데 친일파는 많을수록 좋다. 없다면 만들어야지. 내가 말한 것은 반민족적 친일파를 처단하라고 한 것이지, 언제 친일파를 처단하라고 했느냐. 내가 중국에서 왔다고 친중파만을 무조건 좋아하는 줄 아는 모양인데, 친중파도 아편장수 같은 반민족적 친중파는 처단해야 한다"고 했다고 말했다.

그는 "일본이 우리나라를 통치한 방식은 총독과 고급 관리를 일본인 자신들이 직접 맡는, 세계 식민지배 역사상 유례가 없는 직접 통치였다. 일제 협력자라고 모두 처벌해야 하는 대상은 아니다"고 했다. 예컨대 학병에 끌려간 사람은 규탄 대상이 아니라 위무(慰撫)의 대상이라는 것이다. 그는 탄허(呑虛) 스님이 작고하기 전에 "반민족적 친일파를 가릴 수 있는 철학적 기준은 과연 무엇이냐"는 물음을 제기했다고 한다. 이때 탄허 스님은 "장자(莊子)의 인생훈(人生訓)을 보고 배워야지"하시며 연필을 가지고 오셔서 인생훈 중 '불은 바깥에서 끄는 것보다 안에서 끄는 게 더 힘들다'는 말씀을 써주셨다고 한다. 밖에서 독립운동을 하기보다 국내에 거주하면서 항일운동하기가 더 어려웠다는 뜻이었다고 그는 해석했다.

최 원장은 근래의 한일관계에 대해서도 「외교」를 중시하는 견해를 밝혔다. "「위안부 합의」를 깰 경우, 1차적으로는 한일관계가 다시 냉각될 가능성이 높습니다. 상황 변경에 의한 재협상 요구는 '한국은 필요하면 골대를 옮기고 재협상을 요구한다'는 일본 우익의 논리를 한국 스스로 증명하는 꼴이 되고 말 것 같다. 위안부 합의는 일본이 100%를 해줄 수도, 한국이 100%를 받을 수도 없어요. 우여곡절 끝에 위안부 합의를 했으면 정부는 실천하려는 노력을 보여야 하고, 국민들은 만족스럽지 못한 부분이 있더라도 정부를 도와야 합니다. 합의 실천도 하기 전에 반대를 한다면 대명천지에 누가 우리를 믿어주나요? 외교만은 여야(與野)가 하나가 돼야지, 외교가 의심을 사면 국격(國格)이 의심을 당하고, 국격이 의심을 당하면 국가적 불행을 초래합니다."

최 원장은 오래전 일본 강연 도중 한일관계를 걱정하는 한 일본인으로부터 "다케시마(竹島) 문제를 어떻게 해결할 방법이 없겠느냐"는 질문을 받았다고 한다. 최 원장은 "다케시마는 일본 것 아니냐"고 했다. 예상외의 답변에 놀란 그 일본인은 "그럼, 왜 한국은 일본 영토라는 데 동의를 안 하냐"고 물었다. 그는 "우리는 독도를 우리 것이라고 했지, 언제 다케시마를 우리 것이라고 했느냐. 자기 마누라를 남에게 내 것이라고 이야기하는 사람을 보았느냐"고 이야기해 주었다고 했다. "당신들이 다케시마라고 하는 한 절대로 너희 것이 될 수 없다. 독도를 인정하고 한국과 싸워야지, 다케시마는 너희 마음대로 가

박정희 대통령과 최서면 원장

출처: 월간조선 2017년 2월호

져가라"고 말했다고 한다.

과거사 문제와 관련하여, 한일 양국이 사사건건 끝없는 평행선을 달리는 근본적 이유는 무엇인가라고 하는 질문에 대해서 최 원장은 다음과 같이 대답했다. "일본 사람들은 한국인들에게 사과한 횟수를 외고 있고, 한국인들은 사과를 부정한 것을 기억하고 있다. 사람은 사과한 것은 잊기 쉬우나, 사과를 취소당한 것은 잊지 못한다. 일본 사람은 도대체 사과를 몇 번이나 해야 새로운 출발점에 설 수 있느냐고 항변하지만, 한국인들은 일본 천황이나 총리가 사과를 한 직후 정치가들이 이를 번복하는 망언을 한 것을 또렷이 기억하고 있다"그래서 천황이나 총리대신이 사과를 하면 밑에 있는 장관들은 일절 입을 담으라고 했다. 그러면 단번에 과거사 문제를 해결할 수 있다.

소녀상 문제와 관련하여, "한국의 시민단체는 일본의 성의 없는 사과에 항의해 부산 일본영사관 앞에 소녀상을 설치했다지만, 국제사회는 「상대국 공관의 안녕과 품위를 지킬 책무」를 규정한 빈 조약 22조와 상치되는 이 같은 조형물 설치에 비판적이다. 굳이 일본이 알레르기 반응을 일으키는 소녀상을 대사관이나 총영사관 앞에 설치할 이유가 있었을까. "한국정부도 일본 공관 앞의 소녀상 추가 설치를 방치해 일본의 여론을 자극하는 우를 범해서는 안 된다고 봐요. 일본 시마네현 의회가 선포한 '다케시마의 날(2월 22일)'에 주일 한국대사관 근처의 아자부주반(麻布十番) 숙소에서 시위대가 지나는 것을 보고 한국대사관에 가보았습니다. 한국 주일대사관 앞과 어떻게 다른가 보려고요. 일본 경찰이 한국대사관 앞 접근도로를 모두 막고 시위대를 차단하더군요. 서울의 주일대사관 앞에 소녀상을 설치하고 대사관 집무실 코앞에서 시위해 업무를 방해해도 방치하는 우리와는 대조적이었어요."

최서면 원장은 1988년 한국에 귀국하여 역삼동에 국제한국연구원을 설립하고 일본과 한국을 오가며 『안중근 평전』과 회고록 집필에 전념하고 있다.

_5_

이종욱 WHO 사무총장과 레이코 여사

2017년 9월 2일 일가재단은 제27회 일가상을 WTO사무총장을 역임한 고 이종욱 박사의 부인 레이코 리(李玲子) 여사(당시 73세)에게 수여했다. 일가상은 가나안농군학교를 세운 일가(一家) 김용기 장로의 정신을 계승하기 위해 1991년에 제정한 국제적인 상이다. 농업과 사회공익 부문으로 나누어 인류와 사회의 발전에 공헌한 한국인과 외국인에게 시상하고 있다. 사회공익 부문 수상자인 레이코 여사는 2002년부터 페루의 수도 리마(Lima) 인근의 빈민촌에서 폭력피해 여성 보호와 문맹해소 사업을 펼쳐 소외계층의 삶과 생활을 변화시킨 것으로 인정받았다.[13]

이종욱 WHO 사무총장

과학기술정보통신부는 2018년도 과학기술유공자 심사에서 고 이종욱 전 세계보건기구(WHO) 사무총장 등 16인을 추가로 선정했다고 2019년 1월 24일 밝혔다. 네이버 지식백과에 의하면, 고 이종욱 사무총장은 1945년 서울에서 출생하여 덕수초등학교와 경복중학교를 졸업했다. 1963년 경복고등학교를 졸업하고 대입에서 의대를 지망했으나 낙방하여 군에 입대했다. 제대 후 서울대학교 공과대학을 입학

---

13) 기독신문, 2017년 8월 7일.

하여 졸업한 후 1970년에 서울대학교 의과대학에 진학하고 1976년에 졸업했다. 서울대학교 의과대학 재학 중에 경기도 안양의 성 라자로 마을에서 한센병 환자들을 돌보았으며, 1976년 이곳에서 한국 한센병 환자들을 간호하던 일본인 여성 가부라키 레이코(鏑木玲子)를 만나 그 해 12월 18일에 결혼식을 올렸다. 결혼식은 명동성당에서 노기남 대주교의 주례로 진행되었다.

서울대 졸업 후 이종욱 씨는 춘천의료원에서 근무하다 사직하고 1979년 미국 하와이 대학교 보건대학원으로 유학을 떠났으며 1981년 하와이대학교 보건대학원을 졸업한 후 남태평양 사모아의 존슨 의료원 (Johnson Tropical Medical Center)에서 의사로 근무했다. 여기에서 남태평양 원양어업 전진기지에 진출한 200여 척의 원양어선 한국인 선원 2천여 명과 교민들을 위한 의료봉사를 진행했으며, 일본 센다이의 국제학술대회에서 「한센병 잠복기 발견을 위한 연구」를 발표하고 국제 한센병 저널에 이름을 올리며 국제적으로 인정받게 되었다. 한센병 전문가로 알려지자 WHO에서 서태평양지역 사무처 한센병 자문관으로 일해 달라는 요청을 받고 1983년부터 피지에서 활동했다.

1991년 서태평양 지역사무처 질병예방 및 관리국장으로 임명되어 필리핀의 한센병 환자들을 돌보았으며, 1994년 WHO 본부 예방백신 국장을 맡아 스위스 제네바에서 근무했다. 스위스 근무 당시 "우리의 미래이고 희망인 아이들에게 목숨을 잃거나 다리가 마비되는 고통을 줄 수 없다"라고 하며, 「소아마비와의 전쟁」을 선포했고, 1년 후인 1995년 소아마비 발생률을 세계인구 1만 명 당 1명 이하로 낮춰 미국 과학잡지 『사이언티픽 아메리칸(Scientific American)』으로

부터 「백신의 황제」라는 칭호를 받기도 했다. 1999년 9월에는 브룬 틀란(Brundtland) WHO 사무총장의 특별보좌관으로 지명되었으며, 2000년 12월 결핵국장에 임명되어 국제의약품기구를 설립해 북한에 6만 명 분의 결핵약을 공급하고 22개국의 결핵 고 위험국을 대상으로 결핵퇴치사업을 추진했다.

2003년 제6대 WHO 사무총장으로 선출되었으며, 한국인 최초의 UN 전문기구 수장이 되었다. 그 해 7월에 취임하면서 그는 2005년 까지 세계 300만 명의 에이즈 환자에게 항 에이즈 바이러스 치료제를 보급하겠다고 공약하고 「3 by 5 사업」을 추진했다. 2004년에는 조류 인플루엔자 확산방지와 소아마비 · 결핵 퇴치 · 흡연규제 등으로 미 국 시사주간지 타임지에서 선정한 「세계에서 가장 영향력 있는 100 인」에 올랐다. 2005년 12월 에이즈의 날에는 100만 명의 에이즈 환 자에게 치료제를 공급했다는 결과를 발표하기도 했다. WHO 사무총 장으로 재임한 3년 동안 60여 개 국가를 방문해 미국, 프랑스, 러시 아 정상에게 의료펀드 확대를 호소했다. 2006년 5월 22일 WHO 총 회 준비 중 지주막하출혈로 쓰러져 사망했으며, 5월 24일 스위스 제 네바 노트르담 성당에서 WHO 장(葬)으로 장례식이 치러졌다. 유해 는 대전 국립현충원에 안장되었다.

한국 정부는 주요 국제기구 수장으로서 3년간 세계보건증진을 위 한 혁혁한 업적을 쌓아 국위를 선양한 공적을 기려 2006년 5월 대 한민국 국민훈장 가운데 최고등급인 무궁화장을 추서했다. 이밖에 2002년 4월 보건복지부 국민훈장 모란장, 2003년 12월 한국언론인 연합회 제3회 자랑스런 한국인대상(국제봉사부문), 2004년 10월 대 한적십자사 적십자 인도장 금장, 2005년 2월 미국 하와이대학교 자랑스런 동문, 2005년 10월 서울대학교 제15회 자랑스러운 서울대인, 2006년 11월 파라다이스상(특별공로 부문), 2008년 11월 대한의사협회 · 한미약품 제1회 한 · 미 자랑스런 의사상 등을 수상했다. 그리고 서울대학교는 2011년 명예 의학박사 학위를 수여했다.[14]

사후에도 그는 한국인에게 존경을 받고 있다. 한국의 과학기술정보통신부는 지난 2017년 과학기술 발전에 뛰어난 공헌을 한 과학기술인 32인을 초대 과학기술유공자로 지정한데 이어 2018년도 과학기술유공자 심사에서 16인을 추가로 선정했다고 밝혔다. 과학기술유공자 제도는 일반 국민이 존경할 만한 우수한 업적이 있는 과학기술인을 과학기술유공자로 지정해 명예와 긍지를 높이고 과학기술인이 존중받는 사회문화를 조성하는 것을 목적으로 제정됐다. 2018년도 과학기술유공자는 분야별로 자연 5인, 생명 4인, 융복합 2인 등이다. 이 가운데 융복합 분야에서는 백신 개발로 소아마비 발생률을 획기적으로 낮춘 고 이종욱 WHO 사무총장과 「한국의 슈바이처」 고 장기려 고신대 복음병원 명예원장이 각각 선정되었다.[15]

이종욱 씨 부인 레이코 여사

2017년 레이코 여사가 페루에서 봉사활동을 하고 있는 것이 알려지면서 한국과 일본에 널리 소개되는 일이 있었다. 「무헤레스 우니다스(Mujeres Unidas)」. 페루 수도 리마 북쪽의 가난한 마을 카라바이요(Caraballo)에 있는 뜨개질 공방의 이름이다. 우리말로는 「여성 연

---

14) 네이버 지식백과
15) 라포르시안, 2019년 1월 24일.

이종욱 WHO 사무총장과 레이코 여사

출처: 사야랑일본어, https://cafe.naver.com/sayalang/5430

대」라는 뜻의 이곳에서 여성 11명이 옹기종기 모여 뜨개질을 한다. 이 여성들이 알파카 털로 만든 머플러와 모자 스웨터, 판초는 세계 곳곳으로 팔려 나간다. 레이코 여사는 이곳에서 15년째 여성들에게 뜨개질을 가르치며 자활을 돕는다. 재료인 알파카 털을 구입하고 세계 곳곳에 판로를 만드는 일도 그의 몫이다. 그곳 여성들은 그녀를 가리켜 「카라바이요의 천사」라고 부른다.

레이코 여사가 일흔이 넘은 나이에도 봉사에 헌신하는 삶을 사는데는 그의 남편 고 이종욱 전 세계보건기구(WHO) 사무총장의 영향이 크다. 이 총장은 2003년 7월 한국인으로는 최초로 국제기구의 수장으로 선출돼 지구촌 질병전쟁을 진두지휘했다. 레이코 여사가 남편을 만난 건 1976년 안양시 나자로마을에서다. 1972년 대학 석사과정(영문학)을 마치고 한국에 온 그는 나자로마을에서 한센병 환자를 도우며 봉사했다. 어려운 사람을 도와야겠다는 생각에 일본의 고

아원에서 일하다가 건너온 것이다. 당시 '한국에 가면 내 딸이 아니다'라는 만류하는 아버지를 뿌리치고 택한 한국행이었다. 레이코 씨는 "나자로마을 소식을 접하고는 꼭 가야한다고 생각했다"고 하면서 "처음 도착한 한국은 정말 몹시 추웠다"고 회고했다. 그곳에서 서울대 공대를 나온 뒤 다시 서울대 의대에 진학한 후 봉사하던 이 총장을 만났다. 레이코 씨는 "이런 곳에서 봉사하는 의대생도 있구나 하고 생각했다"고 회고했다. 두 사람은 그 해 겨울 부부의 연을 맺었다.

결혼 후에는 한국과 일본을 오가야하는 불편을 겪기도 했다. "한국에서 배우자 비자를 내주지 않아 남편, 어린 아들과 떨어져 지내야 하는 게 힘들었어요." 힘이 드는 건 이 총장도 마찬가지였다. 미국 유학은 이렇게 자의 반, 타의 반으로 결정된 것이었다. 하와이로 유학을 결정하면서 두 사람은 본격적인 해외생활을 시작했다. 하와이대에서 보건학 박사를 받은 이 총장은 결핵과 한센병 전문의로 두각을 나타냈다. 이후 1983년 WHO 서태평양 지역사무처 한센병 자문관을 맡게 되면서 WHO와의 인연을 이어갔다. 레이코 여사는 살림을 하면서도 틈틈이 봉사활동을 희망했다. 어릴 적 수녀가 되려고 교육을 받았고 이후 일본과 한국에서 봉사를 해왔다. 그러다가 다시 봉사활동을 시작한 것이 지난 2002년이었다. 당시 WHO 사무총장으로 활동하던 이 총장은 바쁘게 다녔고 스위스 제네바 집에는 레이코 여사 혼자 있는 시간이 많았다.

"제네바에서 불어를 배우고 불문학 공부를 했지만 눈이 나빠 오랫동안 책을 보기가 힘들었어요. 혼자 있는 시간도 힘이 들고 책도 보지 못하는 상황이 이어지면서 이렇게 해선 도저히 못살겠다 싶었죠. 아프리카에 가서 어려운 이들을 돕고 싶다는 생각이었어요. 남편에게 내 생각을 전하니 처음에는 믿지 않았던 것 같아요. 위험하다고 만류하더라고요. 하지만 제가 계속 밀어붙이니 여기저기 알아보면서 결국 페루를 추천해주더군요. 평소 친분이 있던 김용 세계은행 총재가 추천해준 곳이라고요." 그녀는 스스로를 가리켜 "한번 마음먹으면 꼭 해야 되는 성격"이라며 동생조차 "하고 싶은 것만 하고 남의 생각은 안하는 누나라고 불평할 정도라고 한다"며 유쾌하게 웃었다.

레이코 여사는 2002년 남편이 있는 제네바를 떠나 페루 리마로 향했다. 그곳에서 결핵환자를 지원하는 비정부 의료지원단체 소시엔살루(Socios en Salud)에서 봉사활동을 시작했다. 처음에는 현지 여성들에게 영어를 가르쳤다. 간단한 영어단어조차 알지 못하는 이들이 많았고, 수업 중에 걸려오는 전화들로 수강생들이 수업에 빠지는 일도 다반사였다. "이들에게 필요한 건 영어교육이 아니라"는 판단에 눈을 돌린 게 뜨개질이었다. 당시 소시엔살루에서 여성들에게 클레이 장식과 양초 만드는 방법을 가르쳐 판매하고 있었는데 수익이 나지 않았다. "클레이 장식과 양초는 너무 흔하고 무거워서 물건이 필요해서가 아니라 여성들이 불쌍해 조금씩 사는 게 전부였어요. 그러니 수익이 나기 힘들었고요. 그래서 뜨개질과 수놓는 법을 가르쳐 머플러와 스웨터를 만들어 팔자고 생각한 거죠." 이들이 만든 제품은 페루 국외로 수출됐다. 첫 해에는 1인당 10달러도 채 벌지 못했지만 매년 조금씩 매출액이 늘고 있다. 재료비를 제외한 판매 수익금은 생산한 제품의 양과 질에 따라 분배된다. 여성들은 이 돈으로 아이들 학비와 생활비에 보태고 있다.

페루에는 혼인신고를 하지 않고 사는 부부들이 많다. 남편이 바람이 나고 딴 살림을 차려도 법으로 어찌해볼 수 없는 경우가 많다고 했다. 여성 홀로 자녀를 키우며 사는 가구도 상당한데 이들은 제대로 된 일자리를 얻지 못해 대부분 빈곤하다. 레이코 여사는 "여성들이 아이들과 조금 더 나은 삶을 살 수 있도록 보탬이 되주고 싶어 공방을 시작했다"고 말했다. 시행착오도 많았다. 초기에는 평범한 실과 옷감을 사서 머플러를 짜고 수를 놓았지만 별다른 수익을 얻기 힘들었다. 그 뒤 페루 특산물인 알파카 털실을 접하고는 시도했지만 처음부터 좋은 제품을 만들어내긴 어려웠다.

"일반 실보다 비싼 알파카 털실은 다루기가 쉽지 않았어요. 완성된 제품도 까끌까끌해 목에 두르기 어렵더라고요. 차차 알파카에 대해 공부하면서 익숙해지면서 제품의 질도 좋아졌죠." 제품을 어렵사리 완성했지만 그 뒤가 더 문제였다. 많은 제품을 판매할 판로가 마땅치 않았기 때문이다. 하지만 제품의 질이 좋아지면서 매출도 늘기 시작했다. 현지에서 만든 물품이 제네바 WHO 본부의 바자, 일본 여자대학 축제, 미국 하버드대 NGO 사무실을 통해 판매했다. 그러자 1인당 10달러도 채 안되던 매출액이 다음해 150만원, 200만원으로 점차 늘었다. 100% 알파카 머플러 제품이 특히 인기다. 한국에서도 입소문을 타고 조금씩 찾는 이들이 생겨났다. 하지만 아직까지 지속적인 판로를 확보하지 못해 알음알음으로만 판매되고 있다.

앞으로 레이코 씨에게는 두 가지 꿈이 있다고 했다. 하나는 젊은 사람들이 좋은 직장을 갖고 가난에서 벗어날 수 있도록 공부를 지원해주는 것, 또 하나는 카라바이요의 여성들 뿐 아니라 자녀들과 가족들이 아플 때 충분히 치료받을 수 있도록 하는 것. 그렇기에 그에게 지속가능한 판로 마련은 절실하다고 했다. 다행히 사단법인 국제한인간호재단이 코이카(KOICA) 민관협력사업으로 공장이 있는 카라바이요 지역의 가족과 청소년을 위한 건강가족자활센터 프로젝트를 진행하고 있다. 이 사업과 함께 「레이코 후원회」도 모집하는 등 지속적인 판로 확보와 지원 확대에 희망이 커지고 있다.[16]

---

16) 여성신문, 2017년 9월 6일.

_5_
요코하마 방정옥, 히라마 마사코

    2017년 12월 5일 국가인권위원회는 요코하마(橫浜)의 지역노동조합 가나가와(神奈川) 시티유니온에서 집행위원으로 일하는 방정옥 할머니를 「2017 대한민국 인권상」 수상자로 선정했다. 14명의 인권상 수상자 중 유일한 외국 국적자다. 방정옥 할머니는 1937년에 제주도에서 태어나 천주교 세례명으로 「마리아」를 받았다. 뱃사람이던 일본인 남편과의 인연으로 1962년에 일본에 건너갔고, 1975년 자녀 교육 문제를 주된 이유로 하여 일본 국적으로 귀화했다. 요코하마에서 건설 현장 일용직이나 항만 노동 같은 막노동을 전전하던 한국인 노동자들을 위해 헌신해 온 히라마 마사코(平間正子) 할머니이다. 그녀는 1989년부터 28년간 의료보험 적용을 받지 못하는 한국인 노동자들의 병원 치료를 돕고, 체불 임금과 산업 재해 보상금을 받아주며 생활 통역까지 해왔다. 한국 노동자들은 그녀를 「마리아」 엄마라고 부르고 있다.

    방정옥 할머니는 자신이 행한 일에 대해 상 받을 만한 일이 아니라고 했다. "지하터널 공사장에서 일하다가 철근이 떨어져 어깨부터 다리까지 관통당한 사람을 봤다. 그런 사람을 어떻게 돕지 않을 수 있겠느냐"고 되물었다. 그녀는 다쳐서 병원에 갈 때, 말이 안 통해 생활의 어려움을 겪을 때 늘 손발이 돼 주었다. 당시 막노동을 하던 한국인 이주 노동자들이 다치는 일은 빈번했다. 그러나 불법 체류자 신분이어서 하소연할 곳도 제대로 치료받을 곳도 없었다. 요코하마에서

방정옥, 平間正子, 마리아 어머니

출처: https://search.yahoo.co.jp/image/search

한국인 이주 노동자로 1991년부터 살아온 한우석 씨는 방 할머니로 부터 도움 받은 일을 생생히 기억했다. 그는 이주 노동자 사이에선 "아플 땐 「마리아」님을 찾아가라"는 말이 있을 정도로 그분은 우리에게 성모 마리아와 마찬가지라고 했다. 한 씨는 2007년 일본에서 하수도 공사 중 왼쪽 다리뼈에 금이 가는 부상을 입었다. 회사는 산재 처리를 거부했다. 하지만 방 할머니의 노력으로 한 씨는 2년 만에 56만 엔의 보상금을 받아냈다.

불법 체류로 의료보험 혜택을 받을 수 없는 이주 노동자들은 다쳐도 병원에 못 갔다. 크게 다치면 귀국하는 경우도 있었다. 방 할머니는 개인적으로 돕는 것에는 한계가 있다고 생각했다. 그의 고민은 1991년 결실을 맺었다. 지역 민간병원인 미나토마치(港町) 진료소와 연계하여 일본 최초로 이주 노동자를 위한 민간 의료보험인 「건강호조회」를 만들었다. 따라서 이주 노동자들도 매월 의료보험금 정도의 금액만 내면 이 진료소에서 치료를 받을 수 있게 됐다. 당시 「건강호

조회」 대표를 맡았던 방 할머니는 "미나토마치 진료소장 선생님 덕분에 할 수 있었던 일"이라며 "병원에 찾아오는 이주 노동자가 너무 많아 반년 만에 병원 적자가 2000만 엔에 달했다"고 말했다. 그를 인권상 후보로 추천한 NGO 단체 「아시아인권문화연대」 관계자는 "당시 일본은 미등록 이주 노동자들에게 산재 보험이나 장애연금을 인정하는 전례가 없었다. 통역을 해주고 전문가를 불러 문제를 해결해주는 방 할머니의 노력 덕분에 이런 잘못된 관행들이 깨지기 시작했다"고 했다.

1994년 일본에서 그의 일대기를 담은 책, 『한국계 일본인: 마리아 엄마의 궤적을 쫓아 (韓国系日本人: マリア・オンマの軌跡を追って)』가 출간되기도 했다. 주부로 살며 아들 넷을 키우던 그녀가 인권 활동가로 나서게 된 건 52세 이후다. 방정옥 씨는 "한국 수미다전기 (隅田電機) 해고 노동자들을 도우면서 인생이 달라졌다"고 회고했다. 1989년 일본 기업 수미다 전기가 한국 지사인 한국 수미다전기에 팩스 한 장을 보내 450여 명의 직원을 하루 만에 해고해 버린 사건이다. 당시 직원 대표로 4명의 한국인 여성 노동자들이 도쿄 본사로 찾아와 8개월간 원정 농성을 벌였다. 이들 곁엔 늘 방정옥 씨가 있었다. 다니던 가톨릭교회 신부의 소개로 이들을 돕게 된 그녀는 "잠들어 있던 일본 노동조합들도 큰 충격을 받아 깨어났던 의미 있는 시간이었다. 잘 싸워준 아가씨들 덕분에 저도 사회적 문제에 관심을 갖게 되었다"고 했다. 이들은 결국 사측으로부터 체불 임금과 퇴직금을 받아내는 등 극적인 타결을 이끌어냈다.[17]

---

17) 조선일보, 2017년 12월 7일.

김대중-오부치 공동선언 20주년

2018년 10월 1일 오후 서울에서 김대중-오부치 공동선언 20주년과 동아시아 미래비전 기념식이 열렸다. 이낙연 총리는 다음과 같은 말로 특별 만찬사를 시작했다. "저는 평소부터 김대중 대통령의 균형과 결단, 그리고 오부치 게이조 총리의 배려와 결단, 이 두 가지의 덕목이 상승효과를 내서 최량의 양국 관계를 만들었다고 생각한다." 1994년 경 김대중 대통령이 정계를 은퇴하시고 영국에 유학 갔다가 돌아 온 직후에 「아태평화재단」을 만든 시기이다. 그 때 이 총리는 동아일보 기자였는데, 김대중 선생으로부터 와달라는 전화를 받고 동교동 자택에 갔더니 내셔널프레스센터에서 연설할 원고를 고쳐달라고 했다. "흔히들 한일관계를 말할 적에 한국은 과거에 너무 집착하고 일본이 늘 미래지향을 말하는 것으로 되어있는데 이것을 바꿔서 하면 어떨까?" 바로 그런 생각이 그 분의 고민 속에 있었고 그것이 1998년 아마도 일본 의회에서 했던 명연설로 남게 되었고, 또한 그런 생각이 오부치 총리와 함께 했던 파트너십 공동 선언에 반영이 되어 있다. 과거에 대한 제대로 된 반성과 미래지향적인 의지와 같은 것이었다.

이 총리는 만찬사를 이어갔다. "오부치 게이조 총리에 대해서는 배려와 결단의 덕목이라고 생각한다. 그의 총리 재임기간은 그리 길지 않았는데, 그 기간에 그는 야스쿠니 신사에 한 번도 참배하지 않았다. 그리고 그 당시에 있었던 이른바 근린조항, 역사를 기술할 때 이웃나라를 배려해야 한다고 하는 근린조항을 가장 정확히 지킨 정권이 바로 오부치 정권이었다. 그 후로는 일본 내에서 「전후가 끝났다」라는 말이 떠돌고 근린조항이 흐지부지 되었으며 야스쿠니 참배가 그다지 신중하지 않아도 되는 문제인 것처럼 그렇게 변질되어 갔다. 오부치 총리에게는 그러한 배려의 결단이 있었기 때문에 최강의 한일관계를 만들 수 있었다고 생각한다."

"그 당시에 파트너십 공동선언이나 일본 의회 연설 못지않게 중요한 몇 가지의 역사를 시작했다. 한중일 정상회의의 정례화가 그때 시작되었고 한일지사협의회가 그 때 처음으로 발족했다. 지방자치 풀뿌리 차원에까지 교류와 협력을 확산하자는 것이 그 때 처음으로 이루어졌다. 그 때 일본의 지사협회 회장이 사이타마현(埼玉縣) 지사였던 쓰치야 요시히코(土屋義彦) 전 참의원 의장이었다. 그 분이 서울에 와서 대통령을 예방했을 때 한일지사협의회를 만들겠다고 제안을 했고 김대중 대통령께서 즉석에서 그걸 수락을 해서 지사협의회가 그 때 만들어진 것이다. 그리고 한일양국 간에 그런 좋은 관계가 이어져서 2002년 월드컵 공동개최를 참으로 감동적으로 이뤄냈다. 또한 일본 대중문화에 한국 시장을 열어주기로 한 것이 그 결과로 오히려 한류를 싹트게 했다."[18]

한편 2018년 10월 9일에는 김대중-오부치 공동선언 20주년 기념 심포지엄이 열렸다. 이 자리에 참석한 아베 총리는 예상대로 파트너십 선언에 담긴 「과거 직시」의 정신보다 「미래 지향적 관계 구축」에 치중한 인사말을 내놓았다. 그는 심포지엄 인사말에서 "일-한 양국

---

18) 뉴시스, 2018년 10월 1일.

1998년 김대중-오부치 공동선언

출처: 한겨레신문, 2018년 7월 26일

은 이웃 국가이기에 여러 어려운 과제가 있다. 파트너십 선언이 발표
됐을 때 나는 젊은 의원으로 정권에 압력을 가하는 쪽이었다. 하지만
이런 여론과 압력을 극복하고 최고 지도자들이 결단했기 때문에 양
국 관계가 미래지향적이 되었고 전진할 수 있었다"고 말했다. 또한
그는 "일-한 양국 젊은이들의 상호 교류를 통해서 미래 지향적 관계
를 구축하고 싶다. 일-한 관계의 발전을 위해서 문재인 대통령과 함
께 노력하고 싶다"고 했다.

　파트너십 선언은 1998년 10월 8일 김대중 대통령과 오부치 게이
조 총리가 발표한 선언이다. 이 선언에서 오부치 총리는 1995년 8월
무라야마 담화의 정신을 이어받아 "일본의 식민지 지배로 한국 국민
에게 다대한 손해와 고통을 안겨주었다는 역사적 사실을 받아들이며
사죄"했고, 김대중 대통령은 일본이 "평화헌법 아래 전수방위 및 비

핵 3원칙 등을 통해 국제사회의 평화와 번영을 위해 수행해온 역할"을 높이 평가했다. 파트너십 선언이 가능했던 두 축은 일본의 겸허한 「역사 인식」과 전후 일본의 부흥을 이끈 「평화헌법」이었던 셈이다. 파트너십 선언엔 양국 간 문화 교류에 관한 내용도 담겨 있다. 이후 영화 「러브레터」 등 일본 대중문화가 한국에 개방되기 시작했고, 한국 대중문화도 일본에 진출하여 2000년대 화려한 「한류」의 꽃을 피울 수 있었다.

그러나 아베 총리는 2015년 8월 「아베 담화」에서 일본이 더 이상 과거사와 관련해 사죄하지 않겠다고 밝혔고, 평화헌법의 개정까지 추진하고 있다. 이렇게 하여 파트너십 선언의 두 축이 무너졌다. 1998년 당시 외무상이었던 고무라 마사히코(高村正彦) 자민당 전 부총재도 「역사 직시」에 눈을 감은 채 협력 강화만을 강조했다. 그는 이날 기조연설에서 "과거는 바꿀 수 없지만 미래는 바꿀 수 있다. 과거 문제가 과도하게 초점이 되어서는 안 된다"고 말했다. 고무라 전 부총재는 이어 일본 정부가 이전엔 "특정 국가에 대해서 문서로 사과한 전례가 없었다. 당시 일본 내에서 반대 여론이 강했지만 오부치 총리가 문서로 사죄한다는 결단을 내렸다. 김대중 대통령은 파트너십 선언 작성 과정 때 '한번이라도 일본이 (식민지 지배를) 문서로 사과하라. 사과하면 그 이후로 과거사를 거론하지 않겠다'는 의향을 나타냈다"고 강조했다. 또한 "파트너십 선언 당일 김대중 대통령이 (오부치 총리에게) 앞으로 한국 정부는 과거 역사 문제에 대해서 건드리지 않겠다. 언론의 자유는 있지만, 한국 정부와 여당 안에서 (일어나는 일은) 내가 책임지겠다고 발언했다"고 주장하기도 했다.

2018년 10월 12일 심포지엄에서 이수훈 주일 한국대사는 "김대

2018 김대중-오부치 공동선언 기념 도쿄 심포지엄

출처: 경향신문, 2018년 10월 12일

중-오부치 공동선언으로 한-일 양국은 과거를 직시하며 미래를 향해 함께 나가는 전기를 마련했다. 양국은 가장 가까운 이웃 관계로서 어려운 문제가 발생하는 것은 불가피하다. 하지만 지혜롭게 관리해 나가며 관계를 발전시킬 필요가 있다"고 말했다. 그러나 오늘날 시점에서 볼 때 한일관계의 전망은 암담하기만 하다. 김대중-오부치 공동선언 20주년을 맞는 시점에, 문재인 대통령은 「일본군 위안부」 문제에 대한 2015년 12월 28일 외교적 합의의 결과물인 「화해·치유재단」에 대해 이를 해산하기로 했다.[19]

---

19) 한겨레신문, 2018년 10월 9일.

Ⅳ. 일본의 변방, 재일한국인과 재조일본인

_1_
재일한인의 인구 현황

 2018년 7월 30일 고려대 한인 디아스포라 중앙허브사업단이 주최한 학술세미나에서 필자는 「재일한인 사회의 현황과 정책적 과제」라는 주제로 발표했다. 해당 학술세미나는 고려대 아세아연구원에서 열렸다. 이하의 글은 그 때의 발표문 가운데 일부를 평론집 체제에 맞게 편집한 것이다. 특히 재일한인 사회의 인구 현황을 이해할 수 있는 자료에 집중하여 발표문을 재정리하고자 한다. 필자의 발표문 전체는 2018년 11월 30일 발행된 『재외동포 사회의 현황과 정책과제』(윤인진 엮음, 북코리아, 2018년) 제3장에 수록되어 있다.

 재일한인에 관한 연구에 있어서 언제나 "재일한인이 과연 누구인가"라고 하는 근본적인 물음에 봉착하지 않을 수 없다. 필자는 제주대학교 재일제주인센터 편, 『재일한국인 연구의 동향과 과제』(재일제주인센터, 2014년) 173 페이지에 소개한 바와 같이, 개념상 재일한인이란 스스로가 한반도 「국가(state)」 혹은 「국가체(statehood)」의 구성원이라고 인식하는 사람들의 일본 내 커뮤니티라고 말해 오고 있다. 다만 이와 같이 주관적인 정체성 인식에 따라 재일한인의 존재를 파악할 경우, 개개인의 정체성은 유동적이며 복합적인 성격을 가지게 되며, 따라서 전체적인 재일한인의 범위에서 인구 현황을 정확하게 파악해 내기란 불가능하게 된다. 이러한 한계에 따라 비록 개념상 재일한인의 통계라고 명확히 말할 수는 없지만, 편의상 한국과 일본의 정부측 통계를 빌어 국적을 통하여 그들의 인구 현황을 파악하는 수밖에는 없다.

　재일한인은 한반도로부터 경제적 학문적 목적을 위해 일본 열도로 건너갔다가 거기서 오래 동안 거주하게 된 한반도 출신자와 그의 자손들이다. 이들은 한편으로 한반도의 「국가」 혹은 「국가체」에 뿌리를 내리고 있으면서도 다른 한편에서 오늘날 일본의 「국가」 혹은 「국가체」에 정치적으로 대응하고 있다. 이에 따라 한반도와 일본에 대한 정치적인 대응 양상을 보며 이들의 민족적 정체성을 다양하게 해석할 수 있다. 이러한 재일한인이 한국(북한)이나 일본에 대해 취하고 있는 대응 양상을 굳이 일반화하자면, 민족(재일한인)과 국가(체)간의 정치적 대응 양상으로 나타낼 수 있지 않을까 한다.

민족과 국가(체)와의 정치적 대응 양상

민족 → 국가			대응구분	충성 (Loyalty)	이의제기 (Vioce)		절연 (Exit)
			국토전제	Y	Y	N	N
			체제전제	Y	N	Y	N
국가→민족				①	②	③	④
대응구분	통치대상	국민대우	민족측 대응 / 국가측 대응	구심적 대응 통합주의	개혁적 대응 반체제주의	원심적 대응 자치주의	탈피적 대응 분리주의
포섭 (Inclusion)	Y	Y	Ⓐ 포섭정책 국민형성	포용적 국민 통합	혁명적 국민 통합	분리자치 실현	이탈운동 / 국민화설득
차별 (Discrimination)	Y	N	Ⓑ 식민정책 차별대우	국민대우요구 / 단속감독	혁명요구 / 단속감독	자치운동 / 단속감독	이탈운동 / 단속감독
	N	Y	Ⓒ 동포정책 재외국민	편입적 국민 통합	혁명요구 / 재외국민관리	재외국민향유 / 재외국민관리	재외국민이탈
배제 (Exclusion)	N	N	Ⓓ 단절정책 보호기피	국민대우요구 / 무관심국외추방	혁명요구 / 무관심국외추방	체제옹호 / 무관심국외추방	분열적 국민재편

윤인진 엮음, 『재외동포사회의 현황과 과제』, 2018년, p. 131.

일반적으로 어느 커뮤니티가 집단적인 정체성을 갖게 되는 데에는 한편으로 집단 내부의 필요성에 의해 능동적으로 혹은 적극적으로 「만들어가는」측면이 있는가 하면, 또 다른 한편으로는 집단 외부의 다른 집단에 의해 수동적으로 혹은 소극적으로 「만들어지는」측면이 있다. 재일한인사회에 있어서도 두 가지 측면이 아우러져 집단적 정체성의 변화를 가져왔는데, 재일한인 개인의 의견이나 감정으로는 다양하게 정당화 될 수 있겠지만, 필자는 재일한인사회의 집단적 정체성에서 「만들어지는」측면이 훨씬 더 강했다고 보고 있다. 그것은 통사적으로 재일한인사회가 일본사회의 민족적 차별에 노출되어 있으며 그로부터 탈피할 수 있는 주도권을 갖기 어려운 소수 집단이기 때문이기도 했으며, 이와 함께 한반도 사회로부터 지속적으로 소외와 외면을 당하면서도 한반도 사회에는 쉽사리 융합되기 어려운 생활조건을 가지고 있었기 때문이다.[1]

재일한인의 역사에서 민족의식의 원천이 되었던 일본사회로부터의 차별이 여전히 남아있는 가운데, 근래에 들어 새로운 세대의 재일한인들의 정체성으로서 정보의 세계화 추세에 따라 「탈 국민국가」적 인식을 강조하거나, 더욱 더 나아가 정치적 귀속의식을 부정하는 「디아스포라」인식을 강조하는 연구 등이 유행처럼 널리 나타나고 있다. 그와 더불어 일본사회로부터의 민족차별이 과거에 비해 완화되었다고 하는 현실 인식을 바탕으로 하여, 오늘날 일본사회와의 「적극적인 공생」을 주장하는 움직임도 활발하게 나타나고 있다.

이런 상황에서 비록 한계는 있지만 재일한인의 인구 현황에 관한 통

---

1) 최영호, 「재일교포사회의 형성과 민족 정체성의 변화의 역사」『한국사연구』140 집, 2008년 3월, pp. 67-68.

계로 한국의 외교부 통계와 일본의 법무성 통계를 꼽을 수 있다. 다음 표는 한국 외교부가 파악하고 있는 재일동포 숫자이다. 오늘날 외교부는 외국에 거주 또는 체류하는 재외동포 및 재외국민의 현황을 격년으로 발표하고 있다. 이 자료는 2016년 12월 31일을 기준으로 하여, 해외에 주재하는 한국 대사관, 총영사관, 분관 또는 출장소에서 작성한 공관별 재외동포현황을 정리한 것이다. 주재국의 인구 관련 통계자료, 한인회 등 동포단체의 조사결과, 재외국민등록부 등 공관의 민원 처리 기록과 직접 조사결과 등을 근거로 하여 산출한 추정 숫자이다.[2] 다만 어떤 이유에서인지 외교부의 재외한인 통계에서 개별 항목의 숫자를 합산한 결과가 합계의 수와 맞지 않게 나타났다. 따라서 여기에서는 외교부의 자료에서 개별 항목의 수치만을 인용하고자 한다.

또한 외교부 통계 가운데 일본의 국적을 가지고 있는 인구, 즉 거주국 시민권자 항목의 수치(365,530명)에는 아예 처음부터 일본 국적을 가지는 재일동포 자녀 숫자가 들어있지 않다. 따라서 통계라고 하기에는 매우 신빙성이 희박하다고 할 수 있다. 이것은 혈연을 중시하는 동포 개념이 국적을 중심으로 하는 통계와 다르기 때문에 발생하는 문제이다. 실제로 혈연에 따른 재외한인을 통계화 하는 일은 불가능하고 따라서 공식적인 통계를 내놓을 수 없다. 다만 한국 외교부는 행정 편의적인 관점에서 조선적 동포를 포함하여 1952년부터 2016년 사이에 일본 법무성이 귀화를 허가한 재일동포 숫자를 추가하고 있다. 그런데 이렇게 되면 귀화자의 사망이나 국적 변동을 살펴야 하기 때문에, 오늘날 생존자의 인구를 파악하고자 하는 통계자료로서

---

2) 외교부, 『재외동포현황 2017』, 외교부, 2017년, p. 14; p. 29.

는 더욱 더 큰 문제점을 가지게 된다.

한국 외교부의 2017년 재외한인 통계

국가별	체류자			영주권 보유자 (D)	재외국민 합계 (E=C+D)	거주국 시민권자 (F)	재외한인 총계 (G=E+F)
	일반체류자 (A)	유학생 (B)	소계 (C=A+B)				
세계	1,354,220	260,284	1,614,504	1,049,210	2,663,714	4,758,528	7,422,242
일본	57,718	15,438	73,156	379,940	453,096	365,530	818,626

외교부, 『재외동포현황 2017』, 2017년, p. 14.

결과적으로 개념상 재일한인의 인구 통계를 파악하기는 어렵고 국적을 통한 어렴풋한 통계를 가지고 재일한인의 부분집합으로 파악할 수밖에 없다. 일본정부는 일본국민에 관하여 민족별 통계를 정리하고 있지 않으며 더욱이 일본 혼혈인의 민족성을 파악하는 자료를 생산하고 있지 않다. 이러한 이유로 한국정부는 재일한인의 통계로서 일본정부가 발표하고 있는 일본의 국적별 외국인 현황에 의존하고 있으면서도 재일한인 전체상을 파악조차 하지 못하고 있는 실정이다. 재일한인 최대의 민족단체 민단에서도 재일한인의 통계로서 법무성의 외국인 통계를 그대로 인용하고 있다. 여기에 「재일본대한민국민단」(민단)이 2014년 12월 말까지 한국 국민 등록자 수치로 제시하고 있는 총 331,572명의 수치는 재일한인의 통계로서는 말할 것도 없이 재일한국인(대한민국의 재외국민) 통계로서도 의미를 갖지 못한다.

오늘날 일본정부는 재일동포의 통계로서 대한민국 국적자와 조선적 인구를 따로 파악하고 있다. 일본정부는 1950년부터 한국과 조선을 따로 집계해 오다가 1975년판 재류 외국인 통계부터는 각 지방으로부터 구분 없이 등록자 수에 관한 보고를 받고 있다는 이유로 「대한민국 국적자」와 「조선적」 인구를 구분하지 않고 통일적으로 인구 통계를 잡아 왔다. 그러다가 2016년부터 다시 일본정부의 대북제재 일환으로 둘을 구분하기 시작했다. 조선적은 일본 법률상 무국적으로 분류되고 있어 외국을 드나들 때 한국정부의 여행증명서나 일본법무성의 재입국허가서를 여권 대신 발급받아야 하는 등 여러 가지 불편이 따른다. 여기에다가 총련 관계자 이 외에 상상의 조국을 통일된 「조선」으로 상정하고 과거부터 조선적을 그대로 유지하고 있는 재일한인도 있기 때문에 이들에게 한국적과 조선적을 구분하는 행정적인 작업은 가혹한 일이 아닐 수 없다.

이 문제에 관하여 2008년 3월 당시 민주당 소속 참의원 의원 가와가미 요시히로(川上義博)는 질문서를 통해 일본정부에 대해 대한민국 국적자와 조선적 보유자를 왜 함께 통계로 잡는지 문의하고 일본정부의 공식적인 의견을 요구한 일이 있다.[3] 이때 일본 법무성은 "대한민국 국적은 국적을 표시하는 용어로 사용되고 있지만 조선적은 하등 국적 표기로서 사용되고 있지 않고 한반도 출신자를 의미하는 용어로 사용되고 있기 때문에 자칫 외국인등록자 집계에서 이를 따로 분리하게 되면 조선적 보유자를 북한 국적자로 오해할 수 있는 소지를 제공하기 쉽다"고 답변한 바 있다. 오늘날 일본정부가 대북제재의 일환으로 재일동포 인구 가운데 조선적 보유자를 대한민국 국적자와 별개로 하여 취급하는 것은 "조선적 보유자를 북한 국적자로 오해할 수 있는 소지를 제공하기 쉽다"는 문제를 해결하지 못하고 있다.

이러한 문제점에도 불구하고, 일본 법무성의 외국인 통계가 재일한

---

3) 参議院. http://www.sangiin.go.jp/japanese/joho1/kousei/syuisyo/169/syuh/s169085.htm.

인의 인구 통계를 밝히는데 가장 유효한 자료가 되고 있다고 하는 데에는 재론의 여지가 없다. 2017년 6월 30일 현재 일본 법무성이 집계한 외국인등록자 통계에 따르면, 재일외국인 전체 수는 2,471,458명이며 이 가운데 대한민국 국적자가 452,953명, 그리고 조선적 보유자가 31,674명으로 도합 484,672명이다.[4] 일본 총무성 통계국이 가장 최근의 인구 통계로 발표하고 있는 2015년 10월 1일 현재 일본의 인구 127,094,745명인 점[5]에 비추어 볼 때, 일본사회에 차지하는 외국인의 비율은 1.94%이며, 대한민국 국적자와 조선적 보유자의 비율은 0.38%에 불과하다. 물론 여기에다가 이들 가운데 일본국적을 취득한 365,530명을 포함시키면 0.67%로 증가한다. 게다가 부분적으로 한반도 혈통을 이어 받고 있는 일본 국적자를 포함시키면 그 비율은 더욱 높아질 것이다.

일본사회의 외국인 통계에서 재일동포의 비중이 낮아지고 있는 것도 괄목할 만한 현상이다. 일본 법무성의 2017년 자료에 따르면, 재일외국인 가운데 중국 국적자가 711,486명으로 가장 많고, 그 다음으로 대한민국 국적자, 이어 필리핀 국적자 251,934명, 베트남 국적자 232,562명 순이다. 2016년 6월 30일 당시의 재일외국인 통계와 비교하여 보면, 전체적으로 164,070명이 증가하여 7.1%의 증가율을 나타냈다. 이 가운데 대한민국 국적자는 3,954명이 감소한 것으로 나타났고, 조선적 보유자는 1,569명으로 대폭 줄어든 것으로 파악되고

---

4) 法務省. http://www.moj.go.jp/housei/toukei/toukei_ichiran_touroku.html/在留外国人統計.

5) 総務省統計局. http://www.stat.go.jp/data/kokusei/2015/kekka/kihon1/pdf/youyaku.pdf/平成27年国勢調査人口等基本集計結果.

있다. 반면에, 중국 국적자는 33,915명, 필리핀 국적자는 14,831명, 베트남 국적자는 56,818명 모두 증가했다.

다음 표는 일본 법무성이 파악한 통계 자료로서 2017년 일본에 체류하고 있는 외국인 전체의 통계와 함께 대한민국 국적자와 조선적 보유자 통계를 재류자격별로 정리한 것이다. 2017년에 전반적으로 재일외국인 수가 증가한 상황에서, 대한민국 국적자와 조선적 보유자의 경우는 모든 분야에서 약간 감소하는 현상을 보인 것을 확인할 수 있다. 또한 조선적 보유자의 경우, 「영주자」 「일본인의 배우자」 「영주자의 배우자」 「정주자」 「특별영주자」와 같이, 비교적으로 장기간에 걸쳐 일본에 거주해 온 사람이나 부모의 일본 생활에 따라 일본에 거주하게 된 사람이 일본정부로부터 체류허가를 받고 있다는 점을 알 수 있다.

1948년 이후 일본에서 가장 많은 한반도 출신자 수가 나온 것은 1992년의 693,050명이었다. 그 후로 이들의 수가 매년 줄어드는 반면에 중국 국적자 수는 계속 늘어 왔다. 이와 같이 한반도 출신자 수가 계속 감소하고 있는 것은 무엇보다도 해마다 「특별영주자」 수가 큰 폭으로 줄어들고 있기 때문이다. 우리가 흔히 역사적 존재로서 「재일동포 60만」을 논할 때는 「특별영주자」를 지칭해 왔다. 그런데 2017년 현재 이들의 숫자는 약 33만 명에 이르고 있는 것이다. 이 숫자에 「영주자」와 「정주자」를 추가한다고 하더라도 40만 명 정도밖에는 되지 않는다. 또한 근래의 「영주자」 인구 변동에 대해서 주목할 필요가 있다. 일반적인 의미의 「영주자」가 매년 2~3천 명 정도 증가하고 있는 반면에, 역사적인 의미의 「특별영주자」는 매년 1만 가량 줄어들고 있다.

이처럼 「특별영주자」가 감소하는 것은 일본 사회 전반에 걸친 출생률 감소와 같은 자연 감소 요인과 전혀 무관하지 않다. 그러나 무엇보

다도 1985년부터 일본의 국적법이 종래의 부계혈통주의에서 부모양
계주의로 개정되면서 일본국적 취득이 용이해진 것은, 국적상 재일
동포 어린이가 대폭 감소하고 있는 가장 중요한 요인이 되고 있다. 이
미 1985년에도 재일한인 총 혼인 수 8,588건 가운데 동포 간 혼인은
2,404건으로 28.0%에 그쳤다. 그 후로도 일본인과의 혼인이 계속 늘
어나 2013년에는 총 혼인 수 5,043건 가운데 동포 간 혼인이 450건
밖에 되지 않아 9.0%에 그쳤다.[6]

2017년 재류자격별 외국인등록자

	외국인	한국국적	조선적
교수	7,551	919	0
예술	442	41	0
종교	4,370	881	0
보도	237	51	0
전문직	5,494	216	0
투자경영	22,888	3,070	1
법률회계	154	9	0
의료	1,632	140	0
연구	1,612	161	0
교육	11,183	106	0
인문지식/국제업무	180,180	21,088	0
기업내전근	16,601	1,673	0
흥행	2,106	264	0
기능	39,378	916	0
기능실습	251,721	7	0

---

6) 在日本大韓民国民団. http://www.mindan.org/shokai/toukei.html/婚姻状況.

문화활동	2,773	237	0
유학	291,164	16,075	0
연수	1,518	26	0
가족체재	157,424	12,205	0
특정활동	54,276	3,537	0
영주자	738,661	68,603	459
일본인의 배우자	139,944	13,703	44
영주자의 배우자	32,534	2,212	7
정주자	173,317	7,325	114
특별영주자	334,298	299,488	31,049
총수	2,471,458	452,953	31,674

윤인진 엮음, 『재외동포사회의 현황과 과제』, 2018년, p. 137.

또한 대한민국 국적자나 조선적 보유자로부터 일본국적으로 귀화하는 사람이 계속 나오는 것도 「특별영주자」 감소의 한 요인이 되고 있다. 1952년 일본이 피점령 상태에서 벗어난 직후 그 해에 재일동포 232명이 일본 국적을 취득한 것을 시작으로 하여 대체로 귀화하는 사람의 수가 점차 늘어났다. 1995년부터는 그 수가 1만 명을 넘기 시작했다. 일본국적을 선택하는 이유로는 무엇보다도 일본에서 생활하는 데 외국인으로서 생활의 불편을 느끼기 때문이며, 이 외에도 일본정부에 의한 귀화 요건의 완화, 계속되는 한반도의 분단 상황, 북한의 체제 문제와 북일 관계의 악화, 한반도 국가 정책에 추종하는 재일민족단체의 문제점 등을 이유로 들 수 있다.

다만 일본에 귀화하는 움직임을 한반도 국가에 대한 소속감으로부터 탈피하여 일본 국가로 귀속하려는 움직임으로 일률적으로 보는 것은 옳지 않다. 하지만 이렇게 계속되는 귀화자의 존재나 「특별영주자」 감소 현상이, 재일동포사회에 역사적으로 형성되어 온 민족의식 즉 본국지향적 정체성을 전반적으로 쇠퇴시키고 있는 것임에 틀림없다. 재일동포의 역사에서 민족의식의 원천이 되었던 일본사회로부터의 차별이 여전히 사라지지 않은 상황에서, 재일동포사회에서 오늘날 새로운 세대의 아이덴티티로서 정보화·세계화 추세에 따라 국민국가로부터 이탈하고자 하는 인식을 강조하거나, 더욱 더 나아가 정치적 귀속의식을 부정하는 인식을 강조하는 현상이 나타나고 있는 것은 분명 한반도 거주 한인과의 공감대가 줄어들고 있다고 하는 것을 잘 말해 주고 있다.

_2_

해방직후 박열의 출옥 과정

　이 글은 필자가 부산대 한국민족문화연구소의 논문집 『로컬리티인 문학』 제17호, 2017년 4월호에 게재한 것이다. 여기서는 발표 논문 가운데 일부를 평론집 체제에 맞추어 편집하고자 한다. 요점은 아키 타(秋田)에서 발행하는 신문 『사키가케신보(魁新報)』 인터뷰 기사 내 용을 중심으로 하여, 출옥 전과 출옥 후에 박열이 아키타에서 어떠한 생각을 가지고 있었는지를 검토하고 그의 출옥 과정을 상세하게 다 루고지 한다.

　박열이 형무소에서 출옥하기 일 주일 전, 1945년 10월 20일자 사 키가케신보 2면에는 「모범수 박열을 방문하다: 선승과 같은 심경의 나날」이라는 기사가 보도되었다. "지난번 (도쿄) 히비야(日比谷)공회 당에서 개최된 조련 전국대회에 참가한 3천 명의 조선인들이 회의 후 연합군사령부 앞에서 「연합군에 감사하라」라고 데모를 감행하고 그 절반 1500명은 여세를 몰아 사법성 현관에 쇄도하여 각지 대표의 연 설과 「한국독립가」 소리가 시끄러운 가운데 길 바닥에 늘어앉아 외친 것은 「박열을 내 놓으라」는 절규였다. 일본의 패전, 연합군의 조선 진 주, 재조일본인의 귀환과 함께 「조선독립」은 이제는 시대의 각광을 받으며 크게 부상하고 있는 이때, 그들 조선인 모두가 입을 모아 「내 놓으라」고 절규하며 거듭 우리 뇌리에 새로운 기억으로 떠오르는 이 름, 「박열」, 그는 어디에 있는가…"

이어 이 신문은 발행 전날에 했을 것으로 추정되는 옥중 인터뷰 광경을 다음과 같이 기록했다. "푸른 죄수복에 빡빡 깎은 머리, 그리고 전형적인 조선인의 풍모를 나타내는 얼굴이지만, 이제는 「대역죄수」의 이름보다 오히려 「가인(歌人)」이나 「선승(禪僧)」으로 불릴 만큼 온후하고 사려 깊은 모습으로, 그는 사식으로 나온 음식을 천천히 맛있게 들면서 조용한 어조로 말을 이어갔다. 자신은 어린 시절부터 정치적으로 눈을 떠서 일본의 조선통치에 대해 온 몸을 들어 반항해 왔다. 그간 사선을 넘은 것도 여러 번이고 총검의 세례를 받은 일도 있다. 그는 자신의 피부에 남은 검은 총탄의 흔적을 보여주었다. 도쿄에서만 50차례 이상 검속 구류를 당했다. 한 때는 두 명의 미행 순사가 내가 어디를 가는지 감시하기도 했고, 집 앞에서 순찰대가 출입하는 사람들을 일일이 심문하는 일도 있어, 바로 「항일투사」와 같이 폭탄을 안고 죽을 것인가 사형대에서 죽을 것인가 각오한 일도 있다"

그는 30년 동안의 운동과 20년 동안의 옥중 생활에서 보통생활에서 맛볼 수 없는 것을 맛보았다고 하며, 인생의 한 극지를 탐험할 수 있었다고 자부하고 있다고 말했다. 그리고 그동안 얻은 귀중한 사색과 체험을 살려서 새로운 일본과 조선을 위해 진력하고 싶다고 말했다. 또한 박열은 당시의 심경을 다음과 같이 단가(短歌)로 표현하여 사키가케신문에 기고했다.

이 내 몸 가을 나뭇잎처럼 진다면 봄에 피는 꽃처럼 비옥해 지고 싶다
비록 꽃이 될 수 없는 내 몸이지만 때를 얻어 마음 편히 지고 싶다.[7]

---

7) この我身秋の木の葉と散るならば/ 春咲く花の肥やしともなれ/ 花ならぬ此の我なれど時を得て/ 心安けく散らんと思う

박열의 형무소 출옥일 다음날인 1945년 10월 28일에도, 사키가케신보는 2면에 박열의 인터뷰 기사를 실었다. 「박열씨 출옥: 본사를 방문하여 감상을 말하다」라고 되어 있는 기사는 다음과 같은 내용을 담고 있다. "「박열을 내보내라」「모든 조선인 정치범을 석방하라」는 전조선인의 목소리에 응하여 박열 씨는 마침내 출옥했다. 전날 밤의 비 흔적도 없이 걷힌 청명한 가을 날씨 속에 27일 오전 8시 반, 「재일조선인연맹 아키타현 본부」 완장을 두른 동 본부 대표 정원진(丁遠鎭) 씨 이하 4명의 출영을 받은 박열 씨가 다시 닫히는 아키타형무소의 무거운 철문을 뒤로 하고 22년의 옥중 생활에서 새롭게 큰 전환을 이룬 일본사회에 선승(禪僧)과 비슷한 발걸음으로 조용하게 첫 걸음을 내딛었다." 가을바람이 부는 가운데 그는 우선 미군 진주군 숙사에 인사 차 들른 후 사키가케신보의 본사 건물을 방문하여 출옥 직후의 감상을 다음과 같이 짧은 단가들로 표현하며 옥중에서 기다리고 기다리던 그날이 드디어 왔다고 하며 출옥의 기쁨을 나타냈다.

오랜만의 하늘에 봄이 피는 그날에는 바람도 빛나라 아아 그날에는.[8]
오늘이야말로 젖은 옷도 마르고 오랜 비의 하늘에도 태양이 비추는구나.[9]

이어 박열은 출옥 후 처음 가진 신문기자와의 인터뷰에서 다음과 같이 말한 것으로 기록되어 있다. "옥중생활 22년간의 감격으로 3일 간 누워있기만 했는데 이상하리만치 건강상태는 양호합니다. 금후의 방침이라고 해도 특별한 의견은 없습니다. 다만 새로운 시대에 대해

---

8) 久方の空に春立つその日には風も輝けああその日には

9) けふこそは濡れ衣も乾く百日のあめの空の陽は輝くぞ

이제까지의 경험을 활용하여 조선인으로서 조선을 위해 일하고 싶습니다, 조선인 전부가 희망하는 바를 향해 헌신하고 소가 되라고 하면 소가 되고 말이 되라고 하면 말이 되겠습니다. 일본에 대해서 추호도 적대할 생각은 없습니다. 오늘은 이제부터 12시 기차로 오다테(大舘)의 정원진 씨 집에 있는 조련 아키타현 본부로 향하며 조만간 미군 진주군 본부를 방문할 예정입니다."

도쿄의 점령군 사령부는 1945년 10월 4일 「인권지령」를 발표하고 일본정부에게 10월 10일까지 사상범·정치범을 석방하도록 지시했다. 10월 8일에 센다이(仙台) 형무소에서 공산주의자 연극인 히지카타 요시(土方與志)가 석방된 것을 필두로 일본 전국에서 정치범 석방이 시작되었다. 이윽고 도쿄 근처의 후추(府中) 형무소에서는 10월 10일 오전 김천해·이강훈 등 조선인 정치범을 포함하여 「예방구금」 대상자 16명이 석방되었고, 가고시마(鹿児島) 형무소에서는 아나키스트 운동가 원심창이 석방되었다.

나중에 재일본조선인연맹의 기관지와 같은 역할을 하는 『조선민중신문』 창간호 2면에서 박열을 박준식(朴準植)이라는 본명을 사용하여 조선인 정치범으로 보고 당연히 해방직후 다른 죄수들과 함께 출옥했을 것으로 보도했다. 그러나 이와 달리 일본정부는 박열을 정치범이나 사상범으로 간주하지 않고 대역죄(大逆罪) 범죄자이면서도 일반 폭행 범죄자로 간주하여 정치범과는 다른 별도의 형무소에 감금해 왔을 뿐 아니라, 패전 후 「인권지령」에도 불구하고 그를 석방시키지 않았다. 또한 박열의 출옥 당시 아키타형무소 소장은 에노모토 다카요시(榎本高義)였다. 그런데 그는 1944년 12월부터 1946년 2월까지 소장직에 근무했었음에도 불구하고, 1962년에 발행된 형무소 기념자료집 속의 회고에서 모범수 박열에 관하여 일체 언급을 하지 않고 있다.

정확한 날짜는 알 수 없지만 왕년의 아나키스트 동지 한현상(韓晛相)은 「인권지령」 발표 직후 또 다른 동지와 함께 박열의 석방을 예견하고 아키타형무소를 찾아갔다. 그들은 거기에서 옥중의 박열을 면회할 수 있었지만, 그가 당장 석방되지 않을 것이라는 사실을 전해 듣게 되었다. 이때 이들은 박열에게 일본의 패전 사실이나 조선의 해방사실, 그리고 재일조선인 대중의 움직임을 전했을 것으로 충분히 추측할 수 있다. 그리고 도쿄에 돌아온 한현상은 10월 15일의 「조련」 전국대회 첫날 집회에서 울분을 토하며 박열의 감금 사실을 군중들에게 알렸다. 이날 전국대회 후에 참석자들이 일제히 도쿄 시가지에서 점령군에게 감사하는 가두시위를 전개했고, 일부 인사들은 「조련」 준비위원장 조득성, 김천해, 이강훈을 옹위하고 사법성 건물을 방문하여 박열의 석방을 요구했다. 이때 조득성은 위원장 직책을 사용했으며, 김천해와 이강훈은 각각 부위원장 직책을 사용했다.

10월 27일 아침 박열이 출옥하는 광경에 대해서는 앞에서 인용한 사키가케신보 1945년 10월 28일자 기사에 비교적 상세하게 기록되어 있다. 이때 출옥을 지켜 본 조선인 4명은 오다테에서 온 정원진, 도쿄에서 온 한현상과 장상중, 그리고 나머지 한 명은 아키타 시내를 자동차로 안내하는 사람이었을 것으로 보인다. 이들은 형무소에서 그리 멀지 않은 곳에 있는 점령군 주둔지를 거쳤다가 아키타역으로 가기 전에 잠시 사키가케신보 본부 건물에 들렀다. 사키가케신보사 본부 건물은 현재와는 달리 당시에는 아키타 형무소에서 비교적 가까운 곳에 위치하고 있었다. 정원진은 친형인 아나키스트 운동가 정찬진의 부탁을 받아 박열의 출옥과 요양을 돕는 일에 나서게 되었다.

이들 형제의 고향, 경상남도 통영시에서 출간되고 있는『한산신문』
(주간)은 1993년 8월 12일에서 11월 11일까지 12회에 걸쳐「영원한
자유투사 정찬진」을『이야기 인물사』로 연재했다. 그 가운데 박열의
출옥에 관한 기록이 약간 남아있다. 정찬진과 정원진 형제는 한국정
부 수립을 앞에 두고 한국 통영으로 돌아왔다. 2017년 2월 필자는 통
영에 거주하는 정원진의 자제분을 찾아가 박열 출옥에 관하여 정원진
의 활동을 확인했다. 박열이 출옥하는 날, 정찬진의 동생 정원진은 간
소한 출옥 환영준비를 시켜놓고 혼자서 아키타 형무소로 갔다. 정원
진은 다음과 같이 그날을 회고했다. "당시 박열 씨는 44살이었는데,
22년간의 옥고에 지쳐 머리는 다 빠지고 몹시 허약해 있었습니다. 워
낙 체구도 작았지만 제가 전날 면회 가서 보고는 눈짐작으로 12살짜
리 아이 체격에 맞는 양복을 맞추어 갔었지요. 그런데 입혀놓고 보니
그 옷도 커서 헐렁해요. 제가 그 분을 감옥에서 업고 나와 차에 태웠
지요. 박열 씨는 출옥 후 한 동안 저의 집에 묵었습니다."

또한 박열의 출옥 당시 아키타 시내의 점령군 배치 상황을 살펴보
자. 9월 19일 아키타 시내에 미군 선견대가 들어오고 10월 초에 본 부
대가 이곳에 진주해 와서 일본군 부대의 무장해제를 주된 임무로 활
동하고 있었다.[10] 따라서 출옥 직후 박열이 찾아간 점령군 숙사는 아
키타중학교 혹은 교쿠호쿠(旭北)국민학교 건물이었을 것으로 추측되
며, 이때 그는 부대 지휘관을 직접 접견하지 못하고 그 곳에서 근무
중인 불명의 미군에게 잠시 인사말을 전한 것으로 생각된다. 현재 아
키타현 공문서관에 소장되어 있는 1945년의 자료『사무인계서』를 통

---

10) 栗田尙弥,「占領初期, 軍政部隊の配置と移動」『國學院大學紀要』43卷, 2005
年 2月, 96-99쪽.

박열 출옥 직후의 神明社 사진

출처: 朴慶植, 『解放後在日朝鮮人運動史』(三一書房, 1989年)

해서 당시 점령군의 지역 배치 상황을 살펴볼 수 있다. 이 자료는 현
지사의 경질에 따른 행정업무 인계 관련 자료로서 하부 부서의 보고
서 묶음으로 되어 있다.

1946년 7월에 발간된 『사무인계서』속의 섭외사무실 인계 자료에
서도 어느 정도 아키타시에 대한 점령군 진주 과정이 확인되고 있다.
9월 19일 미군 제8군 산하 제14군단(14th Corps) 제11항공사단(11th
Airborne Division)의 선견대가 아키타시에 처음 진주했다고 되어 있
다. 그 후 9월 22일, 457부대·1299부대·221부대(위생과)가 진주했
으며 진주군은 각각 아키타중학교 건물과 교쿠호쿠(旭北)국민학교, 적
십자병원 등을 숙사로 사용했다. 이어 10월 2일에는 제152부대가 진
주하여 아키타고등국민학교 건물을 숙소로 사용했으며, 오다테에는

10월 24일 제152부대의 일부가 진주했다고 되어 있다. 애초에는 아키타현에 점령군이 1,650명 정도 진주했으나 점차 그 수가 줄어갔다고 한다. 또한 1946년 12월에 발간된 『사무인계서』 속의 「진주군 주둔 경과 및 현황」을 보면, 아키타현의 행정을 감독하는 제84군정 부대원 70명 정도가 1945년 10월 25일 아키타 시에 진주하여 아키타은행 아키타지점 사옥을 사무소로 사용하여 업무를 시작했다고 되어 있다.

앞의 사키가케신보 기사에 따르면, 아키타 형무소에 마중 나온 사람들이 「재일조선인연맹(조련) 아키타현(秋田縣) 본부」의 완장을 차고 있었고, 당시 오다테에서 광산을 경영하고 있던 정원진이 이 조직의 대표였다고 되어 있다. 그러나 훗날의 자료에는 최초의 조련 아키타본부에서 정원진이 대표(위원장)가 아니었고 섭외부장이었다고 되어 있다. 아직 아키타현 지방본부가 정식으로 결성되지 않았고 지역의 조선인 유지에 의해 지탱되는 준비위원회와 같은 비대중적인 임시 조직이 존재했던 것으로 파악된다. 아키타현의 유지들 사이에서는 도쿄의 중앙조직에 동참하고자 하는 움직임이 있었을 것으로 보이며, 이때 이 지역의 유지인 정원진이 조련 아키타현 본부의 준비위원장과 같은 성격의 비공식적이고 과도기적인 직책을 사용했을 것으로 보이며, 사키가케신보 기자가 그를 조련 조직의 대표라고 기록한 것이 아닌가 생각된다. 결과적으로 박열이 출옥 후 대략 한 달 동안 머물게 되는 곳도 조련 준비위원회의 본부가 있던 정원진의 집이었던 것으로 추정할 수 있다.

사키가케신보 10월 31일자 신문이 전하는 바와 같이 조련 아키타현 본부의 결성대회는 박열 출옥 후 3일이 지난 10월 30일에 열렸고 아키타의 조련 활동가들은 이 날을 정식적인 조직의 출범일로 간주하고 있다. 조련 지방본부 결성식은 오다테 시내의 도키와자(常磐座) 영화관에서 거행되었고 이때 초대 위원장으로 김재화가 정식 선출되었으며 정원진은 섭외부장을 맡게 된다. 조련 지방본부 사무실은 오다테 시내의 한 복판에 자리 잡은 쇼후다(正札) 의복점의 건물을 사용했는데, 이것은 5층 콘크리트 건물로 비교적 웅장한 건물이었다. 김재화가 조련 지방본부의 위원장에 선출된 것은 그가 연설에 능숙한 인물인데다 연장자이고 정원진에 비해서 조선인 대중들에게 「친일분자」라고 낙인 찍힐만한 경력을 갖지 않았기 때문으로 보인다. 출옥 후 박열이 체류하던 곳과 조련 지방본부 결성식이 열린 곳과는 매우 가깝지만 박열이 이 지방본부 결성대회에 참가했다는 기록은 아직 발견되지 않고 있다.

다시 박열의 출옥 당일로 돌아가자. 그는 오전에 사키가케신보사를 나와 아키타역에서 열차를 타고 오다테역으로 향했다. 오다테역 앞에서는 조선인과 일본인 군중들이 그를 기다리고 있었다. 군중의 숫자에 대해서는 여러 가지 설이 있으나 대체로 천 명 가량 되었던 것으로 보인다. 그러나 당시 오다테 역전 광장이 아주 넓지 않았기 때문에 군중으로 가득 찼을 것으로 짐작할 수 있다. 박열은 오후 2시 반 경 역전 광장에 급조한 단상에 올라 유창한 일본어로 간단한 인사말을 전했다. 이어 그와 군중들은 근처에 있는 비교적 공간이 넓고 인적이 드문 신사 신메이샤(神明社)로 이동하여 거기서 참가 대중들과 함께 기념사진을 찍었다. 이 사진은 박열이 출옥 후 대중적인 지도자로 부상하는 것을 상징하는 것으로 각종 논저에 등장하고 있다. 이 모임에는 수많은 재일조선인들이 태극기를 들고 참여하여 해방의 기쁨을 함께 나누었다. 이윽고 박열은 오다테에서 정원진의 집 등에 머물면서 요양생활에 들어갔다.

_3_
박열의 과거 전향 문제

    이 글은 앞의 내용에 이어 『로컬리티인문학』 제17호, 2017년 4월 호에 실린 논문 가운데 일부를 평론집 체제에 맞추어 편집한 것이다. 여기에서는 그가 출옥 전에 전략적으로 전향할 수밖에 없었고 출옥 후에는 이 문제에 관하여 모호한 입장을 취했다는 것을 언급하고자 한다. 논의에 앞서 신문기사는 어느 한 사람의 생각과 행동을 전적으로 대중에게 밝히지 못한다는 한계를 가지고 있다는 점을 미리 일러 두고자 한다. 이 점은 신문기사에만 국한되는 것은 아니며 우리가 일반적으로 어느 사람을 평가할 때에도 관점과 친밀도에 따라 달리 나타나게 된다. 이 글은 박열이 자신의 사상적 전향 전력에 대하여 어떠한 입장을 취하고 있었는가, 라고 하는 문제의식에서 시작하고 있다.

    1945년 10월 20일 사키가케신보는 2면에서 과거 투쟁심에 불탔을 때에는 이를 기쁘게 자랑스럽게 생각했지만 무기징역 선고 이후 옥중 생활 속에서 심경이 바뀌었다고 하며 다음과 같이 박열의 과거 사상전환(전향) 전력에 대해 분명하게 보도하고 있다. "검거되어 법정에 섰을 때에는 대심원에서도 사형을 요구하고 선고가 언도되었을 때에도 만세를 부르거나 재판장과 검사에게 「수고했다」라고 하며 인사를 전할 정도였다. 자신은 어디까지나 사형을 집행해 주기를 요구할 생각뿐이었다. 당시는 자신의 일거수 일투족이 외부에 비쳐질 것으로 생각하여 「개전의 정」 따위를 인정받아 감형되는 것을 부자연스럽

게 느낄 만큼 옥중 생활을 태만하게 보냈는데, 폭언이나 폭행은 오히려 적에게 빌미를 제공할 수 있다고 생각하여 이를 행하지 않게 되었다. 내가 너무 의연하게 지내자, 주위에서는 나를 「다이묘님(お大名)」으로 부르기도 했다."

　박열은 1926년 3월 25일 가네코 후미코(金子文子)와 함께 사형 판결을 받고, 그 해 4월 5일 「천황」의 은사로 사형에서 한 등급 감형 받아 무기징역이 되었으며, 이치가야(市ヶ谷) 형무소에서 옮겨 1926년 4월 6일부터 1936년 7월까지 치바(千葉) 형무소에, 1936년 8월부터 1943년 7월까지 도쿄 고스게(小管) 형무소에, 그리고 1943년 7월 29일부터 1945년 10월 27일까지 아키타 형무소로 옮겨 수감되었다. 그는 전향의 전력에 관하여 술회했는데 이 기사는 내용을 다음과 같다. "1935년 어떤 동기에 따라 전향하게 되었고 그 후로는 내심으로부터 수형자로서 공손해져 모든 명령에 복종하게 되었는데, 그 변화 양상이 너무 심하여 혹시 흑심을 품고 있는 것이 아닌지 의심하게 하기도 했다. 그러나 전향 이후 일본인으로서 살아가겠다고 서약한 이상, 사회가 받아들여주지 않더라도 자신은 일본인으로서 살겠다고 생각했다. 앞으로 내가 걸어갈 길은 상하좌우 어디를 가더라도 가시밭과 같은 난관으로 가득하다. 그러나 현재 심경은 「마음의 맑음」「인격의 단순화」에 진력하고 그리고 건강을 완전히 유지하여 오늘에 이른 것이 불가사의 중에 불가사의이며 이것은 폐하의 능위에 의한 것이라고 믿고 있다." 또한 같은 신문은 박열이 22년간의 복역 생활 끝에 자칭 「반일과 항일 투사」에서 「인격의 명랑」을 염원하는 삶의 자세를 깨닫게 되었다고 보도했다.

　출옥 직후의 사키가케신보 기사에는 나타나 있지 않지만 이처럼 출옥을 일주일 앞둔 시점에 그가 전향 전력을 직접 언급한 것으로 보도되고 있어 그의 전력은 사실이 아니라고 보기에는 어렵다는 것을 여실이 보여주고 있다. 비록 보수적인 성향을 가진 사키가케신보사 기자가 「폐하의 능위」를 운운한 것은 지나친 서술이었다고 생각된다. 또한 박열이 「일본인」으로서 살아가겠다고 서약했다는 기사는 「일본신민」으로서 살아가겠다고 말한 것으로 해석할 수 있다. 이 기사의 말미에서 "새로운 일본과 조선을 위하여 진력하고 싶다"고 말한 것이 확인되기 때문이다. 아무튼 신문기자가 이러한 부분적인 각색 기사를 썼을 것으로 추론할 수는 있지만, 그렇다고 해서 이때 박열이 그의 전향 전력을 언급한 것까지 부정하기는 힘들다고 생각한다.

박열이 전향한 시기를 확정하자면 그가 답변한 1935년이라고 보는 것이 맞을 것이다. 그는 전향서에 해당하는 「공순상신서(恭順上申書)」를 당국에 제출했다. 다만 사키가케신보의 기사에서는 물론 그 후로 자신의 전향 전력을 밝히지 않았기 때문에 박열이 전향한 원인이나 동기에 대해서는 연구자 각자가 추론할 수밖에 없다. 박열이 직접 언급한 전향의 원인에 관한 기록을 발견하지 않고서는 "그가 왜 전향했는가"를 확정적으로 논하기는 어렵다고 생각한다.

나중에 박열이 도쿄에 자리를 잡고 보수적인 민족단체의 지도자로 나서게 되면서 좌우대립과 조련 반대 움직임을 조장하자, 조련측 구성원들은 전향 전력을 이유로 하여 「천황주의자」로 변절했다고 하며 그를 중상하고 매도했다.[11] 조련 제3차 전체대회를 마치고 1946년 10월 19일에 고베(神戶)에서 열린 제8회 중앙위원회에서 나온 「총무

---

11) 權逸, 『權逸回顧錄』. 東京: 權逸回顧錄刊行委員會, 1987年, p. 116.

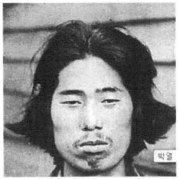

출처: 네이버 포스트, 2017년 8월 3일

부경과보고」에는 박열에 대한 조련의 공식적인 평가가 나타나 있다. 박열은 본래 조련의 석방운동을 통하여 출옥한 자임에도 불구하고 조련을 배반해 왔다고 보았다. "천황만 죽이면 조선이 해방되겠지 하는 어리석은 마음을 가지고 애인 가네코와 중심이 되어 폭탄을 던지려고 애썼다"고 하고, 해방 후 선각자라고 해서 1945년 12월 7일 도쿄(東京)에서 환영인민대회까지 열어 주었더니 어느덧 반동단체의 거두가 되어 있는 것은 이승만, 김구에게도 뒤지지 않을 반역자라고 비난했다. 이어 그는 투옥 중에 전향했다고 밝히고, "나는 천황을 위해서 일 하겠소" "내가 살아있는 동안에 일본이 망할 줄은 몰랐소"라고 말을 하고 있으니, 웃기는 이야기 거리가 되고 있다고도 했다.

그러나 박열은 자신의 전향 전력에 대해서 이를 분명히 부정하지도 긍정하지도 않았다. 출옥 일 오후 오다테(大舘) 역전에 모인 대규모 조선인 군중들이 "박열 만세"를 외치며 환호하는 것을 목격한 이후부터 그는 자신의 전향 전력에 대해 모호함을 유지하기로 결심한 것이 아닌가 생각한다. 전후 그는 조선인 대중 앞에 서면 자신의 옥중 생활에 대해서 판에 박은 듯이 다음과 같이 말했다고 한다. "나는 도저히 살아서 돌아오리라고는 생각하지 못했다. 죽는 일만 생각해 왔다. 나는 옥사해 가는 동료들의 마지막 모습을 많이 보았지만 그것처럼 불쌍한 것은 없었다. 나는 어떻게든 처참한 옥사는 하고 싶지 않았다. 나는 죽는 날까지 투쟁심을 굳게 유지하고 저주하기 시작한 천황을 끝까지 저주해 가고 싶었다, 옥사하는 순간까지 저주해 가고 싶었다, 가능하면 저주하여 죽이고 싶었다, 나는 천황을 저주해서 죽일 힘을 끝까지 잃고 싶지 않았다. 그래서 나는 1926년 4월 5일 치바 형무소 복역 첫날부터 아키타 형무소에서 생환하는 마지막 날까지 냉수마찰을 하루도 거르지 않고 계속했다. 이 건강법이 나를 생환하게 한 것이다."[12]

이처럼 그는 10일도 채 지나지 않은 사키가케신보 기자와의 면담 결과와는 달리, 출옥 이후에는 "옥중 내내 천황을 저주해서 죽이고 싶었다"는 조선인 대중 대부분이 듣고 싶어 하는 주장을 펼치기 시작한 것이다. 이것은 그가 젊은 시절 강렬하게 지니고 있던 일본제국에 대한 적개심이 되살아난 것이기도 했다. 이러한 적개심이야말로 그에게 식민지 통치를 경험하면서 유소년 시절부터 투쟁심을 키우게 했고 일본에 들어가서는 젊은이 동료들과 함께 글과 말 그리고 행동으로 무정부주의적 투쟁을 현실화 하게 하는 토양이 되었기 때문이다. 그러나 그는 출옥 이후에는 일본인 앞에서는 그런 「불경스러운」 주장을 하지 않았다. 박열의 지인이었던 일본인 정치학자 하루미야 치카네(春宮千鐵)는 자신의 논문에서 박열을 자기현시욕이 강하고 호언

---

12) 金一勉. 『朴烈』. 合同出版. 1973年. p. 234.

장담을 자주 하는 인물이었다고 평하면서, 전후 두 차례 박열과 이야기를 나누었는데 자신에게는 옥중에서 천황을 저주했다는 말을 전혀 하지 않았다고 했다.[13] 결과적으로 그가 과거 옥중에서「전략적」으로 전향을 한 것처럼, 출옥 이후에도 그는「전략적」으로 조선인 대중 앞에서 자신의 이미지를 구축해 갔다고 생각된다.

현실적으로 대중들은 이 전략적인 전향을 크게 문제 삼게 되며 이 것을 가지고 과거 투쟁의 역경과 기나긴 옥중 생활의 고충을 무시하기 쉽다. 따라서 대중의 지도자가 되고자 하는 사람은 이러한「전략적인 전향」이었을지라도 그 전력이 절대로 노출되지 않도록 유의하게 된다. 아키타에서 11월 하순에 박열이 고백했다고 하는 글을 보면, 자신은 조선의 민중을 지도할 생각은 없다고 하면서도「경애하는 조선 민중」을 위해 자신의 목숨을 다시 바치겠다고 굳게 맹서한다고 했다.[14] 결국 출옥 후 박열은 자신의 자연스러운 모습을 감추고 해방된 조선인 대중의 지도자가 되는 길을 선택한 것이며, 따라서「전략적인 전향」전력에 대해서는 모호성을 유지한 채「대중의 심정」을 대변하는 논리를 강렬하게 제시해 갔다고 할 수 있다.

---

13) 春宮千鐵.「ある「大逆犯人」の栄光と悲劇」『神奈川法学』9卷 3号, 1974年 5月, p. 40.

14) 新朝鮮建設同盟,『獨立指導者朴烈』新朝鮮建設同盟宣傳部, 1946年, pp. 22-24.

_4_
조선인 노무자에 대한 박열의 인식

    이 글은 앞의 내용에 이어 『로컬리티인문학』 제17호, 2017년 4월호에 실린 논문 가운데 일부를 평론집 체제에 맞추어 편집한 것이다. 따라서 이 글은 박열 행보의 대상 지역을 아키타에 국한시키고 대상 시기도 그가 출옥한 이후부터 1945년 11월 도쿄에 입성할 때까지로 하고 있다. 요지는 출옥 직후에 그가 아키타에서 가진 조선인 인식에서는 주위에서 흔히 볼 수 있는 귀국을 서두르는 강제동원 노무자의 현실과는 거리를 두고 있었고, 민족적으로 차별 구조 속에서 해방을 맞은 재일조선인의 입장에 섰다는 점을 강조하고자 한다.

    이 글에서는 박열의 조선인 인식에서 어떠한 한계를 보이고 있었는가, 즉 아키타에 징용되어 노동하다가 귀국을 서두르는 조선인 노무자에 대한 인식과 아키타를 비롯한 재일조선인에 대한 인식을 논하고자 한다. 이러한 문제의식들은 어느 개인의 한일관계 인식을 파악하는데 중요한 틀을 제공하고 있다. 더욱이 이것은 해방직후 재일조선인 사회의 지도자로 등장하는 박열에게 자신의 행동을 규정하는 규범이 되었을 것으로 본다.

    사키가케신보 10월 20일자에는 박열이 「일본신민으로서」 「일본과 조선을 위하여」 진력하겠다고 말한 것과는 달리, 10월 27일자에는 「조선을 위하여」 일하겠다고 표현한 것으로 되어 있다. 이러한 출옥 전과 후에 보인 논조의 변화에서 그가 조국의 해방을 실감하고 있었다는 것을 느낄 수 있다. 그럼에도 불구하고 해방정국에서 조선인 지식인이 모두 동일한 조선인 인식과 해방 인식을 가지고 있었다고 말할 수 없다. 재일조선인 지식인의 인식에서도 서로 다른 차이가 존재했으며 이러한 다양한 인식이 해방정국에서 통합되지 않는 가운데 조직과 이념의 분열을 초래했기 때문이다. 재일조선인 사회에서 조선인 인식과 해방 인식이 다양했다고 하는 점은 앞으로 규명해야 할 연구 과제라고 생각되는데, 여기서는 출옥 직후 박열의 인식 속에서 「해방된 조국으로 돌아가려는」 조선인 인식보다는 「일본에 정주하고자 하는」 조선인 인식이 강했다고 하는 점을 강조하고자 한다.

박열은 출옥 후 언제나 "일본에 대하여 특히 적대할 의사는 추호도 없다"고 주장하고 있었던 것으로 보아, 일본이나 일본인과는 지속적으로 우호관계를 유지하고 싶어 했다고 볼 수 있다. 이러한 논조는 한편으로 조국의 해방과 식민통치의 종결에 감격하면서도 다른 한편으로는 일본사회에서 공존해 가야 하는 재일조선인의 심경을 대변한 것으로 보인다. 결과적으로 조국과 고향에 돌아가려고 귀국을 서두르고 있던 강제동원 조선인 노무자의 입장을 대변하기보다는 일본사회의 민족적 차별 속에서 오랫동안 거주해 왔고 생활기반이 형성된 일본사회에서 앞으로 더 거주해 가야 하는 재일조선인의 입장을 대변한 것으로 보인다.

박열이 출옥 후 머물던 오다테에만 해도 하나오카(花岡)를 비롯하여 에쓰리(餌釣), 호쿠라(宝倉) 등 탄광이 많이 있어 관심만 가지면 강제동원 조선인 노무자들이 귀국을 서두르고 있었던 것을 쉽게 목격할 수 있었다. 예를 들어 하나오카 탄광에 징용되어 일했던 조선인 노무자 수가 1944년 말에 3,625명이었고 여기에다가 노무자 합숙소(飯

1947년 민단 창설 1주년 기념사진

출처: 네이버 카페, 느티나무와 꽃 사과,
https://blog.naver.com/kwwoolim/221053785725

場)에서 일하던 조선인까지 합하면 3,995명이었다고 한다. 게다가 하나오카 탄광에서 1944년 5월에 발생한 나나쓰다테 갱의 함몰 사고나 1945년 6월의 중국인 노무자 봉기 사건은 이 지역에서 너무 유명하여 널리 회자되고 있던 시기였기 때문에 피징용 노무자의 존재를 알고자 노력하면 쉽게 알 수 있는 환경이었다.[15]

오다테에서도 쉽게 접할 수 있었던 사키가케신보는 패전직후 시기에 때때로 조선인 피징용 노무자의 귀국에 관한 소식을 전했다. 예를 들어 1945년 10월 17일자 2면의 「반도인 귀국 제1진 출발」 기사는 "현내

---

15) 茶谷十六, 「나나쓰다테 갱 함몰 재해 보고서: 외무성 소장 하나오카광산 나나쓰다테 관계 자료에 관하여」 『한일민족문제연구』 26호, 2014년6월, pp. 265-266.

각 토건 공정 및 광산에 집단 취로 중이던 반도인에 대해서 아키타현 후생과에서는 귀국 조치를 추진하고 있는데, 제1진으로서 10월 17일 23시 아키타역 출발 열차로 센보쿠(仙北)의 일본송발전 회사 공사장에 있던 반도인 200명이 귀국하게 되었다. 현재 현내 각 사업장에 취로 중인 반도인 집단 노무자는 대체로 4000명이며 금후 수송관계를 봐서 20일간 전후 예정으로 점차 귀국시킬 예정이다"라고 되어 있다.

또한 사키가케신보 10월 28일자 2면은「열차 중단으로 조선인 소동 시라사와역(白澤驛) 혼란」이라는 다음과 같은 기사를 내보냈다." 홋카이도(北海道)에 있는 구시로(釧路) 탄광에서 취로 중인 조선인 900명이 귀국을 위하여 특별열차로 시모노세키(下關)를 향하여 가던 도중에 10월 26일 오후 2시경 시라사와역 역장이 아오모리(靑森)에서 연락선 통행이 11월 8일까지 연장되었다는 내용을 전화로 받았다. 이에 따라 조선인 전원을 시라사와역에서 하차시켰다. 그런데 이 조치를 귀국 저지를 위한 행위라고 오해한 그들은 열차운행 방해 행동에 돌입하여 이 역 부근 선로에서 집단 농성을 전개했으며 이날 오후 상하 통행 열차의 운행을 혼란시켰다. 이 소식을 통보받은 오다테역에서는 역원들을 현장에 파견하여 진압에 임하는 한편, 오다테 마을의 진주군 장병들도 바로 현장에 투입되어 절충을 시도한 결과, 곧바로 양해를 얻었고 이날 밤 11시에 출발하는 연락선을 기다리기 위해 전원 다시 아오모리로 돌아갔다."

이러한 환경 속에서도 박열은 피징용 조선인 노무자에 대해 관심을 표명하지 않았다. 그는 11월 20일 아키타현에서 자리를 옮겨 인접한 야마가타현(山形縣)에서 열리는 환영대회에 참석하여 연설을 했다. 이때부터 그의 대중 앞 연설 내용이 자료에서 확인되고 있다. 그는 일본과 조선은 문화적으로 같은 선조를 가지고 있고 있기 때문에 양 민족 사이에는 결코 서로 적이 될 수 없다고 말했다. 또한 자신의 과거 동지 가운데 3분의 1이 일본인이었다는 점을 상기시키면서 일본의 민중을 적대시해서는 안 된다고 했다. 그러면서도 연설 끝부분에서는 일본의 신문들이 당시에 재일조선인의 암거래 움직임을 강조하여 보도함으로써 공공연하게 일본사회에 재일조선인의 무질서한 이미지를 조장하고 있다고 비판하고 일본인 고위 고관의 암거래 실태를 거론하고 공정하게 보도할 것을 지적했다.[16]

그의 논조를 통해 추정해 보면, 출옥 직후 박열이 염두에 두고 있던 「조선인 민중」은 식민지 지배로 인하여 혹독한 환경에서 해방되어 고향으로 속히 돌아가기만을 염원했던 피징용 노무자가 아니라, 일본사회에서 사회적 차별을 견디며 일본인과의 공존을 통해 살아가야 하는 재일조선인이었던 것으로 파악된다. 그의 한반도 귀국이 4년이나 늦게 이루어지는 것을 이해하기 위해서는 이처럼 그가 출옥 직후 가졌던 조선인 인식의 한계를 먼저 이해해야 한다. 그가 해방 후 한반도에서 임시정부 세력에게 신임을 얻고 한반도 내의 조선인 대중들에게 널리 알려지는 것은 1946년 6월부터 7월에 걸쳐 신조선건설동맹의 위원장으로서 삼의사 유골봉환사업을 전개하면서부터이며, 1946년 10월 초대 민단 단장에 선출되면서 그는 대중적인 지도자로서 재일동포 사회 전면에 등장하게 되었다.[17]

---

16) 『山形新聞』1945年 11月 21日.

17) 김구. 「삼열사를 返藏하고: 재일동포에게 보냄」 『신조선』 1호, 1946년 7월, pp. 28-29; 이문창. 『해방 공간의 아나키스트』. 이학사, 2008년, pp. 186-192; 백범김구선생기념사업협회. 『백범김구기념관 개관 10주년 기념 백범김구사진 자료집』. 백범김구선생기념사업협회, 2012년, pp. 218-233.

_5_
신임 민단 단장 여건이

　앞의 글에서는 필자의 2017년 논문을 통하여 초대 민단 단장이 된 박열에 관하여, 해방직후 아키타에서 보인 그의 사상과 행보를 소개했다. 여기서는 논의를 시점을 오늘날의 민단으로 바꾸어 2018년 2월부터 단장에 재직하고 있는 여건이 씨에 대하여 살펴보기로 한다. 2018년 2월 22일 재일동포의 민족단체인 민단 중앙본부 단장에 여건이(呂建二) 씨가 선출되었다. 도쿄 미나토구(港區)에 소재한 민단 중앙본부에서 열린 제54회 정기중앙대회는 3년 임기의 새로운 단장으로 그를 선택한 것이다.

　그는 이날 입후보 연설에서 민단의 중점 사업으로 헤이트 스피치(hate speech)의 근절과 지방 참정권 운동의 재구축을 꼽았다. 단장에 선출된 후 그는 기자회견을 통해 "헤이트 스피치로 재일동포들이 살기 힘든 시대가 됐다. 헤이트 스피치가 없던 시기로 돌아가려면 일본인과의 유대를 깊게 하면서 이해를 넓히는 것이 중요하다"고 말했다. 이어 "우리의 생각이 어떻다는 것을 제대로 보여주면서 한일 양국 간의 미묘한 상황이 개선되는데 다리 역할을 하고 싶다. 이는 우리의 사명이기 때문에 미력하지만 천천히 그리고 착실히 노력해 가겠다"고 언급했다.

　여 단장은 재일동포의 참정권과 관련, "지방 선거에서 투표권을 주는 것 정도는 괜찮지 않으냐는 것이 우리의 생각이지만, 이것을 오해하고 있는 일본인들이 많다. 젊은 세대의 동포들이 일본사회 안에서 힘내어 살 수 있는 사회가 됐으면 좋겠다"고 말했다. 재일동포 2세인 여 단장은 1972년 청년회 결성 운동에 참가하면서 민단에 발을 들여 놓은 뒤 도쿄 한국청년상공회 회장, 민단 탈북자지원센터 대표, 중앙 본부 부단장과 의장 등을 거쳤다.

여 단장은 후보 시절에 "재일본조선인총연합회(총련)와의 상호 신뢰 회복에 힘쓰겠다"고 포부를 밝힌 적이 있으나, 단장 선출 후 기자 회견에서는 실제로 관계 개선이 실현되기는 쉽지 않다는 생각을 전했다. 그는 노무현 대통령이 재임하던 2006년 민단과 조선 총련이 화해를 선언했을 때 이에 반발했던 인물이다. 당시 내부 반발이 거세지자 민단은 화해 선언을 백지화하고 당시 단장은 자리에서 물러나게 되었다. 그는 당시 화해 선언에 대해 "그런 일이 다시 생긴다면 마찬가지로 뒤집을 것이다. 총련이 북한의 일본인 납치와 재일교포의 북송, 북한의 핵 개발 문제에 대해 반성한다면 같은 민족으로서 대화할 수 있지만, 아직은 그런 조건이 성립되지 않았다"고 말했다.

또한 여 단장은 2015년의 한일 정부간 「위안부 합의」와 관련하여, "국가 간의 약속이니 제대로 해 달라는 것이 민단의 계속된 입장"이라고 강조했다. 오공태(吳公太) 단장이 민단을 이끌 때, 2017년 2월 한국 외교부에 부산 소녀상 이전을 요구하는 「요망서」를 전달하고 한국 정부에 위안부 합의를 지킬 것을 요청했다가 한국의 관련 단체로부터 거센 비판을 받은 바 있다.[18]

2018년 10월에 한국 최초 인터뷰 전문 온라인 미디어인 『인터뷰

---

18) 연합신문 2018년 2월 22일.

여건이 민단 단장

출처: 인터뷰365, 2018년 10월 18일

365』와 대담하면서 그의 삶과 생각이 어느 정도 세상에 알려졌다. 2018 세계한인회장대회 참석차 한국을 찾은 여 단장은 인터뷰 내내 한일관계의 중요성을 강조했다. 독학으로 한국어를 익혔다는 그는 능숙한 한국어로 인터뷰를 이어갔다. 그는 "재일동포에게 있어서 한일관계는 생업과 직결된다. 한일친선은 마치 우리 목숨과도 같다"고 말했다. 그는 총련에 대해 신뢰가 밑바탕이 된다면 대화와 교류를 할 마음이 있다고 말하고, "일본에서 함께 살고 있고, 같은 문제에 당면해 있으니 문제 해결도 함께 해나가야 할 관계"라고 언급했다.

여 단장은 일본에서 태어나고 자란 재일동포 2세다. 1945년 해방 되던 해 해외 동포들의 귀국바람이 불었지만 한국에 일자리를 찾을 수 없었다. 그때 그의 조부는 오히려 취업을 위해 일본으로 건너갔다.

2년 후에는 아버지도 건너가서 일본인 회사에서 경리 일을 보았다. 여 단장은 이시카와현(石川縣)에서 태어났는데, 일본 학교를 다니다 보니 한국어를 배우지 못했다. 학창 시절에 한국인들과의 교류도 적다보니 한국말을 전혀 하지 못하다가 혼자 책을 읽으면서 독학했다.

민단에 가입하게 된 동기를 묻는 질문에 대해서, 그는 다음과 같은 내용으로 답변했다. 1969년부터 1972년까지 재일동포 사회에서는 청년 조직의 갈등과 분열도 많았는데, 1972년에 민단 안의 대한민국 청년회 결성 운동에 참여하면서 민단과 인연을 맺게 되어 현재까지 이어져 오고 있다. 개인적으로 사업을 하면서도 민단 활동을 함께 해왔다. 민단은 1946년 10월 3일 창립된 조직이다. 1대 박열 단장으로부터 이어져 내려온 민단의 역사는 2018년 10월에 창립 72주년을 맞았다. 1947년 3월 1일에는 5000명 가량이 모여 3.1절 첫 행사를 치루기도 했다. 민단은 대한민국 정부와 소통하며 대한민국의 전통성과 민족적 정체성을 이어가기 위해 노력해 왔다. 오늘날에도 3.1절과 광복절 행사를 전국 지방에서 진행하고 있다.

다음은 민단의 주요 활동을 묻는 질문에 대해서, 그가 답변한 내용이다. 민단은 1988년 서울올림픽과 1997년 외환위기 당시 경제적 지원에 나서는 등 그야말로 혼신을 다해 대한민국의 경제산업 발전에 기여했다. 그리고 재일교포들의 법적 지위 확립과 생활안정, 권익 보호, 그리고 한일 민간 친선 교류와 외교 관계의 정상화를 위해 힘써왔다. 과거에는 국민연금 가입도 안 되고, 취업도 힘들었다. 하나하나 민단이 앞장서서 해결해왔다. 민단이 직접 일본 국회의원들을 만나서 적극적으로 협력을 요청하고 의견을 개진해왔다. 인종차별적 발언을 금지하는 헤이트 스피치 금지법 역시 민단의 주도로 2016년 6

월에 입법화되어 시행되고 있다.

민단의 활동 가운데 가장 기억에 남는 일화로서, 그는 나무심기 운동을 들었다. 1974년 한국에서 새마을 운동이 한창이었는데, 그 해 4월 5일 식목일에 대한민국청년회 회원 자격으로 도쿄에 거주하고 있는 청년 100여명이 주축이 되어 묘목을 가져왔고 그때 한국에 밤나무를 심었다. 당시에는 김포공항에 도착하기 전 상공에서 바라본 지상의 광경은 참담했다. 풀 한포기, 나무 한 그루도 안 보였다. 그 이후 지속적으로 나무 심기 운동을 이어나가, 50년 세월이 흐르다보니 이제는 한국에 푸른 나무로 우거진 산들이 보인다. 재일동포의 권리나 처우개선 문제는 최근의 과제가 아니다. 1970년대 청년 상공인들을 중심으로 한 재일한국청년상공회를 총괄하는 재일한국청년상공연합회에서 2기 회장으로 활동할 때부터 지방참정권에도 관심을 두고 지속적으로 주장해 왔다. 그동안 재일동포들은 일본에서 세금을 납부하고서 주민으로서의 의무를 착실하게 다 하고 있지만, 지방참정권에서는 차별을 받고 있고 이에 대해 공감하는 일본인들도 많다.

총련과 화해할 생각이 없는가 하는 질문에 대해서, 그는 우선 "총련은 북한이 직접 관여하고 있다. 그러나 민단은 순수한 민간단체의 지위를 인정받고 유지해왔다. 북한 정권과 함께 움직이는 총련을 민간단체로 간주할 수 있겠는가" 하고 의문을 던졌다. 탈북자 지원을 함께 하자고 총련에 제안한 적도 있지만, 절대 안 된다는 입장이었다고 한다. 탈북자는 북한의 법을 무시하고 이탈한 범죄자라는 것이었다. 그러나 민단은 대화와 교류를 할 뜻이 있고 지금도 열어놓고 있다고 했다. 신뢰를 구축하기까지 시간이 걸리겠지만, 불신을 없애고 서서히 서로 노력해야 한다고 했다. 다만 1959년에 시작된 북송사업으로 9

만 3000여명의 재일교포가 북송됐는데, 많은 이들의 생사 확인이 안되고 있다고 했다. 또한 오늘날 일본에 정착한 북송 탈북자가 250여명 있다고 하며. 민단에서는 탈북자들의 정착을 위한 생활기반을 마련하고 있어, 이들이 간호사나 치과기공사 등 전문인이 되어 현지에 잘 적응하는 모습을 보면 뿌듯하다고 했다.

마지막으로 바람직한 한일관계를 묻는 질문에 대해서, 그는 위안부 문제, 독도문제 등 여러 민감한 사안들이 여전히 산적해 있지만, 한일관계는 제일동포의 삶과 직결된 매우 중요한 문제라는 점을 강조했다. 재일교포들은 한일관계가 악화되면 그 영향을 직접적으로 받으니 살아가기가 힘들다. 2012년 당시 이명박 전 대통령의 독도 방문과 천황발언 당시 혐한 시위가 대단했고, 한국인을 멸시하는 헤이트 스피치가 극에 달했다. 그 때에는 코리아타운을 찾는 사람이 거의 없었다. 한일관계가 악화될수록 정신적인 압박을 견디지 못해 한국 국적에서 일본 국적으로의 이탈률이 늘어나면서 동포수도 줄고, 차세대 교육도 힘들어진다. 어린 학생들은 학교에서 왕따를 당하기도 하는데, 일본내 한국인 청소년 자살률이 높다는 통계를 들을 때마다 마음이 아프다고 그는 말했다. 재일교포들이 처한 입장을 헤아려 대한민국 정부가 일본 정부와 좋은 관계를 맺었으면 한다고 했다.[19]

---

19) 인터뷰365, 2018년 10월 18일.

_6_
강원도에서 느낀 평화

다음은 2017년 10월 24일 강제동원&평화연구회의 뉴스레터, 「P's Letter」 제51호에 기고한 필자의 글이다. 강원도에 출장한 것을 이용하여 6.25 전투 시에 남한 공군의 열악함, 마루한 기업 한창우 회장의 일본 밀항 회고, 주문진 일본인 피난민의 역사 등을 읽고 들으며 글을 기고했다. 필자는 유비무환(有備無患), 마이너리티, 그리고 피난의 참상에 관한 회고와 기록을 통하여 오늘의 평화를 절실하게 느끼고 이를 유지하는 노력이 함께 병행되어야 한다는 메시지를 전달하고자 했다.

2017년 9월 21일 필자는 부산을 떠나서 6시간 가까이 걸려 강원도 동해시를 방문했다. 일차적으로 세계한인상공인지도자대회와 GTI(광역두만강개발계획) 국제무역투자박람회에 참가하기 위해서였다. 2016년 속초에서 열린 행사에서부터 재외한인학회는 관련 학회로서 이 행사에 참여해 오고 있다. 당시 연일 트럼프 미국 대통령과 김정은 북한 국무위원장이 서로 막말을 쏟아내면서 6.25 이후 최대의 한반도 위기 분위기를 고조시키고 있는 가운데, 개인적으로 35년 전 군대 생활을 벗어난 이후, 매일 매일의 평온함을 이처럼 절실하게 느낀 일은 없었던 것으로 기억하고 있다. 따스한 가을 햇살에 빛나는 숲 풍경을 즐기면서 맑고 깨끗한 물결이 넘실대는 동해안의 바다 풍경을 감상하면서, 일상의 자유로움과 아름다움이 얼마나 감사한 것인지, 나의 생각을 자연스럽게 표현하고 대화할 수 있는 순간이 얼마나 소중한 것인지, 새삼 일깨워 주는 공간과 시간이었다.

평화를 지키는 가장 강렬한 사상은 「아픔을 기억하는 일」이라고 생각한다. 다시는 전쟁의 아픔이 이 땅에서 일어나게 해서는 안 된다. 그와 함께 자신과 가족, 공동체, 그리고 국가의 독립성을 지켜내기 위해서는 안보의식과 참여의식이 절대적으로 필요하다. 당연한 일이지만 스스로 적극 위기에 앞서 대비하는 자에게 아픔은 쉽사리 다가오지 않는다. 6.25 전쟁이 발발했을 때, 동해시 인근으로도 갑자기 북한군이 진격해 들어왔고 뒤늦게 나선 한국 공군 최초의 전투기 진격도 이곳에서 이루어졌다.

그런데 6.25 개전 직후 미군과 북한군의 공중전이 벌어지는 상황에서도 한국군은 자체적으로 제대로 된 전투기를 갖지 못했으며 개전 이튿날 후쿠오카에 날아가 미군 비행장에서 F-51기 10대를 인수받았다. 이때 안보태세를 스스로 갖추지 못한 남한은 해방된 국가이긴 했지만 독립된 국가는 결코 아니었다. 후쿠오카에서 간단히 출격 훈련을 마친 한국군 조종사들은 대구기지로 들어온 다음날 7월 3일부터 북한군 진지에 대한 자체 출격을 시작했다.

2017년 동해시의 한 호텔에서 열린 「제38차 세계한인상공인지도자대회」에서 조직위원장인 한창우 마루한 회장은 인쇄된 대회 자료에 "북한의 연이은 미사일 도발과 전격적인 6차 핵실험으로 우리 한반도와 동북아를 비롯한 세계정세는 한치도 앞을 예상할 수 없는 상태에 빠져들었다"고 썼다. 하지만 정작 대회사를 선포해야 하는 시간이 되자 그는 인쇄물을 읽어나가는 대신에 자신이 하고 싶은 이야기를 하고 싶다고 하며 자신이 어떻게 일본에서 기업인으로 성장해 왔는지 그리고 어떠한 인생관을 가지고 있는지 이야기했다.

한 회장은 1931년 경상남도 삼천포에서 태어나 1947년에 밀항선을 타고 일본에 들어갔다가 외국인등록 마감 일주일을 앞두고 주위 사람의 권유로 등록에 가담하여 가까스로「밀항자」신세를 모면하게 되었다고 했다. 그리고 그는 일본 천황제도에 대한 반대 입장에서 찬성 입장으로 전향한 일, 마루한 기업의 동남아시아 사업 전개, 젊은 시절 헤밍웨이의『바다와 노인』에 큰 감명을 얻은 일 등을 술회했다. 요컨대 그는 자신의 입지도 중요하지만 주변 사람의 도움에 감사하는 일이 더욱 더 소중하다는 것을 말하고 있었다. 그리고 그는 자신의 일생에 비추어「사업 성공」,「사회 봉사」,「지역 공헌」을 마지막 메시지로 전달했다. 2016년에 이어「큰 어르신」의 건장함을 가까이에서 목격한 것은 평화 속에서 얻은 큰 행운이었다고 생각한다.

이튿날 아침 묵호항을 산책한 후, 필자는 자동차로 망상 해수욕장을 잠시 들렀다가 주문진 해수욕장으로 향했다. 주문진은 강릉시 북부에 위치하고 있으며 38도선 남쪽 12킬로 지점에 있어서 해방직후 38도선 이북 지역에서 넘어온 일본인「전재민」을 위한 수용소가 설치되어 있던 곳으로 유명하다. 일본 국가의 침략 전쟁 야욕이 극에 달하면서 제2차 세계대전이 종결되었고 이어 미군이 소련군과 함께 일본군 무장해제를 이유로 한반도에 들어왔다. 전쟁 시기에 일본제국 국가의 보호와 지도에 따라 움직이던 일본인 민간인들은 이렇게 갑작스럽게 새로운 패전 국민으로서 전후 질서를 맞게 된 것이다.

모리타 요시오(森田芳夫)의 저서『조선종전의 기록(朝鮮終戰の記錄)』에 따르면, "선박으로 동해안을 따라 내려온 38도선 이북의 일본인들은 주문진과 묵호에 상륙하여 미군 LST에 실려 부산을 경유하

주문진 해변 (필자의 촬영)

여 센자키(仙崎)로 수송되었다. 이들은 주문진에서 농가와 여관에서 머물렀는데, 1946년 6월 초에 이곳에도 미군 천막의 수용소가 만들어졌다"고 쓰여 있다.

일본인 의사들은 비행기로 서울을 출발하여 강릉에 내려 주문진으로 향했다고 한다. 한편 육상으로 남한에 넘어온 일본인의 경우는, 동해북부선 종착역인 양양에서 내려서 도보 또는 우마차로 주문진으로 향했는데, 그때 38도선에서 경계를 서던 미군 병사들이 주문진 부대로 연락을 하면 일본인 파견대가 트럭으로 달려가 북한지역 탈출자들을 마중했다고 한다. 이어 일본인 의사들은 주문진에서 그들에게 DDT소독과 함께 예방주사를 놓았고 천막 하나에 약 30명씩 수용했다고 한다.

_7_

재조일본인 단체의 전후보상 운동

이 글은 『한일민족문제연구』 제35호 (2018년 12월), pp. 245-252 에 실린 서평이다. 서평의 제목은 「朴敬珉 저, 『朝鮮引揚げと日韓国 交正常化交渉への道』 (2018년, 慶應義塾大学出版会)를 읽고」였다. 이 글의 내용을 요약하자면, 저자 박경민은 자료를 통해 「구보타(久 保田) 망언」에 이르기까지 재조일본인 관련자 단체의 「개인청구권」 보상요구 움직임과 식민지 조선에 대한 통치를 정당화 하려는 움직 임을 규명하고 서술했다는 것이다. 아울러 필자는 한국인이 일본정 부에 대해 「개인청구권」보상을 요구할 때는 한국인(조선인)의 피해 상황은 물론, 일본정부에 대한 재조일본인의 보상 요구도 함께 고려 해야 한다는 것을 주장했다.

최근에 들어 한국의 대법원이 뒤늦게나마 일본기업을 상대로 하는 조선인 강제동원 노무자의 재판에서 1965년 한일 청구권협정이 「개 인청구권」을 소멸시킨 것은 아니라고 지속적으로 판시해 오고 있다. 이러한 한국 사법부의 움직임에 반하여 일본정부와 일본기업은 과 거 청구권협정으로 이미 「개인청구권」은 모두 소멸되었다고 강변하 고 있다. 이렇듯 서로 다른 역사인식으로 상대방 국가에게 법리적 · 외교적 견해를 제시하며 양국 간의 갈등이 깊어지고 있는 시점에, 지 금부터 시계를 60년 내지 70년 전으로 되돌려, 식민지 지배 청산 문 제와 더불어 「개인청구권」 문제가 국교정상화 과정에서 집요하게 제기되고 있었음을 상기하는, 저서가 일본에서 출간되었다. 그것도 한국·일본·미국의 외교적 사료와 선행 자료들을 가지고 사실 규명에 집중한 연구서가 나온 것이다.

대상 도서는 박경민 박사의 2016년 게이오(慶應)대학 박사학위 청구논문『조선 연고자와 일본의 대 한국 외교의 원류 :「식민지 재산의 숫자」에 수렴된 인식과 대응, 1945~1953』을 기초로 한 것으로, 스즈키 다케오(鈴木武雄)를 비롯한 재조일본인들이 일본 귀환 후에 개인재산권을 되찾기 위해 대응 논리를 정연하게 하고 일본정부에 대해 단체 행동을 전개한 움직임을 정리하고 있다. 서평자는 오늘날 한일 양국 관계를 악화시키고 있는 지나친 nationalism 분출 현상을 우려하면서, 이러한 시기에「개인청구권」문제와 청구권 교섭에 관한 연구서가 출간된 것을 진심으로 환영한다.

과거 정병욱·노기영·시바타 요시마사(柴田善雅)·이형식·최영호 등의 선행연구를 통해 재조일본인의 전후 활동이 개략적으로 소개되어 왔으나, 이 책의 저자는 일차적 사료를 통해 1946년 식민지 조선 관계자의 재산 조사와 스즈키의 식민정책론, 1953년 구보타의 발언과 1957년 일본정부의 구보타 발언 공식 철회에 이르는 과정을 치밀하게 상호 연결 짓고 집대성하고자 주력했다. 서평자가 재조일본인의 전후에 관한 연구에 집중하던 것과 비교해 보자면, 서평자는 재조일본인의 귀환 과정에 초점을 맞추었던 점에 비추어, 이 책은 재조일본인의 귀환 후「개인재산권」보호 움직임에 연구를 집중했다. 이렇게 본다면, 이 책은 대상 시기로 봐서 서평자 연구와 같은 시기 혹은 후속 시기를 다루고 있다고 할 수 있다.

이 책은 저자가 박사논문 제출 이후에 추가 언급한 사항을 포함하여 대체로 1945년부터 1958년까지의 한일관계를 대상으로 하고 있기 때문이다. 이 책에는 해방직후 재조일본인의 귀환 과정에 대해서도 언급하고 있기는 하지만, 그 보다는 조선에 거주했던 일본인이 전후 일본에 새로 정착하면서 과거 그들의 활동에 대한 논리를 어떻게 정리해 갔는가를 관련 자료를 통해 분석하는 작업에 연구의 특징이 있는 것으로 보인다. 특히 제2장과 제3장에서 조선 연고자 단체의 움직임과 그들과 함께 살아온 지식인 스즈키의 저서를 분석하여 개인의 몰수된 재산에 대해 1946년과 1947년에 일찍이 이들이 어떠한 논리와 대응을 보였는지 『인양동포(引揚同胞)』 등의 사료를 면밀하게 조사하고 있는 점이야말로 이 책의 괄목할만한 핵심 연구업적이라고 생각한다.

각 장 별로 이 책의 주제만을 열거하면 다음과 같다.

서 론: 「재조일본재산의 숫자」로부터 청구권 문제에 이르는 연속성
제1장: 1945년의 패전 – 조선 연고자의 정착 지향에서 귀환으로
제2장: 귀환 후 조선 연고자 (개인) – 조선인양동포세화회와 스즈키의 몰수 재산에 대한 대응
제3장: 귀환 후 조선 연고자 (법인) – 조선사업자회의 몰수 재산에 대한 대응
제4장: 한일교섭에서 청구권 문제의 현재화 – 예비회담 · 제1차 회담
제5장: 한일교섭에서 청구권 문제의 심각화 – 제2차회담 · 재3차 회담
결 론: 조선 연고자로부터 기시 노부스케(岸信介) · 친한파로 – 대한 청구권의 철회와 국교정상화 교섭의 재개

대체로 각 장의 앞부분에 저자의 의미 부여가 있고 서술 내용에 따라 세부 주제가 설정되어 있는 만큼, 이것을 통해 비록 대단히 거친 축약 형태가 되더라도 이 책의 내용을 간단하게 요약해 본다. 다른 서적과 마찬가지로 서론은 이 책에서 문제제기에 해당한다. 해방 직후 미군정에 의해 몰수된 조선 연고자의 개인재산권에 대해서 그들이 일본정부에게 어떠한 요청 움직임을 보였는지 연구하는 것으로, 이 점에 대해 이제까지 현대한일관계사 혹은 정치학 연구에서 공백 상태였다는 점을 저자는 강조하고 있다. 조선 연고자와 일본정부의 인식과 대응이 재한일본인 재산의 숫자에 어떻게 수렴되어 갔는지, 한일회담에서 일본정부가 청구권 문제에 관하여 한국 측에 대해 어떻게 숫자화 하고 근거를 마련해 갔는지, 사료를 분석하여 이를 규명하겠다는 것이다.

제1장에서, 식민지 조선이 조선인과 일본인의 상호 전투 지역이 아니었다는 전제 아래, 조선 연고자들이 「세화회」라는 단체를 통하여 패전 직후 한반도 '잔류'와 '개인재산권' 보호에 주력했으며, 일본 정부도 이들의 견해와 같은 선상에서 패전 대책을 내세웠다는 점을 밝히고 있다. 그러나 미군정 통치가 본격화 되면서 한국 내 여론에서 '반일' 움직임이 격화되고 결과적으로 모든 일본인은 일본으로 귀환해 가야 했다. 제2장에는, 일본 귀환 후 조선총독부 잔무처리 업무가 도쿄사무소에서 이뤄지고 조선 연고자들의 단체 「조선인양동포세화회」는 그들의 개인재산권 보호에 주력했다는 것이 서술되고 있다. 제3장에는, 「조선사업자회」가 조선 연고자의 몰수 재산에 대한 보상을 요구해 갔으나, 점령군 체계가 정립되고 일본국민 대다수에게 식민지 인식에 대한 「오해」가 확산되어 가는 가운데, 이들의 보상 청구

움직임이 결국 실패로 이어지는 과정이 잘 나타나 있다. 제4장에는, 미국의 대일점령정책의 전환, 한일 예비회담과 제1차 회담 과정에서 조선 연고자의 개인재산 청구권 문제가 어떻게 전개되었는지 서술되어 있다. 제5장에는, 한일 제2차 회담과 제3차 회담에서 조선 연고자의 청구권 문제가 어떻게 전개되었는지, 특히 구보타 발언과의 상호 관련성에 관한 상세한 연구가 돋보인다. 마지막 결론 부분에서 저자는 각 장별로 본문을 요약하고 있으며, 1957년 기시 내각의 한일회담 재개, 1958년 이후 새로운 「친한파」 세력의 대두와 조선 연고자의 퇴장에 관하여 서술하고 있다.

본문에 언급되어있는 바와 같이, 패전 직후 재조일본인이 일본으로 귀환하고 나서, 이들을 「군국주의의 첨병」, 「자본주의의 앞잡이」, 「식민지 침략과 착취의 장본인」 등으로 매도하는 사회적 비판이 일본 사회에서 높이 일어나게 되자, 「조선인양동포세화회」 중앙본부의 이사직을 맡았던 나카야스 요사쿠(中保与作) 등은 이러한 「오해」가 조선 연고자의 재외재산에 대한 보상 움직임을 방해하고 있다고 판단하고, "달랑 배낭 하나만 들고 모든 재산을 빼앗기고 돌아온 우리에게 너무 가혹한"평가라고 하며 반격을 가했다. 아울러 귀환자에 대해 일본정부가 위로금은 고사하고 본래 피와 땀의 결정체인 재외 사유재산에 대해서조차 아무런 시책이 마련되지 않는 것은 불공정한 것이라고 이들은 불평했다. 이러한 불만은 지방으로 귀환한 일본인들에서도 비슷하게 제기되었다.

일본의 각 지방으로 귀환한 사람들의 목소리는 일찍이 1946년 5월에 개최된 「조선인양보고대회」에서 규합되었으며, 이때 이들은 자신들이 「군국주의의 앞잡이」라기보다는 오히려 「군국주의의 희생자」

라는 주장을 전면에 내세웠다. 이어 1946년 6월의 「인양자생활위기
돌파대회」, 1946년 7월의 「인양동포에 대해 이시바시(石橋) 재무상
에게 듣는 모임」이나 「조선인양동포관계자추도회」 등으로 이어졌다.
일찍이 1947년 3월에 정리한 「재조일본인 개인재산액 조사」에 따르
면, 총 재산액이 모두 260억 2386만 2천 엔, 부채 총액이 2억 5271
만 엔으로 이를 공제하면 257억 7115만 2천 엔이 될 것이라고 했다.
(pp. 42-56)

조선 연고자 가운데 사업가들로 이뤄진 「조선사업자회」의 경우에
서도 위와 비슷한 주장들을 발견할 수 있다. 이 책은 사업자회의 기관
지 『회보』 내용을 통하여 1946년 3월에 열린 첫 이사회의 결정사항
에 주목하고 있다. 이 사업회는 「해외사업전후대책중앙협의회」에 맡
긴다든지 직접 관계당국에 진정한다든지 하는 대응방식을 취했는데,
사흘 뒤에 열린 중앙협의회 「간사회」에서 논리의 개발과 적절한 대응
을 위하여 다음과 같이 해외사업의 실정을 조사하자는 의견이 제시
되어 사업자회 이사회에 상신되기에 이르렀다. "해외 기업자는 전시
중에 일시적으로 군벌에 이용되는 사태에 어쩔 수 없이 내몰렸지만,
원래는 여러 해에 걸쳐 현지 주민의 민생 향상, 경제개발에 공헌한 것
등 구체적인 반증을 파악하여 관계 당국에 제출해야 하며, 이를 위하
여 자료 수집 등의 안건을 중앙협의회에 의제로 반영하여 결정하게
해야 한다"고 했다. 이리하여 며칠 뒤 사업자회 이사회에 정식 의제로
상정되었고, 집필 책임자로서 스즈키 교수가 선임되기에 이르렀다.

또한 1946년 5월과 6월에 열린 이사회는 「보상위원회」의 새로운
설치를 결정하고 사업자회 이사 이치카와 긴지로(市川欣次郎)를 조
선부회 대표로 임명하여, 조선 연고자들의 몰수된 재외재산에 대한

보상을 정부에 요구하기로 결정했다. 1946년 7월 시점에 「조선관계 잔무정리사무소」는 자본금 50만 엔 이상의 법인 831개 회사가 몰수 당한 재외재산이 장부 가격 총액으로 약 104억 엔에 달하는 것으로 추산했고, 또한 사업자회는 소속 회원 법인 137개 회사가 몰수당한 재외재산이 장부 가격 총액으로 약 37억 엔, 평가액으로는 총액 약 116억 엔에 이를 것으로 보았다. (pp. 79-88)

이때 「보상위원회」는 일본정부로부터 보상받아야 할 해외에서 귀환한 일본인의 재산 총액을 감으로 대략 추산했다. 300억~350억 엔에 달하는 조선 연고자의 개인 재산 이외에도, 대만이 75억~100억 엔, 사할린이 30억~40억 엔, 만주가 400억~600억 엔, 중국이 400억~600억 엔, 남방이 200억~300억 엔, 유럽·미주·호주·인도가 5억~10억 엔, 총계 1,410억~2,000억 엔 정도 될 것으로 보았다. 비록 일본정부로부터 보상 조치는 결과적으로 물거품이 되고 말았지만, 언젠가 이루어질 점령 종결을 앞두고 조선을 비롯하여 해외 연고자들이 자신들의 몰수당한 사유재산을 만회하고자 한 것이다.

이러한 조선 연고자 중심의 개인재산권 보호 움직임은 일본의 점령 종결을 앞두고 이뤄진 것이며, 한일 국교정상화를 위한 제3차 회담에서 구보타 발언이 나오게 되는 배경이 되고 있다. 게다가 이들의 개인재산권 보상 청구를 위한 자체 조사 움직임은 1947년 미군정에 의한 「대일은행 외환청산 시론」이나 1949년 한국정부에 의한 『대일배상요구조서』(2권)보다도 훨씬 앞서 진행된 것이다. 결과적으로 1952년 샌프란시스코 강화조약 발효나 조선 연고자 재산 보상 불가 견해를 피력한 1957년 미국의 구상서(note verbal)를 일본정부가 수락하는 과정에서 조선 연고자의 보상 요구는 묵살되고 말았다.

박경민의 저서

朝鮮引揚げと
日韓国交正常化交渉への道

朴敬珉
PARK Kyung Min

Repatriation from Korea
and the Road to
Japan-South Korea Normalization Negotiations

慶應義塾大学出版会

놀이켜 보면, 대일강화조약이나 미국의 구상서는 한일회담에서 일본에게 보상을 받고자 했던 한국정부에게 커다란 족쇄가 되었다고 널리 알려지고 있다. 그러나 샌프란시스코 강화조약 제4조 a항에 규정된 청구권은 옛 식민지로부터 옛 종주국에 대해 일방적으로 「과거의 청산」을 요구하는 것이 아니라 한일 쌍방에 모두 관계되는 것이었으며, 특히 조선 연고자 개인의 재산권을 포기하게 하는 문구였다. 결국 한국이 연합국의 대일강화회의에 참가하지 못했고, 청구권 용어를 사용한 미국과 영국이 일본의 식민지 지배 청산 문제에 대해서 그 판단을 회피하면서 마이너리티(조선 연고자)의 개인재산권 보상이 박탈된 셈이다. 이는 샌프란시스코 강화조약의 발효와 함께 일본 전체가 축제 분위기에 휩싸인 가운데, 왜 조선 연고자 단체가 이 날을 「치욕의 날」로 여기고 강화조약 반대 데모에 나섰는지 이해할 수 있게 하는 대목이다.

또한 미국의 구상서라고 하는 것은 제1차 한일회담에서 일본정부가 한국에 청구권 용어를 제시한 직후 미국 국무성이 주미한국대사에게 보낸 서한 내용을 1957년이 되어서도 이를 다시 추인한 것이다. 이때 미국이 제시한 구상서의 요점으로는 다음 네 가지를 지적할 수 있다. (1) 일본은 한국에 대해 청구권을 주장할 수 없다. (2) 그러나 한국은 재조일본인 재산을 취득함에 따라서 청구권을 어느 정도 충족한 것으로 보아야 한다. (3) 따라서 한일 청구권 교섭에서는 이 점을 고려하여 토의해야 한다. (4) 다만 미국은 이 문제에 대해 직접 관여하지 않겠다. 결국 이러한 1950년대 미국의 의견은 일본정부가 의도한 바와 같이 한국정부가 「과도하게」 제기하는 청구권 주장을 약화시키기에 적합한 것이었다.[20]

이 책은 조선 연고자의 논리와 재산조사 결과가 직접적으로 보상을 얻어내는 데에는 실패했지만, 간접적으로 한일회담에서 일본정부의 교섭 자료로 적극 활용되었다는 점을 강조하고 있다. 예를 들어 1948년에 인쇄된 스즈키의 『일본인의 해외활동에 관한 역사적 조사』는 한일회담에서 일본정부가 나타낸 식민지 인식에 사용되었으며, 재조일본인 재산에 관한 데이터는 한일회담에서 일본정부가 「역청구권」을 주장하는 근거로, 또는 한국의 청구권 주장을 약화시키는 근거로 활용되었다는 것이다. 우리는 좌절되어가는 조선 연고자의 재산권 청구 움직임이 한일회담 과정에서 한국정부의 대일배상 요구를 상쇄하는 역할을 수행했다고 하는 점을 결코 잊어서는 안 된다.

일본의 침략전쟁으로 발생한 「개인청구권」 문제는 당연히 조선인뿐 아니라 일본인이나 중국인·동남아인 등 모든 전쟁 피해자 개인에

---

20) 吉澤文寿, 「決壊: 史上初の日韓会談関連外交文書の公開から始まる「真実の濁流」によせて」『現代思想』, 2005年 6月号, pp. 137-140.

게 보편적으로 적용되어야 한다. 현실적으로 국가간 외교 관계의 정상화 혹은 안정적 운영은 필수적인 일이지만, 이상적인 외교적 합의는 마이너리티에 대한 폭력성을 배제한 가운데서 이루어져야 한다. 한일회담 속의 청구권 교섭과 외교적 합의점으로서의 청구권 협정에 담긴 무거운 역사인식의 문제와 복합적인 외교교섭 문제를, 이 책은 일본과 한국의 연구자들에게 반드시 깊이 이해해야 한다고 거듭 거듭 강조하고 있는 것이다.

일본인 북한납치 문제의 경위

  이 글은 국회입법조사처가 발행하고 있는 「이슈와 논점」(제1480호, 2018년 7월 3일) 가운데 일부를 발췌하고 인용한 것이다. 2019년에 들어 아베 총리가 북한과의 국교정상화를 추진하겠다는 적극적인 의사를 피력하는 등 북·일간의 관계변화가 세간의 주목을 받고 있다. 하지만 북·일간 외교적 화해 무드에서 일본인 북한납치 문제는 걸림돌이 되고 있다. 이 문제를 잘 처리하지 않고서는 북·일간 관계 정상화가 이뤄지기 어렵다. 이제까지 일본인 북한납치 문제가 어떻게 전개되어 왔는가에 관하여, 양국 교섭경위에 해당하는 부분만을 편집하여 소개하고자 한다.

  2018년 들어 4월의 남·북 정상회담과 6월의 북·미 정상회담 개최는 북핵 관련 한반도 주변 정세를 급격히 변화시켰다. 기존의 대북 방침으로 「비핵화」와 「압력유지」 입장을 고수해 온 일본에게는 외교적 고립감이 발생했다. 여기에 더하여 일본 대북정책의 중요한 한 축인 일본인 납치피해자 문제가 북한문제 해결과정에서 제외될 지도 모른다는 일본정부의 우려가 커졌다. 따라서 일본은 남·북 정상회담이나 북·미 정상회담에서 납치피해자 문제 제기를 요청했다. 북·미 정상회담 후 트럼프 대통령은 일본인 납치피해자 문제를 언급하였음을 확인했다. 따라서 아베 총리가 기자회견을 통해 트럼프 대통령에게 감사를 전하면서 납치피해자 문제는 북·일이 직접 마주하여

일본정부 납치문제대책본부의 홈페이지

출처: http://www.rachi.go.jp/index.html

해결해야 한다고 역설했다. 아베 수상은 4월 17일과 6월 7일에 가진 미 · 일 정상회담이나 4월 26일에 가진 한 · 일 정상간 전화통화 등에서도 납치피해자 문제에 관한 상대국 정상의 긍정적인 회답을 받은 바 있다.

일본인 납치피해자 문제의 경위를 간략하게 살펴보자. 1970년대와 1980년대 다수의 일본인 행방 불명사건이 발생하자, 일본 경찰 수사에 의해서 이들 중 상당수가 북한에 의해 납치되었을 가능성이 높은 것으로 판명되었다. 납치피해자 문제가 일반에 공개된 것은 1987년 11월 KAL기 폭파범 김현희가 납치된 일본인 여성에게 일본어 교육을 받은 것으로 밝혀지면서 부터였다. 첫 번째 납치사건은 1977년 9

월 이시가와현(石川県) 구메 유타카(久米裕) 납치사건으로 경찰수사 결과 북한이 관여된 것으로 판명되었으나 공표되지는 않았다. 1988년 3월 참의원 예산위원회에서 국가공안위원장이 3건의 실종사건에 대해 북한에 의한 납치혐의가 농후하다고 증언하면서 일본정부로서는 처음으로 일본인 납치사건의 북한 관여를 인정했다.

납치피해자 문제가 본격적으로 북·일 관계 및 일본 국내 정치의 주요 쟁점으로 부상한 것은 2002년 9월에 열린 제1차 북·일 정상회담 때부터다. 이 회담에서「평양선언」을 채택하고, 일본인 납치피해자 문제와 함께 핵·미사일 문제와 과거사 청산문제의 일괄타결을 통한 국교수립의 기본원칙에 합의했다. 이때 김정일 위원장은 처음으로 13명에 대한 납치 사실을 시인하고(생존자 5명, 사망자 8명), 사과 및 재발방지를 약속했다. 이후 일본의 요청으로 생존 납치피해자 5명이 일본으로 귀국했다. 2004년 11월 북·일 실무회의에서 북한은 일본에 납치피해자 요코다 메구미(横田めぐみ)의 유골을 전달하였다. 하지만 DNA감정 결과 이 유골이 허위라는 것이 알려지면서 일본 내 대북여론이 급격히 악화되었다. 이후 일본 측은「생존자 귀국」,「재조사」,「피의자 인도」를 요구했고, 이에 반해 북한 측은 납치문제의 해결완료라는 입장을 견지하면서 양국의 갈등은 계속 깊어갔다.

2007년 9월 대북 온건파인 후쿠다 야스오(福田康夫) 내각이 출범하면서 북·일간 실무자회의가 재개되었다. 2008년 6월의 실무자회의에서 북한 측은 기존의 납치문제의 해결완료 입장을 바꾸어 안부불명자 재조사 및 요도호 납치사건 관계자 6명에 대한 인도(引渡) 의사를 표명했다. 이에 일본 측은 재조사 방법 등에 북한이 합의하면 일부 일본의 독자적 경제제재의 조치를 해제할 것임을 밝혔다. 하지만, 2008년 9월 대북 강경파인 아소 다로(麻生太郎) 내각이 등장하면서 납치피해자 문제는 더 이상의 진전을 이루지 못하였다. 2014년 5월 국장급 회의에서 북한은 납치피해자 및 행방불명자, 1945년 전후 북한에서 사망한 일본인의 유골 및 묘지, 잔류자, 배우자 등에 대한 조사를 포괄적으로 실시하고, 생존자가 있을 경우 귀국시킬 것을 약속했다.

2014년 7월 북한은 특별조사위원회를 구성했으나, 2015년 7월 보고서 제출을 연기했다. 설상가상으로 2016년 1월 북한이 제4차 핵실험 및 미사일 발사를 감행하자, 유엔 안보리 제재와 일본의 독자제재 조치가 발표되었다. 북한은 일본의 독자제재 조치는 2014년 국장급 회의에서 합의된 것을 파기한 것으로 간주하고, 일본인 납치 피해자 등에 대한 조사를 전면 중지하고, 특별조사위원회를 해체시켰다. 이후 납치피해자 문제는 더 이상의 진전 없이 오늘에 이르고 있다.

이 문제 해결을 위해서는 다음 주요 변수가 합의되어야 한다. 첫째는 납치피해자의 범위 문제다. 현재 일본정부가 인정하는 납치사안은 12건 총 17명이다. 이에 반하여 북한은 이들 중 8명은 사망했고, 4명은 북한에 입국하지 않았으며, 5명은 2002년 1차 북·일 정상회담 이후 일본으로 귀국했다고 주장하고 있다. 둘째는 아베 총리의 정치적 리더십 발휘 여부다. 아베 총리는 2002년 제1차 북·일 정상회담 시 김정일 위원장으로부터 납치문제에 대한 공식적인 시인을 받아내면서 국민적인 인기를 끌었고, 총리 임기 중에 납치문제를 해결하겠다고 공언해 왔다. 더욱이 아베수상의 지지 세력 가운데 대북 강경파 조직들이 자리 잡고 있다. 납치문제 해결을 위해서 납치피해자 가족 및 여론을 설득하고 이에 대한 정치적 비용을 감수할 수 있는 리더십이 필요하다.[21)]

---

21) 「이슈와 논점」(제1480호), 2018년 7월 3일.

Ⅴ. 대일외교의 과제

_1_
2017년 한일 정상의 빈번한 전화 회담

　2017년 8월 25일 오전 30분간 정도 문재인 대통령은 아베 총리와 네 번째 정상 통화를 갖고 고조되는 북핵 위협에 대한 한일 공조 방안 등을 논의했다고 박수현 청와대 대변인이 브리핑에서 밝혔다. 문 대통령은 취임 이튿날인 2017년 5월 11일을 시작으로 북한 도발 이슈가 있었던 2017년 5월 30일과 7월 7일에도 정상 통화를 했으며 이번 8월 25일 네 번째 통화였다. 이 뿐 아니라 두 정상은 그 해 8월 7일 독일에서 열린 주요 20개국 정상회의에서 처음으로 직접 만났다.

　문 대통령과 아베 총리는 통화에서 북핵 문제와 한반도의 엄중한 상황인식을 공유하고, 북한 핵과 미사일의 완전한 폐기를 위해 한일 간 및 한미일간 긴밀한 공조를 확인한 것으로 알려졌다. 이어 국제사회와 함께 북한을 상대로 강력한 제재와 압박을 지속해 나가고 궁극적으로는 대화와 평화적 방법으로 해결해야 한다는데 의견을 공유했다. 박수현 청와대 대변인은 "양 정상은 정부 노력뿐 아니라 한일의 원연맹과 같은 다양한 노력들도 양국관계 발전에 유익하게 작용할 것이며 이런 활동을 지원하는데 최선의 노력을 하기로 했다"고 밝혔다.

　두 정상은 2017년 9월 6일과 7일에도 러시아 블라디보스토크에서 열리는 제3회 동방경제포럼에서 두 차례 만났다. 이 포럼은 푸틴 러시아 대통령이 주관하는 경제 교류 행사이지만 문 대통령과 아베 총리는 이 자리에서 한반도 현안을 둘러싸고 회담을 가졌다. 박 대변인

한일 양국 정상의 전화 회담

출처: 에너지경제, 2018년 4월 24일

은 "두 정상은 동방경제포럼을 계기로 열릴 예정인 정상회담에서 유익한 이야기를 나눌 것을 다짐했다. 이와 함께 양 정상은 징용 피해자 문제 등 역사문제를 잘 관리하면서 미래지향적이고 성숙한 동반자 관계로 발전해 나가야 한다는 데에도 인식을 같이 했다"고 밝혔다.

그런데 두 정상의 통화에 배석한 청와대 관계자는 이날 "아베 총리가 통화 말미에 지난 8월 17일 문 대통령이 취임 100일 기자회견에서 일본 기자 질문에 답한 「징용공」 민사 청구권 발언을 언급했다"고 밝혔다. 아울러 아베 총리는 "그 발언에 대해 일본 국민들 사이에 걱정이 좀 있다"고 말했다고 전했다. 그러자 문 대통령은 상황을 설명하면서 "이 문제가 양국 미래지향적 관계 발전에 걸림돌이 되지 않으면 좋겠다"라는 취지로 답했다고 했다. 마찬가지로 아베 총리도 이 문제를 관리하면서 한일 양국이 성숙한 관계로 가야한다는 취지로 마무리했다고 전했다.[1]

---

1) 서울경제, 2017년 8월 25일.

_2_
2017년 블라디보스톡 한일 정상회담

　2017년 9월 7일 블라디보스토크 극동연방대학에서 제3회「동방경제포럼」을 열리는 것을 기회로 하여 문 대통령과 아베 총리는 따로 정상회담을 가졌다. 이 자리에서 두 정상은 북한의 핵 · 미사일 도발에 대해 긴밀하게 공조하기로 의견을 모았다. 아베 총리는 모두 발언에서 "북한의 연이은 도발은 지금까지 없었던 중대하고 긴급한 위협이다. 일본과 한국, 그리고 일본과 한국, 미국이 공조를 지금까지 잘해왔지만, 앞으로도 더욱 긴밀하게 공조해서 대응하길 원한다"고 말했다. 이어 일본이 한국에 대해 언제나 언급하는 바와 같이 "여러 가지 분야에서 미래지향적인 새로운 관계를 구축하기를 바란다"고 언급했다.

　이에 대해 문 대통령은 "북한의 계속되는 도발 때문에 일본과 한국 국민들이 많은 걱정을 하고 있다. 일본 국민들께 위로 말씀을 전한다. 그만큼 한국과 일본 양국의 긴밀한 공조가 더욱 절실해졌다고 생각한다"고 대답했다. 이어서 "그동안 여러 번 만나고 통화하면서 대부분의 시간을 북핵문제 대응에 할애했다. 오늘도 북핵문제 대응방안을 심도 있게 협의하지 않을 수 없는데, 그에 더해 경제협력을 비롯해 양국의 여러 분야 관계를 증진시키는 방안까지도 구체적인 협의를 시작해 갔으면 한다"고 했다.[2]

---

2) 서울경제, 2017년 9월 7일.

이날 블라디보스톡 양국 정상회담에서 문 대통령과 아베 총리는 중국과 러시아에 대북 원유 공급 중단 등의 제재 동참을 설득하기로 했다. 한·일이 손을 잡고 중국과 러시아에 공동으로 요구한 것이다. 시급한 북핵에 대처하기 위해 과거사 문제는 미래지향적 관점에서 관리해 나가기로 했다. 이때만 해도 한·일 관계가 근래 들어서 가장 좋은 관계로 가고 있는 것 같았다. 윤영찬 국민소통 수석은 "두 정상은 북핵 문제에 대해 지금은 대화보다는 최대한의 제재와 압박을 강화해 나가야 한다는 데 의견을 같이했다"고 밝혔다. 회담에서 문 대통령은 "양국은 북한이 핵과 미사일을 반드시 포기하도록 최대한 압박을 가하는 한편, 궁극적으로 북핵 문제를 평화적으로 해결할 수 있도록 하자"고 말했다. 이에 아베 총리는 "한국과 일본은 북한이 추가 도발할 경우 더 강력한 유엔 안보리 결의안을 채택하기로 합의했었다. 안보리 결의에 더 강력한 내용이 들어갈 수 있도록 중국과 러시아를 설득하겠다"고 언급했다. 특히 문 대통령이 전날 푸틴 대통령과의 정상회담에서 북한에 대한 러시아의 원유 공급을 중단해 달라는 요구가 사실상 거절당한 사실을 언급하자, 아베 총리가 나서서 "나도 (푸틴 대통령을) 열심히 설득하겠다"고 말했다.

한·일 관계의 최대 현안이자 걸림돌이 되는 과거사 문제는 악화시키지 않는 선에서 양국이 관리해 나가기로 했다. 청와대 고위 관계자는 "위안부나 징용 피해자 문제로 인해 발목이 잡히지 않도록 양국이 미래지향적 관점에서 현안들을 관리하자는 것이다. 과거사 문제를 양국 현안의 가장 큰 이슈로 부각시키는 것은 현재로서는 적절치 않다"고 했다. 아베 총리는 중국의 반대로 성사 여부가 불투명한 한·중·일 정상회의가 일본 도쿄에서 열리면 문 대통령이 일본을 방문해 줄 것을 요청했다. 그 이전이라도 문 대통령이 일본을 방문하면 환영하겠다는 뜻도 전했다. 이에 대해 문 대통령은 "한·중·일 3국 회의가 열리면 기꺼이 참석하겠다"며 "아베 총리도 내년 평창 동계올림픽때 한국을 방문해 달라"고 했다. 한·중·일 정상회의는 2015년 11월 서울에서 개최된 이후 열리지 못했다.

2017 블라디보스톡, 정상회담 후 평창동계올림픽 마스코트 선물

출처: 조선일보, 2017년 9월 8일.

아베 총리는 이날 오후 푸틴 대통령과 정상회담을 했다. 아베 총리는 "역내 평화와 안정을 보장하기 위해 북한 문제를 포함한 지역 문제를 논의할 준비가 돼 있다"고 말했다. 그러나 푸틴 대통령은 모두 발언에서 일체 북한 문제를 언급하지 않았다. 회담 직전에 열린 동방경제포럼 총회에서 두 정상은 한 차례 충돌했다. 아베 총리는 북한의 6차 핵실험을 언급하며 "국제사회가 단합해서 최대한의 압력을 그들(북한)에게 가하지 않으면 안 된다"고 말했다. 하지만 푸틴 대통령은 "그들(북한)은 이라크에서 (미국이) 대량살상무기를 찾는다고 그

나라를 다 파괴하고 심지어 지도자와 그 가족도 죽인 것을 알고 있다. 핵무기와 미사일 기술만이 그들을 방어할 수 있는데 이제 와서 포기하겠냐"고 되물었다.

한편 문 대통령은 이날 한·일 정상회담 이후 열린 동방경제포럼 기조연설에서 남·북·러 등 동북아와 국가 간 경제협력 구상을 담은「신(新)북방정책」을 발표했다. 문 대통령은 "러시아가 추진하는 극동 개발을 위한 최적의 파트너가 한국이며, 한국이 추진하는「신북방정책」도 러시아와의 협력을 전제로 한 것이다. 러시아와 한국 사이에 9개의 다리를 놓아 동시다발적인 협력을 이뤄나가자"고 언급했다. 한·러 간 9개의 다리는 가스, 철도, 항만, 전력, 북극 항로, 조선, 일자리, 농업, 수산 분야에서의 경제협력이라고 문 대통령은 설명했다. 문 대통령이 이날 발표한「신북방정책」은 장기적으로는 동북아 경협에 북한도 포함시키는 것을 목표로 하고 있다. 이와 관련, 문 대통령은 "동북아 국가들이 협력해 극동 개발을 성공시키는 일은 북핵 문제를 해결하는 또 하나의 근원적 해법이라고 했다. 동북아 국가들이 경제협력에 성공하는 모습을 보면 북한도 이에 참여하는 것이 이익임을 깨닫게 될 것이다. (북한은) 또 핵 없이도 번영할 수 있는 길임을 알게 될 것"이라고 했다. 문 대통령은 이날 밤 귀국했다.[3]

---

3) 조선일보, 2017년 9월 8일.

_3_
북미교섭 진전에 일본이 발끈

2017년 북한의 연이은 핵무기 실험과 미국 도널드 트럼프(Donald Trump) 대통령의 김정은 비하 발언으로, 한반도 안보에 심각한 위기가 계속되었다. 그러나 2018년에 들어서는 북한의 평창올림픽 참가를 계기로 하여 한국은 비핵화와 한반도 평화를 위한 주변강국 주선에 열을 올렸다. 특히 싱가포르에서 트럼프 대통령과 김정은 노동당 위원장이 대화를 나눌 수 있게 한 것은 한국 외교의 노력의 일환이다. 그 결과가 아직 불투명한 가운데에서도 불행의 당사자가 될 한국이 외교적 해결에 나선 것은 참으로 다행이라고 생각한다. 이에 반하여, 미국의 북한 때리기에 안주하고 있던 일본으로서는 아래와 같이 한반도 문제 해법을 둘러싼 외교적 움직임에 뒤늦게 대응하는 모습을 보이고 있다.

2018년 3월 9일 김정은 북한 노동당 위원장의 방북 초청에 트럼프 미국 대통령이 수락 의사를 밝혔다는 소식이 전해지자, 일본정부는 당혹감을 감추지 못하면서 극도로 신경을 곤두세웠다. 북한이 북미대화 의지를 밝혔으나, 과거 북한과의 대화가 비핵화로 연결되지 않았다는 교훈을 생각하며 대응해야 한다면서 「구체적 행동」을 강조해 온 일본으로서는 트럼프 대통령이 김 위원장의 제안을 받아들인 「예상외 파격」에 충격을 받은 모습이다. 일본 외무성의 간부는 교도통신에 미국을 방문 중인 정의용 청와대 국가안보실장 등의 브리핑 내용에 대해 "전개 속도가 좀 빠르다"고 말했다. 이는 한국의 특사단이 3월 5일 북한에 파견되어 남북한의 4월 정상회담 개최에 합의한 데 이어, 곧 바로 북미정상회담 의사 확인까지 이어진 상황을 거론한 것이다.[4]

남북 정상회담 개최 합의 소식에도 신중론을 보였던 일본 정부로서는 현직 미 대통령과 북한 최고지도자의 전례 없는 정상회담이 「초(超) 스피드」로 진행되는데 당혹감을 느낀 것이다. 아베 총리가 이날 트럼프 대통령과 통화한 뒤 "핵·미사일의 완전하고 검증 가능하고 되돌릴 수 없는 핵 폐기를 위해 북한이 구체적 행동을 취할 때까지 최대한 압력을 가해 나간다는 미일의 입장에는 흔들림이 없다"고 말한 것도 기존 일본 정부 주장과 상통한다. 한반도 문제에서 「재팬 패싱」 우려가 제기되는 가운데 아베 총리가 4월에 미국을 방문하겠다는 것도 곤혹스러운 일본 입장을 방증하는 것이었다.

그간 일본 정부 내에선 김 위원장의 대화노선 천명에 대해 「미소외교」일 뿐이라고 격하시키며 무시하려는 시각이 우세했다. 스가 요시히데(菅義偉) 관방장관은 이날 오전 브리핑에서 북한의 검증가능하고 불가역적인 비핵화를 위한 길이 보이기 시작했다고 인식하느냐는 질문에 대해, "그런 방향으로 북한이 움직이기 시작한 것은 아닐까 생각한다. 일본 정부는 미·일을 중심으로 하여 한국이나 국제사회와 함께 유엔의 엄격한 제재 등을 이행해 왔고 최대한 압력을 가해가는 중 이번에 이러한 방향으로 향하게 됐다. 향후 북한의 실제 행동을 미·일, 한·미·일, 국제사회와 연대하면서 확실히 지켜보는 것

---

4) 연합뉴스, 2018년 3월 9일.

2018년 싱가포르 북미정상회담

출처: NEWSIS, 2018년 6월 13일

도 중요하다"고 말했다.

오노데라 이쓰노리 방위상은 "구체적 정보에 대해선 내주 방일을 조정하고 있는 서훈 국가정보원장에게 확인하는 것이 전제가 될 것이다. 북한이 핵·미사일 계획 포기에 동의하고 비핵화를 위해 구체적 행동을 보일 필요가 있다는 입장에는 변함이 없다"고 말했다. 오노데라 방위상은 북한 비핵화가 진전될 경우 핵·미사일을 상정한 일본의 방위장비 재검토를 검토하는가? 라는 기자 질문에 대해, "방위장비는 일본이 처한 안보환경에 대응해 진행하게 되는 것이므로 안보환경이 변하면 또 그것에 대응한 방위장비가 될 것"이라고 답했다. 고노 다로 외무상은 "비핵화 의사가 있다는 것은 누구라도 말할 수 있는 것으로, 북한이 구체적 행동을 하는 것이 중요하다"고 밝혔다.

_4_

여섯 해 반 만의 셔틀외교

    2018년 5월 9일 오후 문재인 대통령이 취임 후 네 번째로 아베 총리와 도쿄에서 정상회담을 갖고 한반도 정세를 둘러싼 활발한 소통과 협력을 다짐했다. 이때 문재인 대통령은 "한반도와 동북아 평화를 위해서는 남북대화 뿐만 아니라 북일 대화와 관계정상화가 반드시 필요하다"고 말하고 현실적으로는 곧 다가올 북미 정상회담의 성공을 위하여 일본 정부가 적극 지지해 줄 것을 요청했다. 이에 대해서 아베 총리는 "북한 비핵화를 위한 움직임이 무게 있게 진행되는 것을 높이 평가한다"고 말했으며, "북미 정상회담을 통해 구체적 비핵화를 위한 북한의 행동을 이끌어낼 수 있도록 한국과 적극 협력해 나가겠다"고 대답했다.

    한일 양국 정상은 2018년 10월의 「김대중 · 오부치 공동선언」 20주년을 앞두고, 6년 5개월 만에 복원된 셔틀외교를 통해서 미래지향적 양국 관계를 열어가자는데 의견을 모았다. 아베 총리는 "올해는 양국 파트너십 공동선언 20주년이라는 기념할 만한 해에 양국 관계를 여러 분야에서 강화했으면 좋겠다"고 말했다. 이에 대해 문 대통령은 "한중일 3국 정상회의를 계기로 하여 나와 아베 총리가 합의했던 셔틀외교가 본격적으로 시작됐다"고 말하고, "한일 파트너십 선언 20주년인 올해를 한일관계 발전의 새로운 계기로 삼자"고 화답했다.

한일 셔틀 정상회담의 복원

출처: 공공뉴스, 2018년 5월 9일

　이처럼 이날 모임에서는 원론적 차원의 외교로 일관했다. 그 날 오찬 때 「위안부 합의」 문제가 가볍게 언급되기는 했지만 정상 회담에서는 민감한 현안에 대해서 언급을 하지 않았다. 그럼에도 불구하고 이날 정상 회담으로 문 대통령이 추구하는 주변 4강에 대한 방문 외교를 마치게 되었다고 하는 상징적 의미를 가지게 되었다. 북미 정상 회담을 앞두고 한반도 정세의 역동성이 어느 때보다 커진 시점에, 일본에서 그 매듭이 지어진 것은 주목할 만하다. 일본은 북의 비핵화와 한반도 평화체제 구축이 순조로울 경우 북의 개방과 경제개혁을 위한 실질적 지원에 앞장서게 될 나라이기 때문이다.

　무엇보다 한일 양국 정상 간의 셔틀외교를 복원함으로써 과거사와 교류·협력 방안을 분리한다는 한국의 대일 외교에 있어서 그 원칙을 확인했다. 주변국 외교에서 일본이 상대적으로 그 의미가 쇠퇴했지만, 일본과의 외교관계는 여전히 중요하다. 정상 간의 관계가 양국관계를 좌우해 온 그 동안의 경과에 비추어 보더라도, 복원된 셔틀외교를 발판으로 삼아 양국 정상이 한일관계의 발전에 더욱 힘써야 한다.[5]

---

5) 한국일보 사설, 2018년 5월 9일.

_5_
고노 요헤이, 대북화해 메시지

2018년 6월 13일 고노 요헤이(河野洋平) 전 일본 관방장관이 도쿄의 한 강연에서, 아베 정권에 대해 "북한에게 과거 식민지배에 대해 사과부터 해야 한다"고 쓴 소리를 했다. 그는 「고노 담화」로 일본군 위안부 제도의 강제성을 인정했던 일본 원로 정치인이다. 6월 13일 NHK와 교도통신에 따르면, 고노 전 장관은 이날 강연회에서 일본의 대북정책과 관련해 "지금, 일본이 하지 않으면 안 될 일은 한반도의 식민지화에 대해 드릴 말씀이 없다고 사죄를 하는 것"이라고 강조했다.

그는 한국에는 사죄하고 경제지원 등을 행했지만, 북한과는 국교도 없어서 그렇게 하지 못한 상황이라며 "한국과 비슷한 정도의 사죄와 경제지원을 북한에도 해야 한다"고 밝혔다. 고노 전 장관은 이날 "납치문제 해결 없이 북한과 국교정상화는 있을 수 없다"고 주장하고 있는 아베 총리의 대북정책에도 고언을 아끼지 않았다. 그는 "납치문제라는 것은 대단히 어렵고 심각한 문제"라면서 "일본이 국교도 정상화하지 않고 식민지 문제도 처리하지 못한 국가로서 그저 '납치 피해자를 돌려 달라, 돌려 달라'라고만 말하면 납치문제는 해결되지 않을 것"이라고 지적했다. 이어 "국가와 국가의 관계를 바로잡은 뒤 납치 피해자를 돌려받는 순서를 밟아야 한다"고 했으며, 납치문제 해결에 나서기 전에 먼저 북한과 국교정상화를 해야 한다는 생각을 밝혔다.

고노 요헤이 전 관방장관

출처: 네이버 블로그 (미래사회), 2014년 3월 13일

　중의원 의장을 역임한 고노 전 장관은 1993년 관방장관 재직 때 「고노 담화」를 발표한 인물로, 현역 정치인 시절부터 한국이나 중국 등 주변국들과 우호적인 관계를 중시했다. 그는 특히 일본의 외교 수장인 고노 다로 외무상의 아버지이기도 하다. 이런 까닭에 고노 전 장관의 이날 발언은 북한과 대화를 위해 물밑 접촉을 하면서도 고자세를 굽히지 않고 있는 아베 정권에 부담이 될 것으로 보인다. 그는 강연에서 일본 정부가 모색하는 북일 정상회담과 관련해 "북한에는 일본에 대한 감정적인 문제가 남아 있다"면서 "(북한이) 돈을 원하고 있으니 (북일 정상회담에) 반드시 응할 것이라며 깔보고 있는 것 같다"고 비판하기도 했다. 한편 고노 전 장관은 전날에 열렸던 북미 정상회담과 관련하여, "대화가 행해지며 평화가 가까워져 왔다는 것을 느꼈다. 의미도 있고 대단하기도 했다"고 북미 정상회담을 긍정적으

로 평가했다.[6]

아사히신문이 밝힌 바에 따르면, 고노 요헤이 장관은 2019년 1월 7일 아사히신문과의 인터뷰에서도 아베 정권을 호되게 비판했다고 한다. 현 공무원들이 국민 정체에 대한 봉사를 택하지 않고 특정인에 대한 봉사자가 돼 버린 느낌이 있다고 말한 것이다. 아베 총리는 2018년 국회에서 모리토모(森友) 학원에 대한 국유지 헐값 매각 의혹으로 야권의 공세를 받았고, 이후 정권 차원에서 특혜를 주려 했다는 문서 조작 사태가 불거지기도 했다. 야당의 역할과 관련하여 고노 장관은 집권당을 무너뜨리는 것이라고 답하고, 보다 철저하게 여당을 비판해 가야 한다고 주장했다고 한다.[7]

---

6) 연합뉴스, 2018년 6월 13일.
7) 연합뉴스, 2019년 1월 7일.

_6_
한미연합훈련 중지에 일본의 이견

2018년 6월 13일 교도(共同)통신은 오노데라 일본 방위상이 한미 훈련과 주한미군은 동아시아 안보에 중요한 역할을 하고 있다고 말했다고 보도했다. 보도에 따르면, 오노데라 방위상은 트럼프 미국 대통령이 한미연합훈련을 중단하겠다고 한 발언에 대해 이날 기자들에게 이같이 말하며 우려를 나타냈다. 오노데라 방위상은 대북 대응에 대해서, "계속 압력을 가해야 한다는 자세에는 변함이 없다"고 말했다. 그는 김정은 북한 국무위원장이 북미정상회담에서 비핵화를 약속한 것에 대해서, "일본은 대북 문제에서 핵, 미사일, 납치문제 해결이 최종 목적이다. 이에 따라 정책 변경을 가시화하도록 북한에 요구하고 싶다"고 밝혔다. 그는 일본 정부가 2023년까지 목표로 하고 있는 지상배치형 요격시스템 「이지스 어쇼어(Aegis Ashore)」의 배치를 착실히 추진하겠다고 말했다.

그에 앞서 사토 마사히사(佐藤正久) 외무 부(副)대신은 전날 밤 「BS닛폰TV」 프로그램에서 "트럼프 대통령의 발언 의도를 확인해야 한다"고 말했다. 사토는 트럼프 대통령의 발언에 "솔직히 놀랐다. 일본 안보에 큰 영향을 미칠 것"이라고 말했다. 사토 부대신은 향후 북한 비핵화와 관련해 "군사적 압력이 없어지고 경제적 압력만 있는 가운데에서 협상이 될 것"이라고 언급했다. 이는 완전하고 검증 가능하며 불가역적인 비핵화의 실현이 멀어질 수 있다는 의견을 나타낸 것으로 통신은 해석했다. 트럼프 대통령은 전날 싱가포르에서 북미정상 회담을 가진 후 기자회견에서 "향후 협상이 진행되는 동안에는 엄청 난 돈을 절약할 수 있는 한미연합훈련을 중단할 것"이라고 말했다.[8]

한편 한국의 신범철 아산정책연구원 안보통일센터장은 한미연합 훈련의 중지를 한미동맹의 위기라고 보고 그 원인을 분석하면서 대안 으로서 한미동맹을 강화하는 선순환적 접근을 제안했다. 오늘날 한 미동맹은 국제정세의 변화와 리더십의 변화로 새로운 도전을 맞고 있 다. 먼저 국제질서의 변화 속에 미국의 위상이 과거와 달라졌다. 냉전 시기 경제력의 절대적 우위를 바탕으로 동맹국들을 일방적으로 도와 주던 미국은 더 이상 존재하지 않는다. 탈냉전 이후 국제질서가 다극 화 되고 있고 중국과 다른 지역의 부상이 이어지고 있다. 그 결과 미 국의 상대적 쇠퇴라는 구조적 문제에 직면한 상황이다. 이러한 도전 에 대응하기 위해 미국은 동맹국의 보다 많은 지원을 확보하려 하고 경제적으로 성장한 한국은 그 핵심 대상 중 하나다. 리더십의 차이도 무시할 수 없다. 트럼프 행정부가 출범하며 '미국 우선주의'(america first)를 표방하면서부터 동맹국보다는 미국의 입장을 우선적으로 고 려하고 있다. 방위비 분담금 증액은 물론이고, 그 밖의 동맹 문제에 대한 입장이 과거 미국 행정부와는 다르게 나타나고 있다. 2018년 6월 12일 싱가포르 정상회담에서 트럼프 대통령이 발표했던 한미 연합군사훈련의 일방적 연기가 대표적인 사례이며, 이러한 상황은 2019년 2월 말로 예정된 2차 북미 정상회담에서도 반복될 수 있다.

이러한 도전을 극복하고 안정적인 한미동맹을 유지해 나가기 위해

---

8) 연합뉴스, 2018년 6월 13일.

한미연합훈련의 중단

출처: SBS, 2018년 6월 17일

서는 변화된 환경에 대한 깊은 이해와 동맹의 미래에 대한 고려가 필요하다. 북한이라는 변수도 무시할 수 없다. 북한은 비핵화 협상이 진행되는 과정에서 한미동맹을 지속적으로 약화하려 들 것이다. 특히 한미동맹의 핵심인 주한미군 감축을 목표로 할 가능성이 높은 상황이다. 이러한 재난을 예방하기 위해서는 보다 거시적인 관점에서 문제를 바라봐야 한다. 과거 한국은 미국과의 동맹을 통해 안보 문제에 관심을 덜 쏟으면서 경제발전에 집중할 수 있었고, 동시에 미국이라는 시장을 통해 수년간 평균 200억 달러 이상의 무역흑자를 보아왔다. 이러한 경제적 이익을 바탕으로 한국은 국방비를 증액하며 자주국방의 기틀을 마련하고 있고, 이 과정에서 미국의 무기체계를 구매함으로써 미국에게도 이익이 되는 선순환 구조를 유지해 왔다. 바로 이 방법이 앞으로 다가올 도전을 극복하는 길이다.[9]

---

9) 디지털타임스, 2019년 1월 27일.

_7_
2018년 7월 한국 외교장관, 아베 총리와 면담

2018년 7월 8일 강경화 외교부 장관은 아베 총리와 만나 한일간 미래지향적 관계 구축의 필요성을 재확인했다. 또한 북한의 완전한 비핵화와 한반도 평화 정착 목표 달성을 위해 공조를 계속하기로 했다. 외교부는 이날 보도 자료를 통해 일본을 방문 중인 강 장관이 이날 오후 아베 총리를 예방한 뒤 고노 다로 일본 외무상과 오찬 회담을 가졌다며 이 같이 밝혔다. 강 장관과 아베 총리는 먼저 한일관계의 발전방안에 대해 논의했다. 양측은 2018년 10월 「21세기 새로운 한일 파트너십 공동선언」으로 불리는 김대중 대통령과 오부치 총리와의 공동선언 20주년을 계기로 양국관계를 발전시켜 나가자는데 양국 간 공감대를 재확인했다.

아베 총리는 "양국 간 어려운 문제가 없지 않으나, 이를 적절히 관리하면서 미래지향적 관계를 구축해 나가는 것이 중요하다"고 말하고 이러한 뜻을 문재인 대통령에게 전달해 달라고 요청했다. 이에 강 장관은 "양국 간 어려운 문제를 잘 관리하면서 양국 젊은 세대 간 이해를 증진시켜나가는 것이 긴요하다"고 말하고 "아베 총리의 뜻을 문 대통령께 잘 전달하겠다"고 화답했다. 아베 총리는 문 대통령이 「21세기 새로운 한일 파트너십 공동선언」 20주년 등을 계기로 하여 일본을 방문해주길 희망했다. 그는 자신도 적절한 시기에 한국을 방문함으로써 셔틀외교를 본격화시켜 나가겠다는 뜻을 밝혔다. 아울러 강

2018년 7월 한국 외교장관의 아베 총리 면담

출처: NEWSIS, 2018년 7월 8일

장관은 최근 서일본 지역에서 발생한 기록적인 폭우로 인적, 물적 피해가 발생한 데 대한 문 대통령의 구두 메시지를 아베 총리에게 전달했다. 아베 총리는 문 대통령의 위문에 깊은 사의를 표했다.

한일 양측은 마이크 폼페이오(Mike Pompeo) 미 국무장관의 방북을 통해 북미정상회담 이후 첫 번째 북미 간 고위급 협의가 이뤄진 것을 평가하고, 이를 토대로 완전한 비핵화와 한반도 평화 정착 목표 달성을 위한 노력을 계속 경주해 나가기로 했다. 특히 양측은 향후 북한과의 후속 대화 추진 과정에서 한일·한미일 협력이 긴요하다는 데 인식을 같이하고, 각 부처에서 긴밀한 소통과 협력을 통해 협력을 강화해 나가기로 했다. 한편 고노 외무상은 오찬 회담에서 일본도 한국에 이어 문화와 인적 교류 활성화를 위해 태스크포스(TF)를 구성하겠다고 밝혔으며, 강 장관은 우리측 TF 진행 상황을 소개했다. 양 장관

은「21세기 새로운 한일 파트너십 공동선언」20주년 계기로 하여 양
국관계 발전에 활용하기 위한 구체적인 방안을 계속 강구해 나가기
로 했다. 이에 앞서 2018년 5월 28일 외교부 산하에「한일 문화 · 인
적 교류 활성화 TF」를 발족시킨 바 있다.

아울러 한일 외교장관은 양국의 어업협상에 진전이 있음을 평가하
고, 협상이 조기에 타결돼 실제 조업이 개시될 수 있도록 지속 협력해
나가기로 했다. 또 양국 장관은 향후 한반도 비핵화 및 평화정착 프로
세스와 관련해 심도 있는 의견을 교환하고 이 문제의 궁극적 해결을
위해 긴밀한 협력을 유지해 나가기로 했다.[10]

---

10) 머니투데이, 2018년 7월 8일.

_8_
광개토대왕 구축함과 해상자위대 초계기의 레이더 공방

2018년 12월 아베 정부가 '초계기 영상'을 공개하면서 한일 갈등이
심화되었다. 일본 방위성이 공개한 영상에 따르면, 12월 20일 당시
일본 초계기는 광개토대왕함에서 500m 떨어진 거리에서 고도 150m
저공비행을 했다. 당시 초계기 조종사는 "우리에게 조준된 사격관제
레이더가 관측됐다. 이런 행동의 목적이 무엇인가?" 하고 광개토대
왕함에 문의했다. 보통 초계기는 300m 이상 상공에서 비행한다. 해
상 초계기는 함정을 공격하는 미사일이 있고, 구축함은 이런 비행기
를 공격하는 미사일이 있기 때문에 근접 비행할 때는 사전 교신이 필
수인데도 당시 교신은 없었다.

일본 방위성도 해당 영상을 공개하면서 모두를 설득할 수는 없는
영상이라고 인정했다. 일본은 한국이 사격용 레이더를 썼다는 주장
을 뒷받침할 수 있는 「레이더 주파수」도 공개하지 않았다. 일본 언론
은 2018년 10월에 취임한 이와야 다케시(岩屋毅) 방위성 장관이 한
국과 관계를 감안하여 반대했음에도 불구하고 아베 총리가 영상 공
개를 지시했다고 보도했다. 이러한 일본측의 움직임에 대해 이제까
지는 북한 위협을 근거로 하여 자위대 재무장과 개헌을 추진해 왔는
데, 이제는 한국까지 이런 논란에 끌어들여 지지층을 결집하려는 시
도가 아닌가 하는 견해도 나왔다.[11]

---

11) TV조선, 2018년 12월 31일.

일본 방위성은 「레이더 조준」 문제와 관련하여 2018년에도 해상자위대 초계기가 한국의 광개토대왕 구축함에 3차례나 접근 촬영했으나 아무런 문제 제기를 받지 않았다고 주장했다. 2019년 1월 22일에 방위성이 발표한 바에 따르면, 일본 해상자위대의 초계기가 경계 감시와 정보 수집을 위해 2018년 4월 27일과 28일, 그리고 8월 23일 동해상에서 광개토대왕 구축함에 이번 사태 때처럼 가까이에 다가가서 사진을 찍었지만 그때에는 한국 측이 이번처럼 문제를 제기하지 않았다고 했다. 광개토대왕함을 촬영했을 당시 가장 근접한 거리는 약 500~550m였고 고도는 150m 정도였다고 한다. 2018년 12월 20일 일본 초계기가 동해상에서 광개토대왕함의 사격 관제 레이더 조준을 받은 때와 거의 같은 거리였지만 한국 해군 측의 항의가 전혀 없었다는 것이다.

한국 해군은 「레이더 조준」 공방 과정에서 일본 P-1 초계기가 구조 활동을 펼치고 있는 광개토대왕함에 접근하여 저공비행으로 위협 행위를 감행했다고 비난해 왔다. 그리고 일본 방위성은 광개토대왕함과 우리 경비대 구조함이 동해 일본 배타적 경제수역(EEZ) 안에 있었다고 주장하며 북한 조난 어선을 구조 구난하는 활동을 하고 있었다면 왜 자위대와 해상보안청이 구난 신호를 수신할 수 없었는지를 의심하고 있다고 지지통신은 보도했다. 이 점에 대해서는 한일 싱가포르 실무자 협의 도중에 한국 측으로부터 설명이 있었다고 했다. 일본 방위성은 한국 측 설명 내용을 분명히 밝히고 있지는 않지만, 방위성 간부의 말을 빌려 "즉각 반론할 수 있는 얘기는 없었다"고 밝히고 있다.

일본 방위성은 2019년 1월 21일 「레이더 조준」 문제와 관련하여 홈

광개토대왕함

출처: 해럴드POP, 2008년 7월 29일

페이지를 통해 일본의 초계기가 한국 광개토대왕함의 추적 레이더에 조사(照射)됐다는 증거라며 화기관제용 레이더 탐지음과 수색용 레이더 탐지음 등 해상자위대에 기록된 2개 음성파일을 공개했다. 그리고 한국 측과의 실무협의를 일방적으로 중단한다고 발표했다. 수색용 레이더 탐지음은 비교를 위해 제시된 것이다. 일본이 공개한 화기관제용 레이더 탐지음은 '삐' 하는 소리가 지속적으로 이어지며, 비교용 수색용 레이더 탐지음은 '삐' 소리가 여러 번 반복됐다. 음성파일은 약 20초 분량이며 "일부 보전 조치를 취했다"는 설명도 덧붙였다.[12]

　한편 한국의 국방부는 2019년 1월 22일 일본이 공개한 탐지음은 가공된 정보이며 원음을 공개해야 한다고 했다. "(일본이 공개한) 전자파 접촉음은 펄스(pulse) 반복률을 음으로 바꾼 것이며, 레이더마다 특성이 달라서 그 중 한 가지만 보고 추적 레이더(STIR)라고 말할

---

12) 뉴시스, 2019년 1월 22일.

수 없는 상황"이라는 것이다. 만약 원음이라면 당시 구조활동을 하던 해양경비대 삼봉호와 광개토대왕함, 어선 등의 모든 음이 다 포함돼야 하는데 일본이 공개한 접촉음은 그렇지 않고 자기들이 원하는 정보 부분만 가공된 걸로 추정되는 정보만 남겼다는 것이다. 수많은 정보 중에서 일본은 한 가지만 제공했고 시각도 알리지 않았다. 따라서 한국의 국방부는 「레이더 조준」 문제의 증거로 제시된 전자파 접촉음이 주변 잡음이 전혀 없는 가공된 음성이며, 언제 어디서 발생한 접촉음인지 도무지 알 수 없다고 보았다.[13]

---

13) 아주경제, 2019년 1월 22일.

_9_
삼중고에 시달리는 대일외교

「일본군 위안부」, 「야스쿠니 신사참배」, 「독도 영유권」 등 과거사 문제를 둘러싼 한일 갈등이 좀처럼 해결될 기미가 안 보인다. 보수우익세력을 지지 기반으로 삼고 있는 아베 총리는 지지율을 결집하고 정책 추진 동력을 살리려는 목적으로 역사도발 카드를 지속적으로 꺼내들 것으로 보인다.

일본 외무성은 2018년 8월 14일 문재인 대통령이 「일본군 위안부 피해자 기림의 날」을 맞아 기념식에 참석한 것을 두고 유감의 입장을 밝혔다. 외무성은 같은 날 "위안부 문제는 최종적이고 불가역적으로 해결하는 것을 확인한 2015년 한일 합의가 착실히 이행되는 것이 중요하다. 한국 정부가 일본군 위안부 피해자 기림의 날을 제정한 것은 합의의 취지에 반하는 것"이라고 주장했다. 우리 정부는 피해 당사자인 할머니들의 의사가 제대로 반영되지 않은 「위안부 합의」는 진정한 문제해결이 될 수 없다고 보고 후속조치를 요구하고 있다. 그러나 외무성은 "최종적이고 불가역적인 합의를 되돌릴 수 없다"며 국제사회에 위안부 합의가 해결됐음을 강변하는 상황이다.

세계대전 A급 전범이 합사된 야스쿠니 신사에 대한 참배 행위도 계속되고 있다. 2018년 8월 15일 일본 여야 의원 50여명은 패전일을 맞아 야스쿠니 신사에 참배했고 아베 총리는 신사를 참배하지 않는 대신 자비로 공물료를 납부했다. 이에 우리 외교부는 대변인 논평을 통

한일관계의 어려움

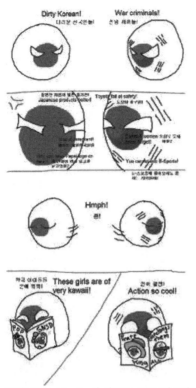

출처: Dark Hunter의 블로그, 2014년 5월 31일
http://blog.naver.com/rkffpqrla142/220016416297

해 "과거 식민침탈과 침략전쟁의 역사를 미화하고 있는 야스쿠니 신사에 또 다시 공물료를 봉납하고 참배를 강행한 데 대해 깊은 우려를 표한다"는 입장을 밝혔다. 또한 중국 외교부도 "야스쿠니 신사는 침략전쟁에 대해 중요한 책임이 있는 A급 전범을 합사한 곳이라는 사실을 다시 한 번 강조한다. 우리는 일본이 침략 역사를 직시하고 반성하며 실질적인 행동으로 아시아 주변국과 국제사회의 신임을 받기를 촉구한다"고 발표했다.

독도 영유권을 부당 주장하는 「독도 도발」도 끊이지 않고 있다. 일본 문부과학성은 2018년 7월 독도가 일본 영토라는 교육을 의무화하는 「학습지도요령 이행조치」를 마련해 공고했고, 도쿄 도심 한복판에 독도 영유권을 주장하는 내용의 상설 전시관을 개설했다. 앞서 2018년 새해 외교연설에서 고노 다로 일본 외무상은 "일본 고유의 영토인 다케시마에 대해서는 계속해서 일본의 주장을 확실히 전하고 끈기 있게 대응하겠다"고 말하며 독도 도발 강행 기조를 예고한 바 있다. 또한 8월 18일에 개최되는 자카르타·팔렘방 아시안게임에서도 한반도기의 독도표기 여부를 놓고 신경전을 벌였다. 더욱이 2018년 2월 평창동계올림픽 당시 북측 응원단은 독도가 그려진 한반도기를 사용했고 이에 일본 정부는 "스포츠 정신에 위배된 것"이라며 반발의 뜻을 밝혔다. 전문가들은 아베 총리가 역사도발을 지속하는 것은 자신을 겨냥한 국내 비판여론을 불식시키고 보수 우익세력의 지지를 집결하려는 의도가 깔린 것으로 보고 있다.

일본사회의 우경화를 주도하며 정치적 기반을 마련해온 아베 총리는 줄곧 한일 역사 갈등을 부각시켜 자국민들의 분노 여론을 부채질했고 이는 숱한 정치적 위기를 돌파하는 카드로 활용 된 바 있다. 특히 아베 총리는 2018년 9월 자민당 총재 재선을 달성했고, 정치적 숙원인 「전쟁 가능 국가」 개헌에 박차를 가하고 있다. 이들 목적을 달성하기 위해서는 우익 여론의 전폭적인 지지에 기반한 정책 추진 동력이 필요한 만큼 역사 도발 기조도 당분간 계속될 것이라는 전망이다.[14]

---

14) 데일리안, 2018년 8월 17일.

VI. 대일외교자료

_1_
황교안 대통령 권한 대행의 삼일절 기념사

2017년 3월 1일 오전 서울 세종문화회관에서 정부가 주최하는 공식 기념식이 열렸고, 부산, 대구, 광주 등 전국 190여개 지역에서 삼일절 기념행사가 열렸다. 이날 오후에는 서울 광화문 광장 인근에서 박근혜 대통령 탄핵 인용을 촉구하는 제18차 촛불집회와 이에 반대하는 「태극기 집회」가 동시에 진행되었다. 탄핵정국이 빚어지면서 박근혜 대통령의 지지하고 탄핵무효를 주장하는 보수단체 연합측에서 태극기를 집회의 상징으로 내걸면서 태극기에 대한 미묘한 인식이 발생했다. 예년에는 삼일절을 맞아 태극기 게양이 애국을 상징했는데, 2017년에는 태극기게양이 탄핵정국에 대한 개인의 의견으로 인식될 수도 있고, 정부 차원의 태극기게양 독려가 정치적인 색깔로 해석될 수 있기 때문에 시민들이나 관공서, 또한 지방자치단체와 삼일절 관련 단체에서도 태극기로 인한 논란을 피하고자 했다. 다음은 황교안 대통령 권한 대행이 정부 공식 기념식에서 낭독한 삼일절 기념사 전문(全文)이다.

존경하는 국내외 동포 여러분, 독립 유공자와 유가족 여러분, 그리고 내외 귀빈 여러분.

오늘은 우리 민족사에 큰 분수령이 되었던 3 · 1운동을 기념하는 매우 뜻 깊은 날입니다. 3 · 1운동은 우리의 산하를 강점하고 우리 민족에게 가혹한 무단통치를 자행했던 일제에 비폭력으로 저항한 자주독립 운동이었습니다. 선열들은 또한 신분과 이념, 지역과 계층, 남녀노소를 뛰어넘어 모두가 한 마음 한 뜻으로 뭉쳐 우리의 독립의지를 세계만방에 알렸습니다. 3·1운동의 숭고한 정신은 대한민국 임시정부의 건립과 함께 법통으로 계승되고 마침내 광복을 쟁취하는 굳건한 초석이 되었습니다. 어떠한 고난과 역경에도 굴하지 않는 우리 민족의 강인한 생명력의 근간입니다. 광복 이후에도 우리는 선열들의 3·1정신을 바탕으로 불과 반세기의 짧은 기간에 세계 속에 당당한 대한민국을 건설했습니다.

온 국민이 분단의 아픔과 6·25전쟁으로 인한 폐허, 그리고 모진 가난을 이겨내고 세계 10위권의 경제 강국으로 우뚝 섰습니다. 오늘 우리가 자유와 평화와 번영을 누리는 것은 자주독립을 위해 고귀한 생명까지 바치신 애국선열들이 계셨기 때문입니다. 순국선열과 애국지사 분들의 헌신에 경의를 표하며, 독립유공자 유가족 여러분께 깊은 존경과 감사의 말씀을 드립니다.

존경하는 국민 여러분,

2019년이면 3·1운동 100주년이 됩니다. 이제부터 우리는 위대한 3·1운동의 정신을 되살려 새로운 100년을 준비해가야 합니다. 선열들이 3·1운동을 통해 표방했던 자주독립과 자강(自強), 세계평화와 공영(共榮)의 정신을 우리의 미래 정신으로 승화시켜야 합니다. 이를 위해서는 미래의 주역이 될 우리 청년들의 역할이 매우 중요합니다. 3·1운동 당시에도 유관순 열사를 비롯한 학생·청년들이 만세운동의 전국적인 확산에 앞장서는 등 중심적인 역할을 했습니다. 지금 우

2017년 3월 1일의 촛불집회

출처: 시골포토그래퍼의 블로그 https://blog.naver.com/nstand1

리 청년들도 많은 어려움을 겪고 있습니다. 그러나 고난의 역사를 극복해온 3·1정신을 계승하여 반드시 지금의 어려움을 이겨내고 조국의 희망찬 미래를 열어가게 될 것입니다. 저는 우리 청년들의 저력과 도전정신을 믿으며, 이들이 마음껏 미래의 꿈을 펼칠 수 있도록 최선의 노력을 기울여 나가겠습니다.

국민 여러분,

3.1운동의 역사적 의미를 되새기는 오늘, 우리는 당면하고 있는 국가적 위기상황을 극복하는 데 더욱 진력하겠다는 결의를 굳게 다짐하게 됩니다. 북핵 위협, 동북아시아와 국제정세의 불확실성, 국내외 경제의 침체와 4차 산업혁명의 도래, 저출산 고령화를 비롯한 여러 가지 구조적인 문제들을 풀어가야 합니다. 무엇보다 선열들이 소망했던 대로 온 겨레가 평화롭고 행복한 삶을 누리기 위해서는 통일국가

를 실현하여 후손에게 물려주어야 합니다. 정부는 그동안 상호신뢰를 쌓아나감으로써 남북관계를 호혜적으로 발전시키고 한반도 평화와 통일기반을 구축하기 위해 노력했습니다. 그러나 북한은 이를 외면한 채, 주민들의 민생을 파괴하고 인권을 유린하며 핵실험과 탄도미사일 발사 등 오직 핵능력 고도화에 몰두하고 있습니다. 특히 최근에 일어난 김정남 피살사건은 잔혹하고 무모하며 반(反)인륜적인 북한정권의 속성과 민낯을 단적으로 보여주었습니다. 제3국의 국제공항에서 국제법으로 금지된 화학무기로 저지른 테러에 대해 전 세계가 경악을 금치 못하고 있습니다.

국민 여러분,

정부는 무도한 북한 정권의 도발에 강력 대응해 나가겠습니다. 먼저, 확고한 안보태세를 유지하면서 국제사회와 함께 북한이 핵무기와 탄도미사일 개발을 포기할 수밖에 없도록 해나갈 것입니다. 정부는 굳건한 한미 연합방위태세를 토대로 북한의 어떠한 도발과 위협도 단호히 응징하겠습니다. 유엔안보리 결의 등의 제재와 압박을 더욱 강화하여 북한이 잘못된 셈법을 바꾸도록 하겠습니다. 사드 배치 등 한미연합의 억제 및 방어능력을 배가하여 북한 스스로 핵무기가 소용없다는 것을 깨닫게 해나갈 것입니다.

다음으로 북한의 참혹한 인권문제의 해결을 위해서도 노력하겠습니다. 지금 북한에서는 수용소를 비롯한 각지에서 공개처형 등 형언할 수 없는 참상이 계속되고 있습니다. 정부는 북한 인권 침해의 가해자에 대한 처벌이 실현될 수 있도록 국제사회와 함께 강력한 노력을 계속해 나가겠습니다. 작년에 제정된 북한인권법을 토대로 북한정권의 인권침해 실태 조사 등 여러 가지 조치들을 이미 진행하고 있습니다. 북한인권법에 명시된 북한 인권재단이 조속히 출범해 인권단체 지원 등 본격적인 활동으로 북한 주민의 인권증진에 기여할 수 있기를 기대합니다. 또한, 통일의 기반을 구축하기 위해서 부단한 노력을 기울여 나가겠습니다. 자유민주주의에 기반한 통일국가를 이루는 것은 북핵문제를 근본적으로 해결하고 민족의 재도약을 실현할 수 있는 최선의 해법입니다.

그런데 북한의 실질적인 변화 없이 우리가 추구하는 통일은 이룰 수 없습니다. 이를 위해서는 북한 주민들이 외부세계를 알고 시대흐름을 인식하도록 국제사회와 함께 적극 도와주어야 합니다. 북한 일반간부와 주민들도 통일이 되면 우리 국민과 마찬가지로 동등한 민족 구성원으로서 자격과 기회를 갖게 될 것입니다. 정부는「미리 온 통일」의 의미를 갖는 탈북민들이 우리 사회에 잘 뿌리내리고 건강한 시민으로 살아갈 수 있도록 최선을 다하겠습니다. 국민 여러분께서도 따뜻한 마음으로 이분들을 포용하고 적극적으로 성원해 주시기 바랍니다.

국민 여러분,

대한민국과 일본 두 나라 간 미래지향적 동반자 관계의 출발점이자 필요조건은 올바른 역사인식과 미래세대 교육입니다. 정부는 이와 같은 확고한 원칙을 가지고 과거사 문제에 대해서는 단호히 대응해 나갈 것입니다. 한편, 경제·문화·인적교류 등 호혜적 분야에서의 협력은 지속적으로 확대해 나가며 북한 핵·미사일 위협 대처 등 동북아시아 평화와 번영을 위한 협력도 더욱 강화할 것입니다. 일본

정부도 역사를 있는 그대로 직시하면서 미래세대 교육과 과거사의 과오를 반성하는 데 진정성 있고 일관성 있게 나아가야 할 것입니다. 한 · 일 양국은 일본군 위안부 피해자 합의의 취지와 정신을 진심으로 존중하면서 실천해야 합니다. 그럼으로써 피해자 분들이 과거의 고통과 상처를 치유 받고 명예와 존엄이 회복될 수 있도록 함께 노력해야 할 것입니다. 한일 두 나라가 상호 이해와 신뢰를 바탕으로 함께 노력해 나간다면 양국 관계는 보다 상호 호혜적이고 미래를 향한 진정한 이웃으로 발전해 나갈 수 있을 것입니다.

존경하는 국민 여러분,

선열들은 나라마저 빼앗겼던 캄캄한 암흑기에도 희망과 용기를 잃지 않고 조국 광복의 미래를 위해 분연히 일어섰습니다. 그것은 오직 나라사랑의 일념이었습니다.

선열들의 이러한 뜻을 받들기 위해서는 화합과 통합이 무엇보다 필요한 때라고 생각합니다. 우리 사회는 최근의 일련의 사태로 국론이 분열되고 사회 갈등이 확대되고 있으며 서로를 반목 · 질시하는 현상까지 일어나고 있습니다. 이제는 헌법의 정신과 가치를 존중하는 바탕 위에서 서로의 다양성을 인정하고 조화와 균형을 이뤄나가는 노력이 필요합니다. 정부부터 비상한 각오로 국정안정과 위기극복에 전력을 기울이겠습니다. 우리 모두 3 · 1운동 선열들의 뜨거운 애국심과 통합의 위대한 정신을 받들어 지금의 위기를 넘어 희망찬 미래로 나아갑시다. 국민 여러분의 힘과 지혜를 모아주십시오. 감사합니다.[1]

---

1) 위키문헌, https://ko.wikisource.org/wiki/제98주년 삼일절 기념사.

_2_
문재인 대통령의 2017년 광복절 경축사

　문재인 대통령은 2017년 8월 15일 광복절 기념식 축사에서 "한반도에서 다시 전쟁은 안 된다"고 했으며, "그 누구도 대한민국 동의 없이 군사행동을 결정할 수 없으며 정부는 모든 것을 걸고 전쟁만은 막을 것"이라고 말했다. 또 "독립운동을 하면 3대가 망한다는 말이 사라져야 한다"고 말하고, "독립운동가들에게 최고의 존경과 예의로 보답하겠다"고 약속하기도 했다. 문 대통령은 이날 세종문화회관에서 열린 광복절 경축식에 참석하여 축사를 낭독했다. 출범한 지 1년이 채 안 되는 시기인 만큼, 하고 싶은 메시지가 많아서인지 축사가 장황해졌다.

　특히 문 대통령은 "독립운동의 공적을 후손들이 기억하기 위해 임시정부기념관을 건립하겠다"며 "임청각처럼 독립운동을 기억할 수 있는 유적지는 모두 찾아내고 잊혀진 독립운동가를 끝까지 발굴하고, 해외의 독립운동 유적지를 보전하겠다"고 얘기했다. 이 대목에서 문 대통령은 의사 이태준 선생, 기자 장덕준 선생, 독립운동가의 어머니 남자현 여사, 과학자 김용관 선생, 영화감독 나운규 선생 등 독립투사 다섯 명의 이름을 한 명 한 명 부르기도 했다. 또 문 대통령은 "국민주권은 임시정부 수립을 통한 대한민국 건국이념이 됐고 그 정신을 계승해 촛불을 드는 실천이 됐다"며 "광복은 그냥 주어진 것이 아니며 자유와 독립의 열망을 지켜 낸 삼천만 민족이 되찾은 것"

이라고 강조했다.

한편 경축식에 앞서 문 대통령은 서울 용산구 효창공원을 방문해 백범 김구 선생 묘역과 이봉창, 윤봉길, 백정기 삼의사 묘역을 참배했다. 이 날 참배에는 김부겸 행정안전부 장관과 피우진 국가보훈처장 등이 함께 했다. 다음은 문 대통령의 광복절 축사 전문(全文)이다.

존경하는 국민 여러분, 독립유공자와 유가족 여러분, 해외에 계신 동포 여러분,

촛불혁명으로 국민주권의 시대가 열리고 첫 번째 맞는 광복절입니다. 오늘, 그 의미가 유달리 깊게 다가옵니다. 국민주권은 이 시대를 사는 우리가 처음 사용한 말이 아닙니다. 백 년 전인 1917년 7월, 독립운동가 14인이 상해에서 발표한 '대동단결 선언'은 국민주권을 독립운동의 이념으로 천명했습니다. 경술국치는 국권을 상실한 날이 아니라 오히려 국민주권이 발생한 날이라고 선언하며, 국민주권에 입각한 임시정부 수립을 제창했습니다. 마침내 1919년 3월, 이념과 계급과 지역을 초월한 전 민족적 항일독립운동을 거쳐, 이 선언은 대한민국 임시정부를 수립하는 기반이 되었습니다.

국민주권은 임시정부 수립을 통한 대한민국 건국의 이념이 되었고, 오늘 우리는 그 정신을 계승하고 있습니다. 그렇게 국민이 주인인 나라를 세우려는 선대들의 염원은 백 년의 시간을 이어왔고, 드디어 촛불을 든 국민들의 실천이 되었습니다. 광복은 주어진 것이 아니었습니다. 이름 석 자까지 모든 것을 빼앗기고도 자유와 독립의 열망을 지켜낸 삼천만이 되찾은 것입니다. 민족의 자주독립에 생을 바친 선열들은 말할 것도 없습니다. 독립운동을 위해 떠나는 자식의 옷

을 기운 어머니도, 일제의 눈을 피해 야학에서 모국어를 가르친 선생님도, 우리의 전통을 지켜내고 쌈짓돈을 보탠 분들도, 모두가 광복을 만든 주인공입니다.

광복은 항일의병에서 광복군까지 애국선열들의 희생과 헌신이 흘린 피의 대가였습니다. 직업도, 성별도, 나이의 구분도 없었습니다. 의열단원이며 몽골의 전염병을 근절시킨 의사 이태준 선생, 간도참변 취재 중 실종된 동아일보 기자 장덕준 선생, 무장독립단체 서로군정서에서 활약한 독립군의 어머니 남자현 여사, 과학으로 민족의 힘을 키우고자 했던 과학자 김용관 선생, 독립군 결사대 단원이었던 영화감독 나운규 선생, 우리에게는 너무도 많은 독립운동가들이 있었습니다.

독립운동의 무대도 한반도만이 아니었습니다. 1919년 3월 1일 연해주와 만주, 미주와 아시아 곳곳에서도 한 목소리로 대한독립의 함성이 울려 퍼졌습니다. 항일독립운동의 이 모든 빛나는 장면들이 지난 겨울 전국 방방곡곡에서, 그리고 우리 동포들이 있는 세계 곳곳에서, 촛불로 살아났습니다. 우리 국민이 높이든 촛불은 독립운동 정신의 계승입니다. 위대한 독립운동의 정신은 민주화와 경제 발전으로 되살아나 오늘의 대한민국을 만들었습니다. 그 과정에서 희생하고 땀 흘린 모든 분들, 그 한 분 한 분 모두가 오늘 이 나라를 세운 공헌자입니다.

오늘 저는 독립유공자와 유가족 여러분, 그리고 저마다의 항일로 암흑의 시대를 이겨낸 모든 분들께, 또 촛불로 새 시대를 열어주신 국민들께, 다시금 깊은 존경과 감사의 말씀을 드립니다. 아울러 저는 오늘 우리가 기념하는 이 날이 민족과 나라 앞에 닥친 어려움과 위기에 맞서는 용기와 지혜를 되새기는 날이 되기를 희망합니다.

문재인 대통령의 2017년 광복절 축사

출처: YTN, 2017년 8월 15일

　존경하는 독립유공자와 유가족 여러분,

　경북 안동에 임청각이라는 유서 깊은 집이 있습니다. 임청각은 일제강점기 전 가산을 처분하고 만주로 망명하여 신흥무관학교를 세우고, 무장 독립운동의 토대를 만든 석주 이상룡 선생의 본가입니다. 무려 아홉 분의 독립투사를 배출한 독립운동의 산실이고, 대한민국 노블리스 오블리제를 상징하는 공간입니다. 그에 대한 보복으로 일제는 그 집을 관통하도록 철도를 놓았습니다. 아흔 아홉 칸 대저택이었던 임청각은 지금도 반 토막이 난 그 모습 그대로입니다. 이상룡 선생의 손자, 손녀는 해방 후 대한민국에서 고아원 생활을 하기도 했습니다. 임청각의 모습이 바로 우리가 되돌아봐야 할 대한민국의 현실입니다. 일제와 친일의 잔재를 제대로 청산하지 못했고, 민족정기를 바로 세우지 못했습니다.

　역사를 잃으면 뿌리를 잃는 것입니다. 독립운동가들을 더 이상 잊혀진 영웅으로 남겨두지 말아야 합니다. 명예뿐인 보훈에 머물지도 말아야 합니다. 독립운동을 하면 3대가 망한다는 말이 사라져야 합니다. 친일 부역자와 독립운동가의 처지가 해방 후에도 달라지지 않더라는 경험이 불의와의 타협을 정당화하는 왜곡된 가치관을 만들었습니다. 독립운동가들을 모시는 국가의 자세를 완전히 새롭게 하겠습니다. 최고의 존경과 예의로 보답하겠습니다. 독립운동가의 3대까지 예우하고 자녀와 손자녀 전원의 생활안정을 지원해서 국가에 헌신하면 3대까지 대접받는다는 인식을 심겠습니다. 독립운동의 공적을 후손들이 기억하기 위해 임시정부기념관을 건립하겠습니다. 임청각처럼 독립운동을 기억할 수 있는 유적지는 모두 찾아내겠습니다. 잊혀진 독립운동가를 끝까지 발굴하고, 해외의 독립운동 유적지를 보전하겠습니다.

이번 기회에 정부는 대한민국 보훈의 기틀을 완전히 새롭게 세우고자 합니다. 대한민국은 나라의 이름을 지키고, 나라를 되찾고, 나라의 부름에 기꺼이 응답한 분들의 희생과 헌신 위에 서 있습니다. 그 희생과 헌신에 제대로 보답하는 나라를 만들겠습니다. 젊음을 나라에 바치고 이제 고령이 되신 독립유공자와 참전유공자에 대한 예우를 강화하겠습니다. 살아계시는 동안 독립유공자와 참전유공자의 치료를 국가가 책임지겠습니다. 참전명예수당도 인상하겠습니다. 유공자 어르신 마지막 한 분까지 대한민국의 품이 따뜻하고 영광스러웠다고 느끼시게 하겠습니다. 순직 군인과 경찰, 소방공무원 유가족에 대한 지원도 확대할 것입니다. 그것이 우리 모두의 자긍심이 될 것이라 믿습니다. 보훈으로 대한민국의 정체성을 분명히 확립하겠습니다. 애국의 출발점이 보훈이 되도록 하겠습니다.

존경하는 국민 여러분,

지난 역사에서 국가가 국민을 지켜주지 못해 국민들이 감수해야 했던 고통과도 마주해야 합니다. 광복 70년이 지나도록 일제강점기 강제동원 고통이 지속되고 있습니다. 그동안 강제동원의 실상이 부분적으로 밝혀졌지만 아직 그 피해의 규모가 다 드러나지 않았습니다. 밝혀진 사실들은 그것대로 풀어나가고, 미흡한 부분은 정부와 민간이 협력해, 마저 해결해야 합니다. 앞으로 남북관계가 풀리면 남북이 공동으로 강제동원 피해 실태조사를 하는 것도 검토할 것입니다. 해방 후에도 돌아오지 못한 동포들이 많습니다. 재일동포의 경우 국적을 불문하고 인도주의적 차원에서 고향 방문을 정상화할 것입니다. 지금도 시베리아와 사할린 등 곳곳에 강제이주와 동원이 남긴 상처가 남아 있습니다. 그 분들과도 동포의 정을 함께 나누겠습니다.

존경하는 국민 여러분, 독립유공자와 유가족 여러분, 해외 동포 여러분,

오늘 광복절을 맞아 한반도를 둘러싸고 계속되는 군사적 긴장의 고조가 우리의 마음을 무겁게 합니다. 분단은 냉전의 틈바구니 속에서 우리 힘으로 우리 운명을 결정할 수 없었던 식민지시대가 남긴 불행한 유산입니다. 그러나 이제 우리는 스스로 우리 운명을 결정할 수 있을 만큼 국력이 커졌습니다. 한반도의 평화도, 분단 극복도, 우리가 우리 힘으로 만들어가야 합니다. 오늘날 한반도의 시대적 소명은 두말 할 것 없이 평화입니다. 한반도 평화 정착을 통한 분단 극복이야말로 광복을 진정으로 완성하는 길입니다.

평화는 또한 당면한 우리의 생존 전략입니다. 안보도, 경제도, 성

장도, 번영도 평화 없이는 미래를 담보하지 못합니다. 평화는 우리만의 문제가 아닙니다. 한반도에 평화가 없으면 동북아에 평화가 없고, 동북아에 평화가 없으면 세계의 평화가 깨집니다. 지금 세계는 두려움 속에서 그 분명한 진실을 목도하고 있습니다. 이제 우리가 가야할 길은 명확합니다. 전 세계와 함께 한반도와 동북아의 항구적 평화체제 구축의 대장정을 시작하는 것입니다. 지금 당면한 가장 큰 도전은 북한의 핵과 미사일입니다. 정부는 현재의 안보상황을 매우 엄중하게 인식하고 있습니다. 정부는 굳건한 한미동맹을 기반으로 미국과 긴밀히 협력하면서 안보위기를 타개할 것입니다. 그러나 우리의 안보를 동맹국에게만 의존할 수는 없습니다. 한반도 문제는 우리가 주도적으로 해결해야 합니다.

정부의 원칙은 확고합니다. 대한민국의 국익이 최우선이고 정의입니다. 한반도에서 또 다시 전쟁은 안 됩니다. 한반도에서의 군사행동은 대한민국만이 결정할 수 있고, 누구도 대한민국의 동의 없이 군사행동을 결정할 수 없습니다. 정부는 모든 것을 걸고 전쟁만은 막을 것입니다. 어떤 우여곡절을 겪더라도 북핵문제는 반드시 평화적으로 해결해야 합니다. 이 점에서 우리와 미국 정부의 입장이 다르지 않습니다. 정부는 국제사회에서 평화적 해결 원칙이 흔들리지 않도록 외교적 노력을 한층 강화할 것입니다. 국방력이 뒷받침되는 굳건한 평화를 위해 우리 군을 더 강하게, 더 믿음직스럽게 혁신하여 강한 방위력을 구축할 것입니다. 한편으로 남북 간 군사적 긴장이 상황을 더 악화시키지 않도록 군사적 대화의 문도 열어놓을 것입니다.

북한에 대한 제재와 대화는 선후의 문제가 아닙니다. 북핵문제의 역사는 제재와 대화가 함께 갈 때 문제해결의 단초가 열렸음을 보여주었습니다. 북한이 미사일 발사시험을 유예하거나 핵실험 중단을 천명했던 시기는 예외 없이 남북관계가 좋은 시기였다는 것을 기억해야 합니다. 그럴 때 북미, 북일 간 대화도 촉진되었고, 동북아 다자외교도 활발했습니다. 제가 기회가 있을 때마다 한반도 문제의 주인은 우리라고 한 이유도 여기에 있습니다. 북핵문제 해결은 핵 동결로부터 시작되어야 합니다. 적어도 북한이 추가적인 핵과 미사일 도발을 중단해야 대화의 여건이 갖춰질 수 있습니다. 북한에 대한 강도 높은 제재와 압박의 목적도 북한을 대화로 이끌어내기 위한 것이지 군사적 긴장을 높이기 위한 것이 아닙니다. 이 점에서도 우리와 미국 정부의 입장이 다르지 않습니다.

북한 당국에 촉구합니다. 국제적인 협력과 상생 없이 경제발전을 이루는 것은 불가능합니다. 이대로 간다면 북한에게는 국제적 고립과 어두운 미래가 있을 뿐입니다. 수많은 주민들의 생존과 한반도 전체를 어려움에 빠뜨리게 됩니다. 우리 역시 원하지 않더라도 북한에 대한 제재와 압박을 더욱 높여나가지 않을 수 없습니다. 즉각 도발을 중단하고 대화의 장으로 나와 핵 없이도 북한의 안보를 걱정하지 않을 수 있는 상황을 만들어야 합니다. 우리가 돕고 만들어 가겠습니다. 미국과 주변 국가들도 도울 것입니다. 다시 한 번 천명합니다. 우리는 북한의 붕괴를 원하지 않습니다. 흡수통일을 추진하지도 않을 것이고 인위적 통일을 추구하지도 않을 것입니다. 통일은 민족공동체의 모든 구성원들이 합의하는 '평화적, 민주적' 방식으로 이루어져야 합니다. 북한이 기존의 남북합의의 상호이행을 약속한다면, 우리는 정부가 바뀌어도 대북정책이 달라지지 않도록, 국회의 의결을 거쳐 그 합의를 제도화할 것입니다.

저는 오래전부터 '한반도 신경제지도' 구상을 밝힌 바 있습니다. 남북간의 경제협력과 동북아 경제협력은 남북공동의 번영을 가져오고, 군사적 대립을 완화시킬 것입니다. 경제협력의 과정에서 북한은 핵무기를 갖지 않아도 자신들의 안보가 보장된다는 사실을 자연스럽게 깨닫게 될 것입니다. 쉬운 일부터 시작할 것을 다시 한 번 북한에 제안합니다. 이산가족 문제와 같은 인도적 협력을 하루빨리 재개해야 합니다. 이 분들의 한을 풀어드릴 시간이 얼마 남지 않았습니다. 이산가족 상봉과 고향 방문, 성묘에 대한 조속한 호응을 촉구합니다.

다가오는 평창 동계올림픽도 남북이 평화의 길로 한 걸음 나아갈 수 있는 좋은 기회입니다. 평창올림픽을 평화올림픽으로 만들어야 합니다. 남북대화의 기회로 삼고, 한반도 평화의 기틀을 마련해야 합니다. 동북아 지역에서 연이어 개최되는 2018년 평창 동계올림픽, 2020년의 도쿄 하계올림픽, 2022년의 베이징 동계올림픽은 한반도와 함께 동북아의 평화와 경제협력을 촉진할 수 있는 절호의 기회입니다. 저는 동북아의 모든 지도자들에게 이 기회를 살려나가기 위해 머리를 맞댈 것을 제안합니다. 특히 한국과 중국, 일본은 역내 안보와 경제협력을 제도화하면서 공동의 책임을 나누는 노력을 함께 해 나가야 할 것입니다. 국민 여러분께서도 뜻을 모아주실 것을 부탁드립니다.

존경하는 국민 여러분,

해마다 광복절이 되면 우리는 한일관계를 되돌아보지 않을 수 없습니다. 한일관계도 이제 양자관계를 넘어 동북아의 평화와 번영을 위해 함께 협력하는 관계로 발전해 나가야 할 것입니다. 과거사와 역사

문제가 한일 관계의 미래지향적인 발전을 지속적으로 발목 잡는 것은 바람직하지 않습니다. 정부는 새로운 한일관계의 발전을 위해 셔틀외교를 포함한 다양한 교류를 확대해 갈 것입니다. 당면한 북핵과 미사일 위협에 대한 공동 대응을 위해서도 양국 간의 협력을 강화하지 않을 수 없습니다. 그러나 우리가 한일관계의 미래를 중시한다고 해서 역사문제를 덮고 넘어갈 수는 없습니다. 오히려 역사문제를 제대로 매듭지을 때 양국 간의 신뢰가 더욱 깊어질 것입니다.

그동안 일본의 많은 정치인과 지식인들이 양국 간의 과거와 일본의 책임을 직시하려는 노력을 해왔습니다. 그 노력들이 한일관계의 미래지향적 발전에 기여해 왔습니다. 이러한 역사인식이 일본의 국내 정치 상황에 따라 바뀌지 않도록 해야 합니다. 한일관계의 걸림돌은 과거사 그 자체가 아니라 역사문제를 대하는 일본정부의 인식의 부침에 있기 때문입니다. 일본군 위안부와 강제징용 등 한일 간 역사문제의 해결에는 인류의 보편적 가치와 국민적 합의에 기한 피해자의 명예회복과 보상, 진실규명과 재발방지 약속이라는 국제사회의 원칙이 있습니다. 우리 정부는 이 원칙을 반드시 지킬 것입니다. 일본 지도자들의 용기 있는 자세가 필요합니다.

존경하는 국민 여러분, 독립유공자와 유가족 여러분, 해외 동포 여러분,

2년 후 2019년은 대한민국 건국과 임시정부 수립 100주년을 맞는 해입니다. 내년 8·15는 정부 수립 70주년이기도 합니다. 우리에게 진정한 광복은, 외세에 의해 분단된 민족이 하나가 되는 길로 나아가는 것입니다. 우리에게 진정한 보훈은, 선열들이 건국의 이념으

로 삼은 국민주권을 실현하여 국민이 주인인 나라다운 나라를 만드는 것입니다. 지금부터 준비합시다. 그 과정에서, 치유와 화해, 통합을 향해 지난 한 세기의 역사를 결산하는 일도 가능할 것입니다. 국민주권의 거대한 흐름 앞에서 보수, 진보의 구분이 무의미했듯이 우리 근현대사에서 산업화와 민주화를 세력으로 나누는 것도 이제 뛰어넘어야 합니다.

우리는 누구나 역사의 유산 속에서 살고 있습니다. 모든 역사에는 빛과 그림자가 있기 마련이며, 이 점에서 개인의 삶 속으로 들어온 시대를 산업화와 민주화로 나누는 것은, 가능하지도 않고 의미 없는 일입니다. 대한민국 19대 대통령 문재인 역시 김대중, 노무현만이 아니라 이승만, 박정희로 이어지는 대한민국 모든 대통령의 역사 속에 있습니다. 저는 우리 사회의 치유와 화해, 통합을 바라는 마음으로 지난 현충일 추념사에서 애국의 가치를 말씀드린 바 있습니다. 이제 지난 백년의 역사를 결산하고, 새로운 백년을 위해 공동체의 가치를 다시 정립하는 일을 시작해야 합니다. 정부의 새로운 정책기조도 여기에 맞춰져 있습니다. 보수나 진보 또는 정파의 시각을 넘어서 새로운 100년의 준비에 다함께 동참해 주실 것을 바라마지 않습니다.

존경하는 국민 여러분,

오늘, 우리 다함께 선언합시다. 우리 앞에 수많은 도전이 밀려오고 있지만 새로운 변화에 적응하고 헤쳐 나가는 일은 우리 대한민국 국민이 세계에서 최고라고 당당히 외칩시다. 담대하게, 자신 있게 새로운 도전을 맞이합시다. 언제나 그랬듯이 대한민국의 이름으로 하나가 되어 이겨 나갑시다. 국민의 나라, 정의로운 대한민국을 완성합시다. 다시 한 번 우리의 저력을 확인합시다. 나라를 위해 자신의 모든 것을 바친 독립유공자들께 깊은 존경의 마음을 드립니다. 오래오래 건강하시길 바랍니다. 감사합니다.

2017년 8월 15일. 대한민국 대통령 문재인[2]

---

2) 재외동포신문, 2017년 8월 19일.

_3_
문재인 대통령의 2018년 삼일절 기념사

2018년 3월 1일 오전 행정안전부는 서울 서대문형무소 역사관에서 문재인 대통령 내외를 비롯하여 정세균 국회의장, 김명수 대법원장, 독립유공자 후손, 사회 각계대표 등 1500여명이 참석한 가운데 3·1절 기념식을 개최했다. 문 대통령은 이날 제99주년 삼일절 기념사를 통하여, "3·1운동의 가장 큰 성과는 독립선언서에 따른 대한민국 임시정부의 수립"이라고 말했다. 그 동안 문 대통령은 대한민국 임시정부가 수립된 1919년을 건국 기준으로 삼아야 한다고 하며 내년 2019년이 건국 100주년임을 강조해왔다.

대통령 취임 첫 3·1절에서 문 대통령은 한일 과거사 갈등도 언급하며 "위안부 문제 해결에 있어서 가해자인 일본 정부가 '끝났다'라고 말해서는 안 된다"고 책임 있는 자세를 촉구했다. 다음은 기념사 전문(全文)이다.

국민 여러분,

우리에겐 3.1운동이라는 거대한 뿌리가 있습니다. 해방과 국민주권을 가져온 민족의 뿌리입니다. 우리에겐 독립운동과 함께 민주공화국을 세운 위대한 선조가 있고, 절대 빈곤에서 벗어나 경제발전과 민주화를 이룬 건국 2세대와 3세대가 있습니다. 또한 이 시대에 함께 걸어갈 길을 밝혀준 수많은 촛불들이 있습니다. 우리는 더 이상 우리

2018년 3.1절 행사

출처: 쿠키뉴스, 2018년 3월 2일

를 낮출 필요가 없습니다. 우리 힘으로 광복을 만들어낸, 자긍심 넘치는 역사가 있습니다. 우리는 우리 스스로 평화를 만들어낼 역량이 있습니다. 저는 이러한 국민들의 역량과 자신감으로 3.1운동과 대한민국 건국 100주년을 항구적 평화체제 구축과 평화에 기반한 번영의 새로운 출발선으로 만들어 나가겠습니다. 그러기 위해서 우리는 잘못된 역사를 우리의 힘으로 바로 세워야 합니다.

독도는 일본의 한반도 침탈 과정에서 가장 먼저 강점당한 우리 땅입니다. 우리 고유의 영토입니다. 지금 일본이 그 사실을 부정하는 것은 제국주의 침략에 대한 반성을 거부하는 것이나 다를 바 없습니다. 위안부 문제 해결에 있어서도 가해자인 일본정부가 "끝났다"라고 말해서는 안 됩니다. 전쟁 시기에 있었던 반인륜적 인권범죄행위는 끝났다는 말로 덮어지지 않습니다. 불행한 역사일수록 그 역사를 기억하고 그 역사로부터 배우는 것만이 진정한 해결입니다. 일본은 인류 보편의 양심으로 역사의 진실과 정의를 마주할 수 있어야 합니다. 저는 일본이 고통을 가한 이웃나라들과 진정으로 화해하고 평화공존과 번영의 길을 함께 걸어가길 바랍니다. 저는 일본에게 특별한 대우를 요구하지 않습니다. 그저 가장 가까운 이웃나라답게 진실한 반성과 화해 위에서 함께 미래로 나아가길 바랄 뿐입니다.

존경하는 국민 여러분, 해외동포 여러분,

우리는 오늘 3.1운동을 생생한 기억으로 살림으로써 한반도의 평화가 국민의 힘으로 가능하다는 것을 확인하고 있습니다. 우리는 앞으로 광복 100년으로 가는 동안 한반도 평화공동체, 경제공동체를 완성해야 합니다. 분단이 더 이상 우리의 평화와 번영에 장애가 되지 않게 해야 합니다. 저는 오늘 국민들께 이 목표를 함께 이뤄갈 것을 제안합니다. 빈부, 성별, 학벌, 지역의 격차와 차별에서 완전히 해방된 나라를 만들어냅시다. 김구 선생이 꿈꾼, 세계 평화를 주도하는 문화강국으로 나아갑시다. 3.1운동이라는 이 거대한 뿌리는 결코 시들지 않습니다. 공정하고 정의로운 나라는 이미 국민들 마음 구석구석에서 99년 전부터 자라나고 있었습니다. 이 거대한 뿌리가 한반도에서 평화와 번영의 나무를 튼튼하게 키워낼 것입니다. 대한민국은 세계에서 가장 위대하고 아름다운 나라가 될 것입니다.

감사합니다.

_4_
제7차 한 · 중 · 일 정상회의 공동언론 발표문

  2018년 5월 9일 문재인 대통령은 일본에서 열린 한 · 중 · 일 정 상회의에 참석하여 한반도 평화정착을 위한 협력을 당부했다. 이때 한 · 중 · 일 정상회담을 개최한 것은 6년 5개월 만에 셔틀 외교가 복 원된 것이라는데 의의가 있다. 3국 정상회담 속에서 5월 9일 오후 한 국과 일본의 정상회담이 열렸다. 대통령 취임 후 네 번째 열린 한일 정상회담이었다. 문 대통령은 "한반도와 동북아 평화를 위해서는 남 북대화 뿐만 아니라 북일 대화와 관계정상화가 반드시 필요하다"고 하며 북미 정상회담의 성공을 위한 일본 정부의 지지를 요청했다. 아 베 총리는 "북한 비핵화를 위한 움직임이 무게 있게 진행되는 것을 높이 평가한다. 북미 정상회담을 통해 구체적 비핵화를 위한 북한의 행동을 이끌어낼 수 있도록 한국과 적극 협력해 나가겠다"고 밝혔다.
  두 정상은 2018년 10월의 '김대중 · 오부치 공동선언' 20주년과 6 년 5개월 만에 복원된 셔틀외교를 통해 미래지향적 양국 관계를 열어 가기로 했다. 아베 총리는 2018년은 양국 파트너십 공동선언 20주년 이라는 기념할 만한 해라는 점을 상기시키고 "한 · 일 양국 관계를 여 러 분야에서 강화했으면 좋겠다"라고 말했다. 문 대통령은 "한 · 중 · 일 3국 정상회의를 계기로 나와 아베 총리가 합의했던 셔틀외교가 본 격적으로 시작됐다. 파트너십 선언 20주년인 2018년을 한일관계 발 전의 새로운 계기로 삼자"고 화답했다.

이날 회담은 원론적 수준에 그쳤다. 오찬 때 「위안부 합의」문제가 잠시 거론됐지만 회담에서는 민감한 현안은 언급하지 않았다. 그래도 이날 회담으로 문 대통령의 주변 4강 방문 외교가 매듭 된 상징적 의미가 작지 않다. 북미 정상회담을 앞두고 한반도 정세의 역동성이 어느 때보다 커진 시점에, 일본에서 그 매듭이 지어진 것은 주목할 만하다. 일본은 북의 비핵화와 한반도 평화체제 구축이 순조로울 경우 북의 개방과 경제개혁을 위한 실질적 지원에 앞장서게 될 나라이기 때문이다. 무엇보다 양국 정상 간 셔틀외교 복원은 과거사와 교류·협력 방안을 분리한다는 대일 외교의 새 원칙을 확인시켰다. 상대적 의미가 줄었지만 일본과의 관계는 여전히 중요하다. 정상 간의 관계가 양국관계를 좌우해 온 그 동안의 경과에 비추어도 복원된 셔틀외교를 발판 삼아 두 정상이 양국 관계 발전에 더욱 힘써야 마땅하다.[3]

문 대통령은 이날 정상회의 후 열린 공동언론 발표에서 중국과 일본이 판문점선언을 지지해준 것에 감사의 뜻을 표했다. 이날 3국은 판문점선언을 지지하는 내용의 남북정상회담 관련 특별성명에 합의했다. 다음은 문 대통령의 공동언론 발표문 전문(全文)이다.

〈제7차 한·중·일 정상회의 문재인 대통령 공동언론 발표문〉

이번 정상회의를 정성을 다해 준비해 주시고 한·중 양국 대표단을 따뜻하게 환대해 주신 아베 총리님과 일본 국민 여러분께 깊은 감사를 드립니다. 우리 3국은 역사적, 지리적, 문화적으로 가장 가까운 이웃입니다. 동북아 지역의 평화와 번영을 책임지고 있는 가장 중요

---

3) 한국일보 사설, 2018년 5월 9일.

제7차 한·중·일 정상회의

출처: 서울경제, 2018년 5월 9일

한 협력 파트너이기도 합니다. 오늘 아베 총리, 리커창(李克强) 총리와 나는 3국 관계의 중요성을 다시 확인하고, 협력을 강화하는 방안에 대해 집중적으로 논의했습니다. 무엇보다, 우리는 한반도의 완전한 비핵화와 항구적 평화정착, 남북관계 개선이 한반도는 물론 동북아의 평화와 번영에 대단히 중요하다는 데 인식을 같이하였습니다.

특별히, 3국 정상의 특별 성명 채택을 통해 「판문점 선언」을 환영하고 지지해주신 것에 감사드립니다. 항구적 평화정착을 위한 과정에서 3국간 긴밀한 소통과 협력이 지속적으로 이루어지길 기대하고 약속합니다. 3국 협력의 궁극적인 목표는 국민들이 그 성과와 혜택을 체감하고 누리는 데 있습니다. 이를 위해 우리는 실질협력을 확대하고, 미래 성장 동력을 창출하기 위한 공조를 강화하기로 했습니다. 미세먼지, 감염병, 만성질환과 같이 국민의 삶을 위협하는 문제를 함께 해결하는 한편, 에너지, ICT 협력을 위한 구체적이고 실질적인 사업들을 계속 발굴해 나가기로 했습니다. 3국 간 협력을 강화하기 위해 국민들의 교류와 소통이 더욱 확대되고 활발해져야 합니다. 평창 동계올림픽을 시작으로 2020년 동경 올림픽, 2022년 북경 동계 올림픽으로 이어지는 동북아 릴레이 올림픽이야말로 두 번 다시 없을 좋은 기회입니다.

오늘 정상회의에서 체육교류를 포함한 인적, 문화적 교류의 중요성을 확인하고, 2020년까지 3국간 인적교류를 3천만 명 이상으로 확대하기로 했습니다. 특히 캠퍼스 아시아 사업과 같은 청년 교류 사업을 더욱 활성화해 나갈 것입니다. 3국의 젊은이들에게 기회와 희망이 되기를 바랍니다. 3국 협력을 제도화하는 것이 무엇보다 중요합니다. 3국 정상 회의는 동북아 평화와 번영의 든든한 기반입니다. 오늘 우리는 이러한 인식을 공유하고, 정상회의를 정례화해 나간다는 의지를 재확인했습니다. 또한 3국 협력을 추진하는 구심점으로서 협력사무국(TCS)의 역할을 확대하고, 지원을 강화해 나가기로 했습니다. 3국은 전 세계 인구의 5분의 1, 전 세계 총생산의 4분의 1, 전 세계 교역액의 5분의 1을 차지할 만큼, 세계 경제의 성장과 발전에 중요한 역할을 하고 있습니다.

한반도에 평화와 안정을 정착시킬 책임도 공유하고 있습니다. 우리가 힘과 뜻을 모으면 한반도와 동북아에 평화와 번영의 새로운 시대를 열 수 있음을 확신합니다. 이제 3국은 세계사적 대전환을 이끌어내는 진정한 동반자가 될 것입니다. 오늘 정상회의가 3국 협력을 더욱 심화·발전시키는 이정표가 되었기를 바랍니다. 흔쾌히 뜻을 모아주신 두 분 정상들께 깊이 감사드립니다. 감사합니다.

대한민국 대통령 문재인[4]

---

4) 뉴시스, 2018년 5월 9일.

주지하다시피 2018년에 한·중·일 정상회담을 개최한 것은 6년 5개월 만에 셔틀 외교가 복원된 것이라는데 의의가 있다. 3국 정상회담 속에서 5월 9일 오후 한국과 일본의 정상회담이 열렸다. 대통령 취임 후 네 번째 정상회담을 갖게 된 것이다. 문 대통령은 "한반도와 동북아 평화를 위해서는 남북대화 뿐만 아니라 북일 대화와 관계정상화가 반드시 필요하다"고 하며 북미 정상회담의 성공을 위한 일본 정부의 지지를 요청했다. 아베 총리는 "북한 비핵화를 위한 움직임이 무게 있게 진행되는 것을 높이 평가한다. 북미 정상회담을 통해 구체적 비핵화를 위한 북한의 행동을 이끌어낼 수 있도록 한국과 적극 협력해 나가겠다"고 밝혔다.

두 정상은 2018년 10월의 '김대중·오부치 공동선언' 20주년과 6년 5개월 만에 복원된 셔틀외교를 통해 미래지향적 양국 관계를 열어가기로 했다. 아베 총리는 2018년은 양국 파트너십 공동선언 20주년이라는 기념할 만한 해라는 점을 상기시키고 "한·일 양국 관계를 여러 분야에서 강화했으면 좋겠다"라고 말했다. 문 대통령은 "한·중·일 3국 정상회의를 계기로 나와 아베 총리가 합의했던 셔틀외교가 본격적으로 시작됐다. 파트너십 선언 20주년인 올해를 한일관계 발전의 새로운 계기로 삼자"고 화답했다.

이날 회담은 원론적 수준에 그쳤다. 오찬 때 「위안부 합의」 문제가 잠시 거론됐지만 회담에서는 민감한 현안은 다 밀쳐두었다. 그래도 이날 회담으로 문 대통령의 주변 4강 방문 외교가 매듭 된 상징적 의미가 작지 않다. 북미 정상회담을 앞두고 한반도 정세의 역동성이 어느 때보다 커진 시점에, 일본에서 그 매듭이 지어진 것은 주목할 만하다. 일본은 북의 비핵화와 한반도 평화체제 구축이 순조로울 경우 북의 개방과 경제개혁을 위한 실질적 지원에 앞장서게 될 나라이기도 하다.

무엇보다 양국 정상 간 셔틀외교 복원은 과거사와 교류·협력 방안을 분리한다는 대일 외교의 새 원칙을 확인시켰다. 상대적 의미가 줄었지만 일본과의 관계는 여전히 중요하다. 정상 간의 관계가 양국관계를 좌우해 온 그 동안의 경과에 비추어도 복원된 셔틀외교를 발판 삼아 두 정상이 양국 관계 발전에 더욱 힘써야 마땅하다.[5]

---

5) 한국일보 사설, 2018년 5월 9일.

_5_
문재인 대통령의 2018년 광복절 경축사

　2018년 8월 15일 문재인 대통령은 "정치적 통일은 멀었더라도 남북 간에 평화를 정착시키고 자유롭게 오가며 하나의 경제공동체를 이루는 것이 우리에게 진정한 광복"이라고 말했다. 문 대통령은 이날 국립중앙박물관에서 열린 제73주년 광복절 및 제70주년 정부수립 기념 경축식에 경축사를 통해 "우리의 생존과 번영을 위해 반드시 분단을 극복해야 한다"면서 이같이 밝혔다. 문 대통령은 특히 이날 경축사에서 비핵화와 평화체제 구축을 발판 삼아 남북이 경제협력을 가속화하고, 이를 통해 공동의 경제번영을 이뤄내겠다는 구상을 드러냈다. 문 대통령은 연설 도중 경제라는 단어를 19번 꺼냈고, 이는 평화에 이어 두 번째로 많이 언급된 단어다. 남북은 17차례 언급됐다. 문 대통령은 "남북이 하나의 경제공동체를 이루는 것, 그것이 우리에게 진정한 광복"이라며 "평화가 경제"라고 강조했다. 다음은 대통령이 축사의 전문(全文)이다.

　존경하는 국민 여러분, 독립유공자와 유가족 여러분, 해외동포 여러분.
　오늘은 광복 73주년이자 대한민국 정부수립 70주년을 맞는 매우 뜻 깊고 기쁜 날입니다. 독립 선열들의 희생과 헌신으로 우리는 오늘을 맞이할 수 있었습니다. 마음 깊이 경의를 표합니다. 독립유공자와 유가족께도 존경의 말씀을 드립니다. 구한말 의병운동으로부터 시작한 우리의 독립운동은 3 · 1운동을 거치며 국민주권을 찾는 치열한 항전이 되었습니다. 대한민국 임시정부를 중심으로 우리의 나라를 우리의 힘으로 건설하자는 불굴의 투쟁을 벌였습니다. 친일의 역사는 결코 우리 역사의 주류가 아니었습니다. 우리 국민들의 독립투쟁은 세계 어느 나라보다 치열했습니다. 광복은 결코 밖에서 주어진 것이 아닙니다. 선열들이 죽음을 무릅쓰고 함께 싸워 이겨낸 결과였습니다. 모든 국민이 평등하게 힘을 모아 이룬 광복이었습니다. 그리하여 광복의 그날 우리는 모두가 어울려 목이 터져라 만세를 불렀습니다. 우리는 그 사실에 높은 자긍심을 가져도 좋을 것입니다.

존경하는 국민 여러분.

오늘 광복절을 기념하기 위해 우리가 함께하고 있는 이곳은 114년 만에 국민의 품으로 돌아와 비로소 온전히 우리의 땅이 된 서울의 심장부 용산입니다. 일제강점기 용산은 일본의 군사기지였으며 조선을 착취하고 지배했던 핵심이었습니다. 광복과 함께 용산에서 한미동맹의 역사가 시작되었습니다. 한국전쟁 이후 용산은 한반도 평화를 이끌어온 기반이었습니다. 지난 6월 주한미군사령부의 평택 이전으로 한미동맹은 더 굳건하게 새로운 시대를 맞이했습니다. 이제 용산은 미국 뉴욕의 센트럴파크와 같은 생태자연공원으로 조성될 것입니다. 2005년 선포된 국가공원 조성계획을 이제야 본격적으로 추진할 수 있게 되었습니다. 대한민국 수도 서울의 중심부에서 허파역할을 할 거대한 생태자연공원을 상상하면 가슴이 뜁니다. 그처럼 우리에게 아픈 역사와 평화의 의지, 아름다운 미래가 함께 담겨있는 이곳 용산에서 오늘 광복절 기념식을 갖게 되어 더욱 뜻 깊게 생각합니다.

존경하는 국민 여러분,

용산이 오래도록 우리 곁으로 돌아오지 못했던 것처럼 발굴하지 못하고 찾아내지 못한 독립운동의 역사가 우리를 기다리고 있습니다. 특히 여성의 독립운동은 더 깊숙이 묻혀왔습니다. 여성들은 가부장제와 사회, 경제적 불평등으로 이중삼중의 차별을 당하면서도 불굴의 의지로 독립운동에 뛰어들었습니다. 평양 평원고무공장의 여성노동자였던 강주룡은 1931년 일제의 일방적인 임금삭감에 반대해 높이 12미터의 을밀대 지붕에 올라 농성하며 "여성해방, 노동해방"을 외쳤습니다. 당시 조선의 남성 노동자 임금은 일본 노동자의 절반에도 못 미쳤고 조선 여성노동자는 그의 절반도 되지 못했습니다. 죽음을 각오한 저항으로 지사는 출감 두 달 만에 숨을 거두고 말았지만 2007년 건국훈장 애국장을 받았습니다. 1932년 제주 구좌읍에서는 일제의 착취에 맞서 고차동, 김계석, 김옥련, 부덕량, 부춘화 다섯 분의 해녀로 시작된 해녀 항일운동이 제주 각지 800명으로 확산되었고 3개월 동안 연인원 1만7천명이 238회에 달하는 집회시위에 참여했습니다. 지금 구좌에는 제주해녀 항일운동기념탑이 세워져 있습니다. 정부는 지난 광복절 이후 1년 간 여성 독립운동가 이백 두 분을 찾아 광복의 역사에 당당하게 이름을 올렸습니다. 그 중 스물여섯 분에게 이번 광복절에 서훈과 유공자 포상을 하게 되었습니다. 나머지 분들도 계속 포상할 예정입니다. 광복을 위한 모든 노력에 반드시 정당한 평가와 합당한 예우를 받게 하겠습니다. 정부는 여성과 남성, 역할을 떠나 어떤 차별도 없이 독립운동의 역사를 발굴해낼 것입니다. 묻혀진 독립운동사와 독립운동가의 완전한 발굴이야말로 또 하나의 광복의 완성이라고 믿습니다.

존경하는 국민 여러분,

대한민국은 우리 국민 모두가 각자의 자리에서 힘을 보태 함께 만든 나라입니다. 정부수립 70주년을 맞는 오늘, 대한민국은 세계적으로 자랑스러운 나라가 되었습니다. 2차 세계대전 이후 식민지에서 해방된 국가들 가운데 우리나라처럼 경제성장과 민주주의 발전에 함께 성공한 나라는 없습니다. 세계 10위권의 경제강국에 촛불혁명으로 민주주의를 되살려 전 세계를 경탄시킨 나라, 그것이 오늘의 대한민국의 모습입니다. 분단과 참혹한 전쟁, 첨예한 남북대치 상황, 절대빈곤, 군부독재 등의 온갖 역경을 헤치고 이룬 위대한 성과입니다. 아직 부족한 부분이 많지만 전 세계에서 우리만큼 역동적인 발전을 이룬 나라가 많지 않다는 사실만큼은 누구도 부인할 수 없을 것입니다. 선대들뿐만 아니라 이 시대를 살고 있는 모든 세대가 함께 이뤄냈습니다. 우리는 우리의 위상과 역량을 스스로 과소평가하는 경향이 있습니다. 그러나 외국에 나가보면 누구나 느끼듯이 한국은 많은 나라들이 부러워하는 성공한 나라이고 배우고자 하는 나라입니다. 그 사실에 우리 스스로 자부심을 가졌으면 합니다. 그리고 그 자부심으로 우리는 새로운 70년의 발전을 만들어가야 할 것입니다.

존경하는 국민 여러분,

지금 우리는 우리의 운명을 스스로 책임지며 한반도의 평화와 번영을 향해가고 있습니다. 분단을 극복하기 위한 길입니다. 분단은 전쟁 이후에도 국민들의 삶속에서 전쟁의 공포를 일상화했습니다. 많은 젊은이들의 목숨을 앗아갔고 막대한 경제적 비용과 역량소모를 가져왔습니다. 경기도와 강원도의 북부지역은 개발이 제한되었고 서해 5

문재인 대통령의 2018년 광복절 축사

출처: 스포츠경향, 2018년 8월 15일

도의 주민들은 풍요의 바다를 눈앞에 두고도 조업할 수 없었습니다. 분단은 대한민국을 대륙으로부터 단절된 섬으로 만들었습니다. 분단은 우리의 사고까지 분단시켰습니다. 많은 금기들이 자유로운 사고를 막았습니다. 분단은 안보를 내세운 군부독재의 명분이 되었고 국민을 편 가르는 이념갈등과 색깔론 정치, 지역주의 정치의 빌미가 되었으며 특권과 부정부패의 온상이 되었습니다. 우리의 생존과 번영을 위해 반드시 분단을 극복해야 합니다. 정치적 통일은 멀었더라도 남북 간에 평화를 정착시키고 자유롭게 오가며 하나의 경제공동체를 이루는 것, 그것이 우리에게 진정한 광복입니다. 저는 국민들과 함께 그 길을 담대하게 걸어가고 있습니다. 전적으로 국민들의 힘 덕분입니다. 제가 취임 후 방문한 11개 나라, 17개 도시의 세계인들은 촛불혁명으로 민주주의와 정의를 되살리고 '나라다운 나라'를 만들어가는 우리 국민들에게 깊은 경의의 마음을 보냈습니다. 그것이 국제적 지지를 얻을 수 있는 강력한 힘이 되었습니다. 가장 먼저 트럼프 대통령과 만나 한미동맹을 '위대한 동맹'으로 발전시킬 것을 합의했습니다. 평화적 방식으로 북핵문제를 해결하기로 뜻을 모았습니다. 독일 메르켈 총리를 비롯해 G20의 정상들도 우리 정부의 노력에 전폭적 지지를 표명했습니다. 아세안 국가들과도 '더불어 잘사는 평화 공동체'를 함께 만들어가기로 했습니다. 시진핑 주석과는 전략적 동반자 관계를 더욱 발전시키기로 했고 지금 중국은 한반도 평화에 큰 역할을 해주고 있습니다. 푸틴 대통령과는 남북러 3각 협력을 함께 준비하기로 했습니다. 아베 총리와도 한일관계를 미래지향적으로 발전시켜나가고 한반도와 동북아 평화번영을 위해 긴밀하게 협력하기로 했습니다. 그 협력은 결국 북일관계 정상화로 이끌어 갈 것입니다.

'판문점 선언'은 그와 같은 국제적 지지 속에서 남북 공동의 노력으로 이뤄진 것입니다. 남과 북은 우리가 사는 땅, 하늘, 바다 어디에서도 일체의 적대행위를 중단하기로 했습니다. 지금 남북은 군사당국 간 상시 연락채널을 복원해 일일단위로 연락하고 있습니다. '분쟁의 바다' 서해는 군사적 위협이 사라진 '평화의 바다'로 바뀌고 있고 공동번영의 바다로 나아가고 있습니다. 판문점 공동경비구역의 비무장화, 비무장지대의 시범적 감시초소 철수도 원칙적으로 합의를 이뤘습니다. 남북 공동의 유해발굴도 이뤄질 것입니다. 이산가족 상봉도 재개되었습니다. 앞으로 상호대표부로 발전하게 될 남북공동연락사무소도 사상 최초로 설치하게 되었습니다. 대단히 뜻깊은 일입니다. 며칠 후면 남북이 24시간 365일 소통하는 시대가 열리게 될 것입니다. 북미 정상회담 또한 함께 평화와 번영으로 가겠다는 북미 양국의 의지로 성사되었습니다. 한반도 평화와 번영은 양 정상이 세계와 나눈 약속입니다. 북한의 완전한 비핵화 이행과 이에 상응하는 미국의 포괄적 조치가 신속하게 추진되길 바랍니다.

존경하는 국민 여러분,

이틀 전 남북고위급회담을 통해 '판문점 회담'에서 약속한 가을 정상회담이 합의되었습니다. 다음 달 저는 우리 국민들의 마음을 모아 평양을 방문하게 될 것입니다. '판문점 선언'의 이행을 정상 간에 확인하고 한반도의 완전한 비핵화와 함께 종전선언과 평화협정으로 가기 위한 담대한 발걸음을 내딛을 것입니다. 남북과 북미 간의 뿌리 깊은 불신이 걷힐 때 서로 간의 합의가 진정성 있게 이행될 수 있습니다. 남북 간에 더 깊은 신뢰관계를 구축하겠습니다. 북미 간의 비핵화 대화를 촉진하는 주도적인 노력도 함께 해 나가겠습니다. 저는 한반도 문제는 우리가 주인이라는 인식이 매우 중요하다고 생각합니다. 남북관계 발전은 북미관계 진전의 부수적 효과가 아닙니다. 오히려 남북관계의 발전이야말로 한반도 비핵화를 촉진시키는 동력입니다. 과거 남북관계가 좋았던 시기에 북핵 위협이 줄어들고 비핵화 합의에까지 이를 수 있던 역사적 경험이 그 사실을 뒷받침 합니다. 완전한 비핵화와 함께 한반도에 평화가 정착되어야 본격적인 경제협력이 이뤄질 수 있습니다. 평화경제, 경제공동체의 꿈을 실현시킬 때 우리 경제는 새롭게 도약할 수 있습니다. 우리 민족 모두가 함께 잘 사는 날도 앞당겨질 것입니다. 국책기관의 연구에 따르면 향후 30년 간 남북경협에 따른 경제적 효과는 최소한 170조원에 이를 것으로 전망합니다. 개성공단과 금강산 관광 재개에 철도연결과 일부 지하자원 개발 사업을 더한 효과입니다. 남북 간에 전면적인 경제협력이 이뤄질 때 그 효과는 비교할 수 없이 커질 것입니다. 이미 금강산 관광으로 8천 9백여 명의 일자리를 만들고 강원도 고성의 경제를 비약시켰던 경험이 있습니다. 개성공단은 협력업체를 포함해 10만 명에 이르는 일자리의 보고였습니다. 지금 파주 일대의 상전벽해와 같은 눈부신 발전도 남북이 평화로웠을 때 이뤄졌습니다.

평화가 경제입니다. 군사적 긴장이 완화되고 평화가 정착되면 경기도와 강원도의 접경지역에 통일경제특구를 설치할 것입니다. 많은 일자리와 함께 지역과 중소기업이 획기적으로 발전하는 기회가 될 것입니다. '판문점 선언'에서 합의한 철도, 도로 연결은 올해 안에 착공식을 갖는 것이 목표입니다. 철도와 도로의 연결은 한반도 공동번영의 시작입니다. 1951년 전쟁방지, 평화구축, 경제재건이라는 목표 아래 유럽 6개국이 '유럽석탄철강공동체'를 창설했습니다. 이 공동체가 이후 유럽연합의 모체가 되었습니다. 경의선과 경원선의 출발지였던 용산에서 저는 오늘, 동북아 6개국과 미국이 함께 하는 '동아시아철도공동체'를 제안합니다. 이 공동체는 우리의 경제지평을 북방대륙까지 넓히고 동북아 상생번영의 대동맥이 되어 동아시아 에너지공동체와 경제공동체로 이어질 것입니다. 그리고 이는 동북아 다자평화안보체제로 가는 출발점이 될 것입니다.

존경하는 국민 여러분, 독립유공자와 유가족 여러분, 해외동포 여러분.

식민지로부터 광복, 전쟁을 이겨내고 민주화와 경제발전을 이뤄내기까지 우리 국민들은 매 순간 최선을 다해왔습니다. 국민들이 기적을 만들었고 대한민국은 공정하고 정의로운 나라로 가고 있습니다.

독립의 선열들과 국민들은 반드시 광복이 올 것이라는 희망 속에서 서로를 격려하며 고난을 이겨냈습니다. 한반도 비핵화와 경제 살리기라는 순탄하지 않은 과정이 우리를 기다리고 있지만 지금까지처럼 서로의 손을 꽉 잡으면 두려울 것이 없습니다. 한반도 평화와 번영은 우리가 어떻게 하냐에 달렸습니다. 낙관의 힘을 저는 믿습니다. 광복을 만든 용기와 의지가 우리에게 분단을 넘어선, 평화와 번영이라는 진정한 광복을 가져다 줄 것입니다. 감사합니다.

2018년 8월 15일.
대한민국 대통령 문재인[6]

---

6) 매일경제, 2018년 8월 15일.

2017-2018년 한일관계 관련 기본자료

Ⅰ. 역대 주일 대한민국 대사(부임기간)

1. 김동조(1965. 12 ~ 1967. 10) 2. 엄민영(1967. 10 ~ 1969. 12)
3. 이후락(1970. 1 ~ 1971. 1) 4. 이호(1971. 1 ~ 1974. 1)
5. 김영선(1974. 1 ~ 1979. 2) 6. 김정렴(1979. 2 ~ 1980. 9)
7. 최경록(1980. 9 ~ 1985. 10) 8. 이규호(1985. 11 ~ 1988. 4)
9. 이원경(1988. 4 ~ 1991. 3) 10. 오재희(1991. 3 ~ 1993. 4)
11. 공노명(1993. 4 ~ 1994. 12) 12. 김태지(1995. 2 ~ 1998. 4)
13. 김석규(1998. 5 ~ 2000. 3) 14. 최상용(2000. 3 ~ 2002. 2)
15. 조세형(2002. 2 ~ 2004. 3) 16. 나종일(2004. 3 ~ 2007. 2)
17. 유명환(2007. 3 ~ 2008. 3) 18. 권철현(2008. 4 ~ 2011. 6)
19. 신각수(2011. 6 ~ 2011. 6) 20. 이병기(2013. 6 ~ 2014. 8)
21. 유흥수(2014. 8 ~ 2016. 6) 22. 이준규 (2016. 7 ~ 2017. 10)
23. 이수훈 (2017. 10 ~   )

Ⅱ. 주일 대한민국 공관 현황

주일본국 대한민국 대사관(http://jpn-tokyo.mofat.go.kr)

① 주오사카 대한민국 총영사관   ② 주후쿠오카 대한민국 총영사관
③ 주요코하마 대한민국 총영사관   ④ 주나고야 대한민국 총영사관
⑤ 주삿포로 대한민국 총영사관   ⑥ 주센다이 대한민국 총영사관
⑦ 주니가타 대한민국 총영사관   ⑧ 주히로시마 대한민국 총영사관
⑨ 주고베 대한민국 출장소   ⑩ 주가고시마 대한민국 명예총영사관
⑪ 주시모노세키 대한민국 명예총영사관 ⑫ 주시즈오카 대한민국 명예총영사관

Ⅲ. 역대 주한 일본국 대사 (부임기간)

1. 前田利一　(1965. 12 ~ 1965. 12) 2. 吉田健三　(1965. 12 ~ 1966. 3)
3. 木村四郎七 (1966. 3 ~ 1968. 5) 4. 上川洋　(1968. 5 ~ 1968. 7)

5. 金山政英　(1968. 7 ~ 1972. 1)　6. 前田正裕　(1972. 1 ~ 1972. 2)
7. 後宮虎郎　(1972. 2 ~ 1975. 2)　8. 前田利一　(1975. 2 ~ 1975. 3)
9. 西山昭　　(1975. 3 ~ 1977. 7)　10. 前田利一　(1977. 7 ~ 1977. 7)
11. 須之部量三(1977. 7 ~ 1981. 4)　12. 村岡邦男　(1981. 5 ~ 1981. 5)
13. 前田利一　(1981. 5 ~ 1984. 12)　14. 谷野作太郎(1984. 12 ~ 1984. 12)
15. 御巫清尙　(1984. 12 ~ 1987. 3)　16. 太田博　　(1987. 3 ~ 1 987. 4)
17. 梁井新一　(1987. 4 ~ 1990. 3)　18. 川島純　　(1990. 3 ~ 1990. 4)
19. 柳健一　　(1990. 4 ~ 1992. 6)　20. 川島純　　(1992. 6 ~ 1992. 8)
21. 後藤利雄　(1992. 9 ~ 1994. 8)　22. 茂田宏　　(1994. 8 ~ 1994. 8)
23. 山下新太郎(1994. 8 ~ 1997. 10)　24. 小田野展丈(1997. 10 ~ 1997. 10)
25. 小倉和夫　(1997. 10 ~ 2000. 2)　26. 寺田輝介　(2000. 2 ~ 2003. 1)
27. 高野紀元　(2003. 1 ~ 2005. 8)　28. 大島正太郎(2005. 8 ~ 2007. 8)
29. 重家俊範　(2007. 9 ~ 2010. 8)　30. 武藤正敏　(2010. 8 ~ 2012. 9)
31. 別所浩郎　(2012. 9 ~ 2016. 8)　32. 長嶺安政　(2016. 8 ~　　)

Ⅳ. 주한 일본국 공관 현황

주대한민국 일본국 대사관(http://www.kr.emb-japan.go.jp)

① 재부산 일본국 총영사관　　② 재제주 일본국 총영사관

Ⅴ. 한일간 무역현황

단위:억불, ( )는 전년대비 증감률

	대일수출	대일수입	대일수지	총교역액
2001년	165.1 (▽19.3)	266.3 (▽16.3)	▽101.3	431.4
2002년	151.4 (▽8.3)	298.6 (12.1)	▽147.1	450.0
2003년	172.8 (14.1)	363.1 (21.6)	▽190.4	535.9
2004년	217.0 (25.6)	461.4 (27.1)	▽244.4	678.5
2005년	240.3 (10.7)	484.0 (4.9)	▽243.8	724.3
2006년	265.3 (10.4)	519.2 (7.3)	▽253.9	784.5
2007년	263.7 (▽0.6)	562.5 (8.3)	▽298.8	826.2
2008년	282.5 (7.1)	609.6 (8.4)	▽327.1	892.1
2009년	217.7 (▽22.9)	494・3 (▽18.9)	▽276.6	712.0
2010년	281.8 (29.4)	643.0 (30.1)	▽361.2	924.8

2011년	396.8 (40.8)	683.2 (6.3)	▽286.4	1,080.0
2012년	388.0 (▽2.2)	643.6 (▽5.8)	▽255.7	1,031.6
2013년	346.6 (▽10.7)	600.3 (▽6.7)	▽253.7	946.9
2014년	321.8 (▽7.2)	537.7 (▽10.4)	▽215.8	859.5
2015년	255.8 (▽20.5)	458.5 (▽14.7)	▽202.8	714.3
2016년	243.6 (▽4.8)	474.7 (3.5)	▽231.1	718.2
2017년	268.2 (10.1)	551.2 (16.1)	▽283.1	719.4
2018년	305.3 (13.8)	546.0 (▽0.9)	▽240.8	851.3

출처: 한국무역협회

VI. 한일간 출입국 현황

	방한일본인		방일한국인	
	수 (만명)	비중 (%)	수 (만명)	비중 (%)
2001년	237.7	46.2	113.4	23.8
2002년	232.2	43.4	127.2	24.3
2003년	180.2	37.9	145.9	28.0
2004년	244.3	42.0	158.8	25.9
2005년	244.0	40.5	174.7	26.0
2006년	233.9	38.0	211.7	28.9
2007년	223.6	34.7	260.1	31.2
2008년	237.8	34.5	238.2	28.5
2009년	305.3	39.1	158.7	23.4
2010년	300.4	38.6	268.7	28.5
2011년	328.9	37.7	192.0	26.9
2012년	351.9	31.6	231.5	25.2
2013년	274.8	22.6	272.3	24.2
2014년	228.0	16.1	301.6	21.3
2015년	183.8	13.9	425.2	21.6
2016년	229.8	13.3	535.1	23.0
2017년	231.1	17.3	740.6	26.9
2018년	294.9	19.2	781.9	26.0

출처: 「법무부출입국통계」(한국), 『法務省出入国管理統計統計表』(日本)

2017-2018년 한일관계 주요일지

[2017년]

01.05	제6차 한·미·일 외교차관협의회가 워싱턴 D.C.에서 개최됨
01.06	외교부 대변인, 일본의 부산총영사관 소녀상에 관한 각의 결정을 비판 논평
01.20	외교부 대변인, 일본 외무대신의 국회연설을 비판하는 논평을 발표
01.25	제10차 한·일·중 3국 외교부 중남미국장 회의가 중국 북경에서 개최됨
01.26	대전지방법원, 정부에게 쓰시마 금동관음보살좌상을 인도하라고 판결
02.06	외교장관, 재일민단 오공태 단장 등을 접견
02.07	외교부, 2017년 기업해외활동지원에 맞추겠다고 발표
02.10	제3차 한·일·중 사이버정책협의회가 도쿄에서 개최됨
02.14	외교부 대변인, 일본의 초·중학교 학습지도요령 개정 초안에 대해 비판 논평
02.16	G20 외교장관회의에 참석한 한·미·일 외교장관 회의
02.17	G20 외교장관회의 참석차 독일 본을 방문 중인 외교장관, 일본 외무대신과 회담
02.22	외교부 대변인, 시마네현「독도의 날」행사에 대해 항의 성명
02.28	윤병세 외교장관, 제네바 군축회의 기조연설에서 북한 대량살상무기를 비판
02.28	주광저우 총영사관, 광저우 대한민국임시정부청사 소재지 확인을 공식 발표
03.01	황교안 대통령 권한대행, 삼일절 기념사 낭독
03.06	외교장관, 일본 외무대신과 북한이 동시다발 탄도미사일 도발에 긴급 전화 통화
03.16	제14차 한·일 군축비확산협의회 및 제1차 한·일 원자력협의회가 서울에서 개최됨
03.20	한국 경찰, 망향의 동산의 사죄비를 위령비로 무단 교체한 일본인을 체포

03.24	외교부 대변인, 독도 영유권 주장 일본 고등학교 교과서 검정 통과에 항의 성명
03.31	외교부 대변인, 독도 영유권 주장 일본 초·중학교 사회과 학습지도요령에 규탄 성명
04.05	외교부 대변인, 북한의 탄도미사일 발사에 대한 규탄 논평
04.07	다카자네 야스노리 일본인 평화운동가 별세
04.16	외교부 대변인, 북한의 탄도미사일 발사에 대한 규탄 논평
04.16	외교부, 서울과 제주에서 「제6차 한·일·중 3국 공무원 파트너십 프로그램」 개최
04.21	외교부 대변인, 야스쿠니 신사 공물 봉납 및 참배에 대해 유감 논평
04.25	외교부 대변인, 일본 외교청서의 독도 영유권 주장에 대해 항의 논평
04.28	윤병세 외교장관, 뉴욕을 방문하여 한·미·일 외교장관 회담
04.29	외교부 대변인, 북한의 탄도미사일 발사애 대해 항의 논평
05.10	문재인, 제19대 대한민국 대통령 취임
05.11	문재인 대통령, 아베 총리와 첫 전화 회담
05.14	한국정부, 북한의 탄도미사일 발사에 대한 규탄 성명
05.21	외교부 대변인, 북한의 탄도미사일 발사를 규탄하는 성명을 발표
05.23	KBS-TV, 일본인 57%가 금후 한일관계 변화하지 않을 것으로 예측했다고 보도
05.29	외교부 대변인, 북한의 2017년 9번째 탄도미사일 발사를 규탄하는 성명을 발표
05.30	문재인 대통령. 아베 총리와 두 번 째 전화 회담
06.08	외교부, 곤지암에서 「2017 한·일·중 공무원 3국 협력 워크숍」 개최
06.08	제2차 한·일·중 고위급 북극협력대화가 서울에서 열려, 공동성명 채택
06.12	문재인 대통령, 니카이 아베총리 특사를 접견

06.21	강경화 외교장관, 기시다 후미오 외무대신과 전화 통화
06.21	외교부 대변인, 일본의 초·중학교 학습지도요령 해설서에 대해 항의 성명
06.29	제19차 한·일 환경협력 공동위원회가 일본 츠쿠바 국제회의장에서 개최됨
07.06	문재인 대통령, 독일의 함부르크에서 한·미·일 정상회의
07.07	문재인 대통령, 독일의 함부르크에서 한·일 정상회담
07.08	문재인 대통령, 독일 함부르크의 G20 정상회의에 참석
07.18	외교부, 평창에서 90명이 참가하는 「2017 한·일·중 대학생 외교 캠프」 개최
07.27	「한·중·일 공공외교 리트릿」이 평창에서 개최됨
07.31	외교장관 직속의 「한·일 일본군위안부 피해자 문제 합의 검토 TF」가 출범
07.31	長崎 재일조선인의 인권을 지키는 모임, 『군함도에 귀를 기울이면』한국어판 발행
08.01	제12회 부산-후쿠오카 포럼
08.02	외교장관, 전문가 15명을 자문위원에 위촉하고 외교부 혁신 「외부자문위원회」 출범
08.06	외교장관, 마닐라 EAS 외교장관회의에 참석하고 한·미·일 외무대신과 회담
08.07	문재인 대통령, 아베 총리와 전화 통화
08.07	G20 정상회의, 독일에서 개최됨
08.08	외교부 대변인, 독도 영유권을 주장하는 일본의 방위백서에 대해 비판 논평
08.08	광주지법, 일제강제동원 피해자에게 승소 판결
08.15	문재인 대통령, 광복절 경축사 낭독
08.15	일본정부, 무도관에서 종전 72주년 추도식
08.15	외교부 대변인, 야스쿠니 신사 공물료 봉납 및 참배에 대해 비판 논평

08.17	문재인 대통령, 취임 100일 기자회견에서 일본 기자의 「징용공」 질문 받음
08.21	문재인 대통령, 청와대 본관에서 한·일 의원연맹 대표단을 접견
08.25	문재인 대통령. 아베 총리와 네 번째 전화 통화
08.29	외교장관, 일본 고노 타로 외무대신과 전화 통화
08.29	한일포럼, 제2회 한일포럼상을 최서면 국제한국연구원장에게 수여
08.30	문재인 대통령, 아베 총리와 전화 통화
09.01	외교장관, 부산의 유엔기념공원을 방문
09.02	일가재단, 제27회 일가상 레이코 여사에게 수여
09.03	외교장관, 일본 외무대신과 전화 통화
09.04	문재인 대통령, 아베 총리와 전화로 북한의 6차 핵실험 대응 방안을 논의
09.07	문재인 대통령과 아베 총리, 블라디보스토크 제3회 동방경제포럼에서 회담
09.07	외교장관, 블라디보스토크 제3회 동방경제포럼에서 일본 외무대신과 회담
09.08	성주에 사드체계 잔여발사대를 임시 배치했다고 하며, 대통령 입장을 발표
09.13	일본군 성노예 문제에 관한 1300회 정기 수요 집회 열림
09.14	한국정부, 중국의 사드보복 조치에 대해 소통과 협력을 계속하기로 발표
09.14	아베 총리, 인도를 방문 이튿째 모디 총리와 회담
09.15	문재인 대통령, 아베 총리와 전화 통화
09.15	외교장관, 일본 외무대신과 전화 통화
09.15	문재인 대통령, 북한의 탄도미사일 발사 대응 긴급 NSC 전체회의
09.15	행정안전부, 사할린 강제동원 희생자 유골 12위를 망향의 동산에 안치

09.18	외교부 제2차관, 일한문화교류기금 대표단을 접견
09.22	문재인 대통령, 유엔 총회 기조 연설, 한·미·일 정상 오찬 회담
09.22	외교장관, 제72차 유엔총회 참석차 뉴욕을 방문하여 일본 외무대신과 회담
09.24	외교부 제2차관,「한일축제한마당 in Seoul」에 참석
09.26	외교부 대변인, 북한 난민 관련 편협한 발언에 대해 비판 논평
09.26	외교부 제2차관, 일한경제협회 회장 및 한일경제협회 회장 일행을 면담
09.29	외교장관, 유키야 아마노 국제원자력기구 사무총장을 면담
09.29	외교장관,『신목종합사회복지관』을 방문하여 결혼이주여성들에게 명절 선물
10.05	재외동포재단,「세계한인의 날」행사
10.06	외교장관, 위안부 피해자 시설「평화의 우리집」「나눔의집」추석맞이 방문
10.06	일본 JICA,「국제협력의 날」행사
10.17	외교장관, 위안부 피해자 및 관계자를 외교공관으로 초청하여 오찬간담회를 개최
10.18	외교부 제1차관, 방한한 일본 외무성 사무차관과 회담
10.18	한반도평화교섭본부장, 일본외무성 아시아대양주국장과 6자회담 수석대표 협의
10.22	일본 중의원 해산에 따른 총선거
10.23	제9대 재외동포재단 이사장에 한우성「김영옥평화센터」이사장이 임명됨
10.24	문재인 대통령, 아베 총리와 전화 통화를 갖고 총선 승리를 축하
10.25	외교장관, 창원의「제16차 세계한상대회」개회식에 참석
10.27	서울고등법원, 박유하 세종대 교수에게 벌금 1000만 원을 선고
10.28	문재인 대통령, 세계한상대회 참석자들을 청와대로 초청

10.31	외교부 문화외교국 대변인, 유네스코 세계기록유산 국제자문위원회 권고에 유감 논평
11.01	외교부 대변인, 아베의 제98대 내각총리대신 선출과 신내각 출범을 축하 논평
11.07	문재인 대통령, 국빈 방문 트럼프 대통령을 위해 청와대에서 공식 환영식을 개최
11.10	제20차 한-일 영사국장 회의, 서울에서 개최됨
11.12	외교부 제2차관, 일자리 창출 관련 경제단체와 협의 차 일본을 방문
11.20	외교부 차관, 미얀마 네피도에서 열리는 제13차 ASEM 외교장관회의에 참석
11.20	「한 · 일 젊은 외교관 교류 사업」에 따라 외교부 직원을 1명 외무성에 파견
11.23	문재인 대통령, 일본 연립여당 공명당의 야마구치 나쓰오 대표를 접견
11.25	한국 KOICA,「국제협력의 날」 행사
11.28	한국정부, 제12대 KOICA 이사장에 이미경 여성의정 공동대표를 임명
11.29	문재인 대통령, 북한의 ICBM급 미사일 발사와 관련 아베 총리와 전화 통화
11.29	외교장관, 일본 외무대신과 전화 통화
11.29	외교부, 도쿄에서 제18차 한 · 일 개발협력 정책협의회를 개최
12.05	외교부 문화외교국 대변인, 일본근대산업시설 세계유산등재 관련 후속 조치에 대해 유감 논평
12.05	국가인권위원회, 인권상을 요코하마의 재일동포 방정옥 할머니에게 수여
12.12	외교부와 해양수산부, 부산에서「2017 북극협력주간」을 개최
12.16	송신도 위안부 피해 할머니 별세
12.18	대사 · 총영사 등 182명의 재외공관장들이 회의를 개최
12.19	외교장관, 아베 총리를 예방하고 일본 외무대신과 회담
12.19	외교장관, 주일한국문화원「2018년 평창 동계올림픽 기념 한일 교류 사진전」 관람

12.21	한반도평화교섭본부장, 일본외무성 아시아대양주국장과 6자 회담 수석대표 협의
12.27	한일 일본군위안부 피해자 문제 합의 검토 TF, 활동결과 보고
12.27	일본 원자력규제위원회, 도쿄전력 柏崎刈羽 원전 6,7호기 심사 통과
12.28	MBC-TV, 한국 국민의 37%가 가난을 가장 두려워한다고 보도
12.29	한국일보, 한국인 57.2%가 위안부 합의 잘못됐다고 응답했다고 보도

[2018년]

01.04	문재인 대통령, 위안부 피해자 할머니 8명을 청와대 본관으로 초청
01.04	문재인 대통령, 김복동 위안부 피해자 할머니 병문안
01.08	한반도평화교섭본부장, 일본외무성 아시아대양주국장과 6자 회담 수석대표 협의
01.08	외교부 동북아국장, 외무성 아시아대양주국장과 한·일 국장급 협의
01.10	한국이 태국과 함께 OECD 동남아지역프로그램 공동의장국으로 선출됨
01.22	외교부 대변인, 외무대신의 국회 외교연설에 대해 비판 논평
01.24	외교장관, 다보스포럼에 참석
01.25	외교부 대변인, 도쿄의 영토주권전시관 개관에 대해 항의 성명
01.25	한국 외교부, 다보스포럼에서 「한국 평창의 밤 2018」을 개최
02.09	한·일 정상회담 및 평창 동계올림픽 개회식 사전 리셉션
02.14	외교부 대변인, 일본정부의 고등학교 학습지도요령 개정 초안에 대한 비판 논평
02.22	외교부 대변인, 시마네현의 「다케시마의 날」 행사에 항의 성명
02.22	민단 중앙본부 단장에 여건이 씨가 선출됨
03.01	문재인 대통령, 삼일절 기념사 낭독

03.07	제11차 한·중·일 3국 외교부 중남미국장 회의, 서울에서 개최됨
03.09	김정은 북한 노동당 위원장의 방북 초청에 트럼프 미국 대통령이 수락
03.12	서훈 국정원장과 남관표 2차장 일본을 방문하여 일본 외무대신과 만찬
03.15	제11차 한·일 안보정책협의회, 일본 방위성에서 개최됨
03.16	문재인 대통령, 아베 총리와 전화 통화
03.17	외교장관, 워싱턴 D.C에서 일본 외무대신과 회담
03.30	외교장관, 일본 외무대신과 전화 통화
03.30	외교부 대변인, 일본정부의 고등학교 학습지도요령 최종 확정을 규탄 성명
04.11	대통령, 방한 중인 일본 외무대신을 접견
04.11	외교장관, 방한 중인 일본 외무대신과 회담
04.21	외교부 대변인, 야스쿠니 신사 참배를 강행한 데 대해 비판적 논평
04.23	한반도평화교섭본부장, 일본외무성 아시아대양주국장과 6자회담 수석대표 협의
04.24	문재인 대통령, 아베 총리와 전화 통화
04.27	「평화의 집」에서 제1차 남북 정상회담
04.29	문재인 대통령, 아베 총리와 전화 통화
04.29	서훈 국가정보원장, 아베 총리를 예방
05.09	문재인 대통령, 6년 반 만에 일본을 방문하여 도쿄 영빈관에서 아베 총리와 정상회담
05.09	제7차 한·일·중 정상회의, 도쿄 영빈관에서 개최됨
05.14	외교부 공공문화외교국, 「일본지역 맞춤형 공공외교 추진 전략」 세미나 개최
05.15	일본외무성, 독도영유권 주장 외교청서를 발표

05.15	외교부, 독도영유권 주장 외교청서에 대한 항의
05.18	「일제강제동원피해자지원재단」, 프레스센터에서 유골문제 관련 심포지엄 개최
05.23	문재인 대통령, 방미일정 중 워싱턴 D.C.의 주미대한제국공사관을 방문
05.26	「통일각」에서 제2차 남북 정상회담
05.28	한국 외교부에 「한일 문화·인적 교류 활성화 TF」 발족
05.30	박경민, 저서 『朝鮮引揚げと日韓国交正常化交渉への道』를 출간
06.04	한·일·중 3국 협력사무국, 「올림픽로드 사진전 및 토크콘서트」 개최
06.08	제3차 한·일·중 북극협력대화, 상하이에서 개최됨
06.12	싱가포르에서 트럼프 대통령과 김정은 위원장 회담
06.13	고노 요헤이 전 일본 관방장관, 한 강연에서 일본정부의 대북 사죄를 발언
06.13	오노데라 방위상, 미국의 한미연합훈련을 중단 발언에 우려를 표명
06.14	외교장관, 방한 중인 일본 외무대신과 회담
06.14	외교부, 나고야의 주일공관장 회의에서 「일본 취업 활성화 방안」을 발표
06.18	한국의 동아시아연구원, 상호인식에 관한 한일 양국의 여론조사를 발표
06.23	김종필 전 국무총리 별세
07.08	외교장관, 아베 총리를 예방하고 일본 외무대신과 오찬 회담
07.17	외교부 대변인, 고등학교 학습지도요령 해설서 개정에 대해 비판 논평
07.26	제20차 한·일 환경협력 공동위원회, 제주도에서 개최됨
07.30	고려대 한인 디아스포라 중앙허브사업단, 재외한인현황과 정책과제 학술세미나
08.02	외교장관, 아세안 관련 외교장관 싱가포르 회의 참석차 일본 외무대신과 회담

08.02	한국 검찰, 일제 강제동원 피해자 소송 지연 혐의로 외교부를 압수수색
08.14	문재인 대통령,「일본군 위안부 피해자 기림의 날」행사에 참석
08.15	문재인 대통령, 광복절 경축사 낭독
08.15	일본정부, 무도관에서 종전 73주년 추도식
08.15	외교부 대변인, 야스쿠니 신사 공물료 봉납 및 참배에 대한 논평
08.15	서울시설공단, 승화원에 강제동원 희생자 유골 35위를 임시로 봉안
08.20	한·일 대학생 40여명,「한·일 차세대 리더 대상 정책설명회」에 참석
08.21	한일포럼, 제3회 한일포럼상을 부산문화재단과 조선통신사연지연락협회에게 수여
08.25	주일한국대사관,「일취월장: 일본취업지원 설명회」를 실시
08.25	제2회 일본취업 합동박람회가 부산시청에서 개최됨
08.26	한·일·중 3국협력사무국, 서울에서「2018 한.일.중 3국 청년 모의정상회의」개최
08.28	외교부 대변인, 일본 방위백서의 독도 영유권 주장에 대해 항의
08.29	외교부 동북아국장, 외무성 아시아대양주국장과 한·일 국장급 협의
09.01	제13회 부산-후쿠오카 포럼
09.05	일본 대학생단 28명이 한일대학생교류사업으로 한국 외교부를 방문
09.09	「한·일축제한마당 in Seoul」, 코엑스에서 개최됨
09.10	서훈 대통령 특사, 아베 총리 예방
09.11	World Economic Forum ASEAN 회의 차 하노이에서 한·일 외교장관 회담
09.14	행정안전부, 사할린 강제동원 희생자 유골 16위를 망향의 동산에 안치
09.18	평양에서 제3차 남북 정상회담

09.18	일한문화교류기금 대표단 10명, 한국 외교부를 방문
09.20	아베 총리가 자민당 총재에 선출되어 3연임 확정
09.22	「한·일축제한마당 in Tokyo」, 히비야 공원에서 개최됨
09.25	유엔총회 계기 뉴욕에서 한·일 정상회담
09.26	유엔총회 계기 뉴욕에서 한·일 외교장관 회담
09.27	한국 통계청이 2018 고령자 통계를 발표
10.01	서울에서 김대중-오부치 공동선언 20주년과 동아시아 미래비전 기념식이 열림
10.05	재외동포재단, 「세계한인의 날」 행사
10.05	외교부·KBS·해외문화홍보원, 「2018 케이팝 월드 페스티벌」 개최
10.06	일본 JICA, 「국제협력의 날」 행사
10.08	한국의 SBS, 일본의 노인들이 사상 최대로 건강하게 장수하고 있다고 보도
10.11	제주해군기지 국제관함식에 욱일기 게양한 일본 군함이 불참
10.12	도쿄에서 김대중-오부치 공동선언 20주년 기념 심포지엄 열림
10.20	경북대에서 한일민족문제학회 학술발표회 개최
10.24	아베 총리, 총재 3선 후 첫 국회연설
10.25	아베 총리, 중국 방문
10.25	「2018 한일중 공무원 3국 협력 워크숍」 속초에서 개최됨
10.28	인도의 모디 총리, 일본을 방문하여 아베 총리와 회담
10.30	대법원, 신일철주금 강제동원 피해자에게 승소 판결
10.31	한·일 외교장관 전화 통화
10.31	제21차 한-일 영사국장 회의 개최
10.31	외교부, 도쿄에서 「한·일 대학 3+1」 행사 개최

11.04	대법원, 미쓰비시 중공업 강제동원 피해자에게 승소 판결
11.13	문재인 대통령, 싱가포르 제21차 ASEAN+3(한·중·일) 정상회의에 참석
11.14	문재인 대통령, 싱가포르 제20차 한·아세안 정상회의에 참석
11.14	일본 외무대신, 한국 대법원의 강제동원 판결을 비난
11.15	문재인 대통령, 싱가포르 제13차 동아시아정상회의(EAS)에 참석
11.20	한국정부, 「화해치유재단」 사실상의 해산 조치
11.23	한국 KOICA, 「국제협력의 날」 행사
11.28	외교부, 동일본대지진 현장·후세 다쓰지 현창비·김기림 기념비 제막식 참석
11.27	문재인 대통령, 부에노스아이레스 G20 정상회의에 참석
11.30	외교부, 「한·일·중 3국 협력 세미나」 개최
12.05	김순옥 위안부 피해 할머니 별세
12.11	한국 외교부, 「한일공감콘서트」 개최
12.12	한·일 외교장관 전화통화
12.14	문재인 대통령, 청와대 본관에서 한일 의원연맹 대표단 접견
12.14	이귀녀 위안부 피해 할머니 별세
12.20	일본 초계기, 광개토대왕함과 500m 거리에서 고도 150m로 저공비행
12.24	한·일 북핵 수석대표 협의
12.28	김정숙 영부인, 국립중앙박물관에서 「대고려 918·2018, 그 찬란한 도전」 관람
12.30	김정은 위원장 친서 관련 청와대 대변인 브리핑

찾아보기

〈인명〉

(ㄱ)

가나야마 마사히데(金山政英) 138
가네코 후미코(金子文子) 183
가부라키 레이코(鏑木玲子) 144
가와가미 요시히로(川上義博) 167
가와무라 다카시(川村隆) 102
강경화 62, 238
고노 다로(河野太郎) 53, 228, 233,
　　238, 247
고노 요헤이(河野洋平) 232, 234
고무라 마사히코(高村正彦) 158
고바야카와 도모아키(小早川智明) 102
고사카(小坂善太郎) 36
고이케 유리코(小池百合子) 80
구메 유타카(久米裕) 215
구보 치하루(久保千春) 132
기시 노부스케(岸信介) 138, 205
김구 136, 138~139, 185, 192, 257,
　　270
김규수 59
김능환 51
김대중 138, 155~158, 229, 238,
　　266, 271, 275
김명수 50, 268
김순옥 125

김영석 132
김영옥 44, 46
김영환 60
김용기 143
김윤근 36
김재화 181
김정은 85, 199, 226, 235
김정일 215~216
김종필 37
김천해 176~177
김현희 214
김형률 130

(ㄴ)

나렌드라 모디(Narendra Modi) 86
나카야스 요사쿠(中保与作) 207
노규덕 108
노기남 137~138, 144
노기영 204
노다 요시히코(野田佳彦) 80
노무현 5, 194, 266

(ㄷ)

다나베 아야노(田辺彩乃) 91
다나카 슌이치(田中俊一) 104
다니구치 스에히로(谷口末廣) 94
다카자네 야스노리(高實康稔) 127~129

도널드 트럼프(Donald Trump) 90, 199, 213, 226~227, 235~236, 282

(ㄹ)
레이코 리(李玲子) 143

(ㅁ)
마이크 폼페이오(Mike Pompeo) 239
마하트마 간디 86
모리타 요시오(森田芳夫) 202
문보경 105
문재인 5, 8, 11, 15~16, 22, 62, 157, 159, 220, 229, 238, 245, 256, 266~268, 271~272, 274, 277, 285

(ㅂ)
박경민 203~204
박근혜 5, 8, 10, 61, 137, 250
박수현 220
박열 173~178, 180~189, 191~193, 196
박유하 122~123, 126
박정희 137~138, 266
박준식 176
방정옥 152, 154
버락 오바마(Barack Obama) 86

(ㅅ)
사토 마사히사(佐藤正久) 235
생텍쥐페리(Saint Exupery) 131
세리가노 하루미(芹ケ野春海) 91
스가 요시히데(菅義偉) 227
스즈키 다케오(鈴木武雄) 204
시나 에쓰사부로(椎名悅三郎) 138
시바타 요시마사(柴田善雅) 204
시진핑(習近平) 86, 282
신경숙 134
신천수 50
신천식 59
쓰치야 요시히코(土屋義彦) 156

(ㅇ)
아베 총리 22, 58, 60, 81, 83~84, 86~91, 110, 156, 158, 213~214, 216, 220~224, 227, 229, 232~234, 238~239, 241, 245, 247, 271~273, 275, 282
아소 다로(麻生太郎) 216
아키에(昭恵) 86
안중근 135, 137, 142
야노 히데키(矢野秀喜) 60
양승태 49, 55
에노모토 다카요시(榎本高義) 176
에다노 유키오(枝野幸男) 80
에디프 삐아쁘(Edith Piaf) 131
여건이 193

여운택 50, 59
오공태(吳公太) 194
오구라 가즈오(小倉和夫) 133
오노데라 이쓰노리(小野寺五典) 108, 228
오부치 게이조(小渕 恵三) 155, 157
오카다 가쓰야(岡田克也) 80
오카 마사하루(岡正治) 127~128
오타 고조(太田耕造) 138
오히라(大平正芳) 37, 138
와카미야 요시부미(若宮啓文) 135
와타나베 하지메(渡辺一) 92
요네야마 류이치(米山隆一) 101
요시다 에이지(吉田えいじ) 64~65
요코다 메구미(横田めぐみ) 215
유영배 136
윤미향 61
윤벽암 71
윤영찬 223
윤한구 136
이강훈 176~177
이귀녀 22
이나다 도모미(稲田朋美) 92
이나바 스스무(稲葉進) 93
이낙연 155
이명박 5, 198
이석기 49
이수훈 54, 158
이승만 31, 185, 266

이시바 시게루(石破茂) 83
이영업 40
이와야 다케시(岩屋毅) 241
이종욱 143~144, 146~147
이치카와 긴지로(市川欣次郎) 208
이형식 204
임종헌 49

(ㅈ)
장기려 146
장덕수 136
장면 136~138
장상중 177
장제국 132
정병욱 204
정상구 40
정원진 175~178, 180~181
정의용 226
정재숙 107
정주자 169, 171
정찬진 177~178
조득성 177

(ㅊ)
최덕신 36
최민호 49
최배천 138
최서면 135, 141~142
최영두 40

최장섭 129

(ㅌ)
탄허(呑虛) 139

(ㅍ)
패티 김 131
푸틴(Putin) 85, 220, 223~224, 282
프랑수아 올랑드(Francois Hollande)
　　　86

(ㅎ)
하루미야 치카네(春宮千鐵) 186
한우석 153
한창우 199, 201
한현상 177
헤밍웨이(Hemingway) 201
황금주 62
후지코시(不二越) 44~45, 55
후쿠다 다케오(福田赳夫) 138
후쿠다 야스오(福田康夫) 215
후쿠자와 유키치(福澤諭吉) 138
히라마 마사코(平間正子) 152
히지카타 요시(土方與志) 176

〈사항〉

(ㄱ)
가마이시(釜石) 59

가시와자키카리와(柏崎刈羽) 101~103
가와구치코(川口湖) 89
강제동원&평화연구회 199
개발원조위원회 111, 114
개인재산권 204, 206, 209~210
개인청구권　16, 21, 45, 203~204,
　　　211
경제협력개발기구 111
고노 담화 232~233
공적개발원조 111
과학기술정보통신부 143, 146
광개토대왕 구축함 241~242
광개토대왕함 241~244
광복절 70, 71, 196, 256~257, 261,
　　　264, 277~279
국립망향의 동산 64~68
국제사법재판소 53
국제협력기구 113
국평사 71
국회입법조사처 213
군인군속 35
근로정신대 44~47
금동관음보살좌상 105~106
금동불입상 106
기본조약 37
김대중—오부치 공동선언 20주년 155~
　　　156, 159
『군함도에 귀를 기울이면』 129

(ㄴ)

나가사키 94~95, 127~131
나눔의 집 125~126
내각부 11, 15, 19

(ㄷ)

다케시마의 날 142
다케우치 야스토(竹內康人) 73, 75
대량살상무기 224
대북 원유 공급 중단 223
대연각호텔 41
도쿄전력 101~104
독도 영유권 245, 247
동방경제포럼 220~222, 224~225
동아시아연구원 15~18

(ㄹ)

러브레터 158
리마(Lima) 143, 146, 149
『로컬리티인문학』 173, 182, 188

(ㅁ)

마루한 199, 201
말라바르(Malabar) 87
무라야마 담화 157
문화재청장 107
미국 우선주의 236
미쓰비시 중공업 44
민간청구권 30, 34, 38~40, 42~43

(ㅂ)

법무성 165~169
법원행정처 48~49, 55
보상법 39~40, 42
부산-후쿠오카 포럼 132~133
부상자 31~32, 35~36
북관대첩비(北關大捷碑) 138
『바다와 노인』 201

(ㅅ)

사망자 31~32, 35~36, 39~41, 44,
　　　74, 90, 94, 117, 130, 215
사무인계서 178~180
사죄비 64~65
사키가케신보(魁新報) 173, 175, 177,
　　　180~184, 186, 188, 190~191
삼일절 250, 255, 268
샌프란시스코 강화조약 34
샌프란시스코 조약 33
생존자 31~32, 35~36, 55, 76~77,
　　　117, 125, 165, 215~216
세계보건기구(WHO) 143, 147
세계한인상공인지도자대회 199, 201
세계한인의 날 114
세계한인회장대회 195
세화회 206
송신도 9
시모다(下田) 94
신북방정책 225

신일철주금 44~45, 50~53, 55, 56

신칸센(新幹線) 87, 89

(ㅇ)

아베 담화 158

아키타(秋田) 173, 176~181, 183, 186~188, 191, 193

야마가타(山形) 191

야스쿠니 신사(靖国神社) 92, 138, 155, 245~246

야하타(八幡) 59

양산시 73

언론 NPO 17

역청구권 211

영주자 169, 171

영주자의 배우자 169, 171

외교사료관 138

요코하마(横浜) 119, 152

욱일승천기(旭日昇天旗) 108

원자력규제위원회 101

원자력협정 87

위령비 64~66

위안부 합의 8, 11, 23, 140, 194, 230, 245, 272, 275

유해봉환위원회 70~71

이지스 어쇼어(Aegis Ashore) 235

인양자생활위기돌파대회 208

일본군 위안부 8~10, 14, 22~23, 30, 48, 61, 122, 125~127,

159, 232, 245, 255, 265

일본인의 배우자 169, 171

일본인의 해외활동에 관한 역사적 조사 211

일본 초계기 241~242

일제강제동원피해자지원재단 73

『아카하타(赤旗)』 91

『엄마를 부탁해』 134

「이슈와 논점」 213

『인양동포(引揚同胞)』 205

2002년 월드컵 공동개최 156

(ㅈ)

재무부장관 42~43

재외한인학회 199

재일본대한민국민단 166

재일조선인강제연행진상조사단 71

재일조선인연맹 175, 180

재일한국인과 조국광복 136

재일한국인 연구의 동향과 과제 162

재일한인 사회의 현황과 정책적 과제 162

재조일본인 173, 203~205, 207~208, 211

재향군인상조회 68

제네바 144~145, 148~150

제주민군복합관광미항 108~109

조선관계잔무정리사무소 209

조선사업자회 205~206, 208

조선 연고자 205~211
조선인양동포관계자추도회 208
조선인양동포세화회 205~207
조선인양보고대회 207
주문진 199, 201~202
주바(Juba) 92
직지심체요절 106
『제국의 위안부』 122, 124, 126
『조선종전의 기록』 202

(ㅊ)
천불사 73, 77
청구권 협정   8, 13~14, 16, 20,
       33~35, 37, 45, 50, 53, 57,
       212
촛불혁명 8, 62, 257, 280~281
총무부경과보고 184
최고재판소 50

(ㅋ)
코브라 골드(Cobra Gold) 116
콜롬보플랜(Colombo Plan) 113

(ㅌ)
태평양전쟁전후국외강제동원희생자
       지원위원회 13
태평양전쟁희생자유족회 77
통계청 97
특별영주자 169, 171

(ㅍ)
평양선언 215
평화헌법 23, 157~158
포스코 56
포항제철공장 42
피징용 34~35, 39~41, 190~192
피징용자 31~32, 35

(ㅎ)
하켄크로이츠 109~110
한국민족문화연구소 173
한국연구원 135, 137~138
한국의 슈바이처 146
한미연합훈련 235~237
한일민족문제연구 190, 203
한일민족문제학회 30
한일포럼 135~136
한일회담 35~36, 206~207, 210~212
한 · 중 · 일 정상회의 223~224, 271
       ~273
해외이주의 날 114, 117
행방불명자 35, 216
행정안전부 55, 67~68, 257, 268
헤이트 스피치 193, 196, 198
화해 · 치유재단 14, 159
히로시마 93~94, 114, 129~130

한일관계의 흐름 2004-2005

I. 한일 상호교류 협력의 현실과 한계

1. 한국과 일본은 어느 정도 공동체가 되고 있나
2. 2005년 한일정상회담에 대한 기대와 결과
3. 부산 APEC과 한일관계
4. 한일 자유무역협정의 추진과정과 경제적 효과
5. 초대형 한국 영화, 일본 진출에 대한 기대와 결과
6. 부산에서 보는 한일관계
7. 부산의 '일본인 거리'논란
8. 일본지진피해 복구를 위한 한민족의 지원
9. 벚꽃 콤플렉스 유감
10. 한류와 함께 식민지 비애의 역사도 널리 이해되기를
11. 2005년 한일 역사연구자 회의를 마치고

II. 한일관계 역사의 기억

1. 일본 안의 윤봉길
2. 일본인 A급전범 문제
3. 한국인 BC급 전범 문제
4. 사할린 강제동원 한국인 피해자 문제
5. 일제하 강제동원 피해조사의 문제점
6. 징용공 낙서는 연출된 것
7. 한일수교회담 자료 일반공개의 파급효과
8. 제5-6차 한일수교회담 회의록을 읽고
9. 청구권협정 체결 과정
10. 대일청구권 신고 70년대와 오늘날
11. 우리 스스로 청산해야 할 일제 잔재

III. 우경화 하는 일본

1. 일본 사회의 우경화가 문제다
2. 자위대 이라크 파견 동의안 일본 중의원 통과
3. 일본의 비상사태 관련법과 한일관계
4. '쇼와의 날' 법안 등 보수적인 입법화 움직임
5. 일본이 UN안보리 상임이사국이 되려면
6. 전후세대 일본정치가의 역사인식
7. 고이즈미 수상 2005년 8월 15일 담화의 특징
8. 고이즈미 야스쿠니 참배에 대한 일본내 연약한 비판
9. 2004-2005년 일본 선거와 고이즈미 정권
10. 고이즈미 3차 내각

IV. 재일동포의 역사와 현실

1. 민단에 재일동포 역사자료관 개설
2. 서울에서 열린 재일동포 사진전
3. 해방 직후 재일동포의 신문 자료
4. 해방 직후 재일동포의 민족교육
5. 이제는 재일동포 영주권자 40만대 시대
6. 재일한국인에게 한국의 국정선거권을 부여하라
7. 재일참정권 한일 네트워크
8. 재일한국인의 일본 지방참정권 문제
9. 일본 국회 회의록에 나타난 재외국인 참정권법안 취지 설명
10. 개헌국민투표법안과 참정권법안의 상호거래설
11. 공명당의 지나치게 나약한 타협 자세
12. 바이올린 제작자 진창현 씨의 광복절
13. 재일동포 김경득 변호사를 추모함

V. 한일관계 속의 재일 민족단체

1. 재일동포의 북송문제
2. 일본인 '납치'문제와 북일관계
3. 북한에 대한 규제 법안을 일본여야가 경쟁적으로 제출
4. 북일관계의 악화에 따른 총련의 조직적 위기
5. 재일동포보다는 조국에 치우친 총련 제20회 전체대회
6. 총련 50주년과 재일동포 민족교육
7. 총련이 민족교육에 끼친 공헌과 한계
8. 재일동포 민족교육의 어려운 현실
9. 재일동포 민족학교 초등부의 입학식 풍경
10. 재일동포 민족교육기관이 변하고 있다
11. 민단의 회원자격 확대의 움직임
12. 교토 메아리 축제에 갈채를 보내며

VI. 한일간 외교적 마찰의 움직임

1. 고이즈미 야스쿠니 참배와 2004년 한일외교의 시작
2. 고이즈미의 독도 발언에 대한 한국의 대응
3. 후쿠오카 지방법원의 야스쿠니 위헌 판결
4. 고이즈미 야스쿠니 참배에 대한 후진타오의 비판
5. 고이즈미 야스쿠니 참배 강행
6. 한일 정치권에 보이는 역사인식의 간격
7. 한국의 17대 총선결과와 한일관계의 전망
8. 노무현 대통령의 2005년 삼일절 기념사
9. 대일정책 관련 노대통령 담화
10. 2005년 한국인의 대일 의식 악화
11. 대일외교 단호하고 차분하게
12. 한일관계의 현재와 미래

한일관계의 흐름 2006-2007

I. 한일관계 역사의 기억

  1. 한일 해저터널 구상
  2. 식민지시기 화폐 속의 인물
  3. 제주도에 남은 일본군 시설
  4. A급 전범 합사 관련자료
  5. 조선인 BC급 전범 문제
  6. 조선인 군인 · 군속 공탁금 명부
  7. 미국 하원의 '위안부' 결의안
  8. 일본 패전 후 첫 귀환선
  9. 『요코이야기』의 문제점
  10. 전후처리 학술대회
  11. 익산과 도쿄의 학술모임
  12. 신간 도서『한일교류의 역사』
  13. 신간 도서『부관연락선과 부산』

II. 한국의 정치사회 변화와 한일관계

  1. 노무현 대통령 2006년 연두 기자회견
  2. 노무현 대통령 2006년 삼일절 기념사
  3. 한일관계에 관한 2006년 4월 대통령 담화
  4. 동북아역사재단 발족
  5. 강제동원 피해자 지원법안 입법 예고에 즈음하여
  6. 강제동원 피해 생존자 지원 문제
  7. 강제동원 희생자 지원법 통과
  8. 미쓰비시 소송에 대한 부산지법의 판결
  9. 해외동포 행사 풍성했던 2007년 10월
  10. 2006년 한일 양국 국민의 상호 인식

III. 일본의 정치사회 변화와 한일관계

  1. 아소(麻生)의 덴노(天皇) 참배 발언
  2. 일본 문부성 교과서 검정 결과
  3. 외국인 입국자 지문 채취
  4. 고이즈미 수상의 2006년 야스쿠니 참배
  5. 2006년 2월의 북일 수교교섭 재개
  6. '납치' 문제에 대한 일본 정치권의 강경한 태도
  7. 김영남 모자 상봉과 '납치' 문제
  8. 칼럼 '風考計' 종료에 대한 단상
  9. 아베 수상의 보수적 언행
  10. 일본의 2007년 참의원 선거
  11. 일본의 2007년 8 · 15

IV. 재일동포의 역사와 현실

  1. '재일본조선인연맹'의 결성과정
  2. '재일본대한민국민단' 창설 60주년
  3. 1948년 재일동포 민족교육 투쟁
  4. 에다가와 조선학교의 역사와 현실
  5. 규슈 조선학교 방문기
  6. 기록영화 '우리학교'
  7. 재일동포 민족교육에 관한 부산 심포지엄
  8. 하병옥 민단 단장과 총련의 일시적 화해 움직임
  9. 북한의 핵개발과 총련의 위기
  10. 민단의 참정권 요구 대회
  11. 장훈과 재일동포
  12. 김경득 변호사를 기리며
  13. 김경득 변호사와 이즈미 판사

V. 현행 역사교과서에 나타난 한일관계

  1. 분석 대상으로 채택된 한국의 역사교과서
  2. 분석 대상으로 채택된 일본의 역사교과서
  3. 해방 후 조선총독부의 잔무 처리에 관한 서술
  4. 패전 직후 한반도 일본인의 귀환에 관한 서술
  5. 해방 후 재일한인의 귀환과 '잔류'에 관한 서술
  6. 한반도 전쟁에 대한 일본의 관여에 관한 서술
  7. 샌프란시스코 강화조약과 한국과의 관계에 관한 서술
  8. 한일국교정상화 회담에 관한 서술
  9. 이승만 라인에 관한 서술
  10. 전후 처리와 역사인식을 둘러싼 외교에 관한 서술
  11. 한일 민간교류에 관한 서술
  12. 한일 양국 역사교과서 한일관계 서술의 문제점

VI. 한일 양국의 외교 2006-2007 회고와 반성

  1. 방위대학 교장의 고이즈미 외교 평가
  2. 2006년 10월 한일 정상회담
  3. 2006년 한일관계에 대한 평가
  4. 2007년 1월 필리핀의 한일 정상회담
  5. 한미 FTA 타결과 한일관계
  6. 후쿠다 내각 출범과 한일관계
  7. 후쿠다 수상의 미국 방문과 북일관계
  8. 2007년 11월 싱가포르의 한일 정상회담
  9. 2007년 한일관계에 대한 평가
  10. 21세기 한일관계의 과제

한일관계의 흐름 2008-2009

I. 한일관계 역사의 기억

1. 해방 전 미군의 한반도 공습
2. 해방 직후 한반도 거주 일본인의 귀환
3. 한일 수교회담 자료에 나타난 독도 교섭
4. 독도 영유권 문제에 관한 한일 간 공방
5. 한일기본조약과 청구권협정
6. 소록도 한센인의 수난과 보상
7. 부산에 건립될 강제동원피해 역사기념관
8. 후세 다쓰지 변호사에 관한 영화
9. 2009년 고베 한일합동연구회

II. 한국의 정치사회 변화와 한일관계

1. 이명박 대통령 당선인의 대일관계 발언
2. 신임 주일 대사의 대일관계 과제
3. 한국 정부의 강제동원 피해자 지원
4. 한국 정부의 강제동원 희생자 유골 봉환
5. 한국의 재외국민 선거권 문제
6. 한국의 재외국민 선거법 개정
7. 노무현 전 대통령의 죽음과 한일관계
8. 김대중 전 대통령의 죽음과 한일관계
9. 현행 한국 초등학교 교과서에 나타난 일본

III. 일본의 정치사회 변화와 한일관계

1. 일본의 2009년 중의원 선거 결과
2. 야스쿠니신사, 무엇이 문제인가
3. 야스쿠니신사의 A급 전범 분사 문제
4. 야스쿠니신사에 대한 정치가 참배 문제
5. 야스쿠니신사를 대체할 추도시설 문제
6. 일본의 자유주의 사관 교과서 문제
7. 전후처리 관련 일본 사법부의 입장
8. 일본 국민의 한국에 대한 친밀감
9. 교토 조선학교에 대한 일부 일본인의 만행

Ⅳ. 재일동포의 역사와 현실

1. 재일동포 사회 형성과 변천의 역사
2. 재일한국인 선거권 문제
3. 재일동포 현황과 한국 정부의 과제
4. 재일동포 지휘자 김홍재
5. 제38대 민단단장 박병헌
6. 재일동포 축구선수 정대세
7. 고 이인하 재일동포 인권목사를 기리며
8. 부산의 재외동포 문화관련 행사
9. 서평_오규상 저, 『재일본조선인연맹 1945~1949』
10. 서평_윤건차 저, 『교착된 사상의 현대사』

Ⅴ. 2008~2009 한일관계의 평가와 과제

1. 2008년 한일관계에 대한 평가
2. 2008년 베이징 한일 정상회담
3. 2008년 후쿠오카 한중일 정상회담
4. 2009년 초 서울 한일 정상회담
5. 2009년 도쿄 한일 정상회담
6. 2009년 가을 서울과 베이징에서의 한일 정상회담
7. 2009년 한일관계에 대한 평가
8. 미국의 독도 문제 인식과 한일관계
9. 미국의 북한 테러지원국 해제와 한일관계
10. 북한의 핵실험과 한일관계

한일관계의 흐름 2010

Ⅰ. 강제병합 100년과 역사인식

1. 100년 전 합방조약
2. 2010년 8월 일본 총리담화
3. 문화재 반환과 인도
4. 강제동원희생자 유골봉환과 위패봉안
5. 강제병합 100년 한일 지식인 공동성명
6. 강제병합 100년 한일시민대회
7. 2010년 역사 관련 단체 행사
8. 2010년 한일 양국 국민의 여론조사 결과

Ⅱ. 2010년 전후처리 현황

1. 일본의 전후처리 문제
2. 일본 외무성 문서와 개인청구권
3. 강제동원피해자 후생연금명부
4. 한국의 일제강제동원피해조사법
5. 징용노무자 공탁금 자료
6. 한국인 피징용자 공탁금에 관한 연구 발표
7. 한국인 BC급 전범의 전후
8. 일본의 시베리아 억류자 특별조치법

Ⅲ. 2010년 재일한국인 문제

1. 재일한국인 사회의 변화
2. 재일한국인의 본국 참정권
3. 재일한국인의 일본 지방참정권
4. 재일한국인과 일본사회
5. 재일한국인과 한국사회
6. 조선학교 취학지원금 지급 문제
7. 재일동포 한창우 회장
8. 도노무라 마사루, 『재일조선인사회의 역사학적 연구』 번역서 서평

Ⅳ. 2010년 한일 양국의 정치경제

1. 하토야마 총리 사퇴
2. 2010년 일본 참의원 선거
3. 천안함 사건에 대한 일본의 반응
4. 연평도 포격 사건과 일본
5. 납치 문제와 북일관계
6. 한일 공동 최대 무역국은 중국
7. 중국의 희토류 수출규제
8. 외환개입을 둘러싼 한일 공방
9. 한일간 인프라 수출 경쟁

한일관계의 흐름 2011-2012

Ⅰ. 한일관계 역사의 기억

1. 일본 한인유골의 공식 송환 중단
2. 한일 도서협정 비준
3. 문화재 도서 한국에 돌아오다
4. 평양 일본인 묘지
5. 해방직후 일본에서 귀환한 한인의 증언
6. 부산 강제동원사료관 건립
7. 한국 헌법재판소의 일본군 위안부 관련 판결
8. 한국 사법부의 개인청구권 판결
9. 1950년대 초 일본 정부의 전범합사 관여

Ⅱ. 한일 양국의 정치사회 변화

1. 동일본 대지진
2. 일본의 원전사고
3. 마에하라 세이지 외상 사임
4. 간 나오토 총리 사임
5. 노다 요시히코 총리 취임
6. 북한의 일본인 '납치' 문제
7. 한국의 동계올림픽 유치에 대한 일본의 반응
8. 여수엑스포 '일본의 날'
9. 2012년 일본의 중의원 선거와 한국의 대통령 선거

Ⅲ. 2012년판 일본 중학교 역사교과서에 나타난 근대 한일관계

1. 일본의 중학교 역사교과서
2. 정한론
3. 강화도 조약
4. 한반도 지정학적 위협설
5. 한반도 근대화와 일본8
6. 한반도를 둘러싼 청일 대립
7. 동학농민운동과 청일전쟁
8. 러일전쟁과 한국
9. 한국강제병합
10. 식민지 조선 개발론
11. 3·1독립운동
12. 관동대지진
13. 황민화 정책
14. 여성의 전시동원
15. 대동아공영권
16. 일본 역사교과서 근대사 서술의 변화

Ⅳ. 2012년판 일본 중학교 역사교과서에 나타난 현대 한일관계

    1. 역사교과서와 현대 한일관계
    2. 한반도 해방
    3. 패전 직후 일본인의 귀환
    4. 재일한인의 존재
    5. 6.25 전쟁
    6. 샌프란시스코 강화회의
    7. 한일 국교정상화
    8. 전후처리 문제
    9. 한일 교류
    10. 일본인 '납치' 문제
    11. 일본 역사교과서 현대사 서술의 변화

Ⅴ. 해방직후 재일동포에 관한 최근 연구

    1. 해방직후 재일동포가 대거 상륙한 부산항
    2. 부산항의 귀환자 수송 원호 실태
    3. 징용노무자 정충해가 본 부산항
    4. 재일한인단체 임원 장정수가 본 부산항
    5. 해방직후 우파적 재일동포 청년단체
    6. 신탁통치 문제에 대한 재일한인 사회의 초기반응
    7. 재일한인 청년단체의 반탁운동
    8. 조련의 모스크바 회의 결정 수용
    9. 재일한인 사회의 좌우 대립

Ⅵ. 오늘날 재일한인의 삶과 현실

    1. 동일본 대지진과 재일한인
    2. 민주당 대표 선거에서 재일한인 배제
    3. 지방자치체 주민투표
    4. 재외국민 투표와 재일한인
    5. 2012년 한국 국회의원 선거의 재외국민 투표
    6. 2012년 대통령 선거의 재외국민 투표
    7. 조선학교 수업료 무상화 배제
    8. 영화, 굿바이 평양
    9. 연극, 야키니쿠 드래곤
    10. 재일한인 열전, 골라보기

Ⅶ. 오늘날 한중일 3국의 갈등과 경쟁

    1. 한중일 상호인식 조사결과
    2. 일본국민의 2011년 대외관계 여론조사
    3. 일본국민의 2012년 대외관계 여론조사
    4. 한중일 영유권 갈등
    5. 영유권 갈등으로 인한 일본 기업의 피해
    6. 일본기업의 한국진출 움직임
    7. 대외원조를 둘러싼 한중일 3국의 협조와 경쟁

한일관계의 흐름 2013-2014

Ⅰ. 한일관계 역사의 기억

1. 사할린 강제동원 한국인 유골의 봉환
2. 한일회담 속의 민간청구권 문제
3. 1970년대 한국정부의 보상
4. 2000년대 한국정부의 지원
5. 한국의 원폭피해자에 대한 의료금 지급
6. 부산 2013년 조선통신사 축제
7. 2013년 가라쓰 나고야 여행기
8. 2014년 다치아라이 평화기념관 여행기
9. 후쿠오카현의 1945년 업무인계서

Ⅱ. 한국 정치사회의 변화

1. 박근혜 대통령의 3·1절 기념사
2. 박근혜 대통령의 8·15 경축사
3. 서울고법의 신일철 징용피해자 판결
4. 부산고법의 미쓰비시 징용피해자 판결
5. 광주지법의 미쓰비시 근로정신대 판결
6. 서울지법의 후지코시 근로정신대 판결
7. 서울시 노무라 목사에게 명예시민증 수여

Ⅲ. 일본 정치사회의 변화

1. 2013년 일본 참의원 선거 결과
2. 2014년 일본 중의원 선거 결과
3. 아베 총리의 야스쿠니 참배
4. NHK 회장의 일본군위안부 발언
5. 2014년 두 달에 걸친 후쿠오카 체험
6. 후쿠오카의 혐한 분위기는 잠잠한 편
7. 네트 우익에 의한 혐한 분위기

Ⅳ. 카이로선언의 국제정치적 의미

1. 카이로선언의 의미
2. 루즈벨트의 국제적 신탁통치 구상
3. 영국·중국·소련과 미국의 견해 차이
4. 한반도 문제를 거론한 미중 정상회담
5. 홉킨스의 초안 작성과 수정
6. 카이로 코뮈니케 이후

V. 강제동원 피해자의 미수금 문제

1. 미수금 연구팀 구성과 조사
2. 해방직후 조선인 노무자의 미수금
3. 미수금 문제에 관한 선행 연구
4. 점령당국과 일본정부의 귀환통제
5. 조련의 귀환업무 관여와 배제
6. 조련의 노무자 미수금 예탁활동
7. 조련 예탁 미수금의 행방

VI. 재일동포사회의 역사와 현실

1. 재일동포 역사에 관한 연구
2. 재일동포 민족커뮤니티를 어떻게 볼 것인가
3. 식민지 시기 이전 조선인의 일본 이주
4. 일제강점기의 재일동포 민족 커뮤니티
5. 일제강점기 재일동포의 정치적 대응 양상
6. 오늘날의 재일동포사회
7. 2014 세계한인회장대회 일본분과회의
8. 한국정부 민단지원금 지급방식의 변경
9. 오기문 초대 민단부인회 회장 별세

VII. 부산과 후쿠오카의 지역간 국제교류

1. 부산과 후쿠오카 교류에 관한 연구
2. 부산과 후쿠오카의 경제 규모
3. 부산과 후쿠오카의 교류 현황
4. 부산과 후쿠오카의 행정교류
5. 부산과 후쿠오카의 민간교류
6. 부산과 후쿠오카의 학생교류

한일관계의 흐름 2015-2016

Ⅰ. 일본의 전후처리 역사

1. 도쿄전범재판
2. 원폭피해
3. 한일 국교정상화의 역사
4. 일본의 교과서 검정
5. 전후처리에 관한 일본정부의 입장
6. 「일본군위안부」 문제의 외교적 합의
7. 「일본군위안부」 문제의 해법

Ⅱ. 일본의 문화

1. 유네스코 세계문화유산 등재
2. 도난당한 쓰시마 불상
3. 후쿠오카에서 느낀 일본문화
4. 야마구치에서 느낀 일본문화
5. 구마모토의 2016년 대지진
6. 일본인 사상가 쓰루미   스케
7. 요시무라 이사무, 『끌어내려진 일장기』 독후감
8. 다무라 쇼지, 『구름봉우리』 독후감

Ⅲ. 일본의 정치문화

1. 2014년 일본 중의원 선거
2. 2016년 일본 참의원 선거
3. 아베 총리, 무투표로 자민당 총재 재임
4. 일본의 안보법제 정비법
5. 아베 총리 21세기 간담회 보고서
6. 아베 총리의 종전 70주년 담화
7. 사카나카, 『일본형 이민국가의 창조』 독후감

Ⅳ. 한국과 일본의 문화교류

1. 조선총독부의 한인 성격 기록
2. 영화 「더 테너」, 배재철과 와지마
3. 포항 구룡포 일본인 가옥거리
4. 야마모토 마사코 부인과 화가 이중섭
5. 모토시마 히토시 전 나가사키 시장
6. 일본인 언론인 와카미야 요시부미

Ⅴ. 일본문화의 변방: 재일한인과 재조일본인

　1. 조선민중신문 제4호
　2. 해방직후의 박열
　3. 1946년 민단 결성
　4. 오늘날 재일한인의 정체성 위기
　5. 일본정부의 한국적과 조선적 한인 구분
　6. 재일한인을 조금만 생각해 주세요
　7. 재일한인 선배의 죽음: 김광렬 선생과 오덕수 감독

Ⅵ. 대일외교의 과제

　1. 한일관계에 관한 단기적 전망
　2. 강제동원피해 조사 지원
　3. 강제동원피해 지원 과제
　4. 강제동원피해 판결
　5. 사할린 한인 유골의 한국 봉환
　6. 한일관계 구조의 변화